Borja Figuerola

Para Gorka...

© 2023, Borja Figuerola Ciércoles

© 2023, Redbook Ediciones, s. l., Barcelona

Diseño de cubierta: Daniel Domínguez

Diseño interior: Amanda Martínez

Fotografías interiores: Wikimedia Commons / APG Images

ISBN: 978-84-18703-62-1

Depósito legal: B-12.358-2023

Impreso por Reprográficas Malpe – Pol. Ind. Los Olivos

Calle de la Calidad, 34, Bloque 2 Nave 7

28906 Getafe, Madrid

Impreso en España/*Printed in Spain*

ÍNDICE

PRÓLOGO

PRÓLOGO

UNA (SUFRIDA) HISTORIA DE ÉXITO...

Los Red Hot Chili Peppers cumplen 40 años como banda mientras se encuentran inmersos en su *Global Stadium World Tour,* una gira mundial por estadios con motivo del lanzamiento de dos álbumes de estudio prácticamente consecutivos, *Unlimited Love* y *Return of the Dream Canteen.* Anthony Kiedis, Flea y Chad Smith, los tres superando los sesenta años de edad, se encuentran haciendo surf sobre las olas de la incontinencia creativa en el momento del –segundo– regreso del hijo pródigo, John Frusciante. Puede que salir de gira no sea su actividad preferida. Puede que ni siquiera necesiten seguir facturando tras vender su catálogo musical a un fondo británico por 140 millones de dólares. Y es que más allá de una efeméride, en su 40º aniversario los Chili Peppers se encuentran peleando por mantener viva su vocación, su propósito en la vida, y también aquello que probablemente salvó a Anthony, Flea y John. Esta banda ama la música. Por encima de sus egos, se aman también los unos a los otros. Al menos tanto, como en otros momentos algunos de sus miembros se llegaron a odiar.

«Fuimos atraídos uno al otro por las fuerzas del amor y la malicia, y nos volvimos virtualmente inseparables. Los dos éramos marginados sociales. Nos encontramos y resultó ser la amistad más duradera de mi vida.» Así se refiere Anthony Kiedis a Flea, a quien conoció como estudiante del Fairfax High School en Los Ángeles, California. Por allí también estaba el alumno Hillel Slovak, quien a su vez era el mejor amigo de Jack Irons. Cuando los cuatro se encontraron, hicieron un pacto de eterna lealtad. Proviniendo de familias desestructuradas, lo más lógico parecía ser formar su familia propia. Más que amigos, los cuatro se convertirían en hermanos del alma. Y paradojas de la vida, fueron los dos ausentes hoy en la formación, quienes introdujeron a Anthony y Flea en el punk-rock y la música underground. Hillel reconvirtió a Flea, de trompetista jazz al bajista más rápido y feroz de Los Ángeles. Por su parte, Anthony, acercó una aptitud natural para él como era la escritura, de emociones, pensamientos, recuerdos o historias, a la música a través del hip-hop y el rap. Hillel, inspirado por Jimi Hendrix, ya era guitarrista, y Jack Irons, un baterista de talento descomunal. Lo que empezó como un pasatiempo, un hobby o una broma pesada tal vez, pasó a tener nombre propio: Tony Flow and the Miraculously Majestic Masters of Mayhem ofrecerían, ante apenas treinta personas en el Rhythm Lounge de Los Ángeles, un espectáculo tan breve, rápido e intenso, que fueron invitados a repetir. Pronto se cambiarían el nombre a Red Hot Chili Peppers.

El resto de la historia de la banda está contenida en este libro. Desde las primeras decepciones, con Slovak y Irons abandonando el barco por su otro proyecto musical, hasta el celebrado regreso de los dos miembros originales con trágico desenlace. Desde el golpe de suerte topándose con un gigante de 1,91 metros de altura nacido en Minnesota que «come baterías para desayunar», hasta el desengaño con Frusciante retirándose a media gira, la que estaba destinada a encumbrarlos en la montaña del éxito tras la publicación de *BloodSugarSexMagik*. Desde el fichaje del genio Dave Navarro en los noventa, hasta la despedida del genio Dave Navarro en los noventa. Porque Dave Navarro no tiene otra palabra que lo defina, más que la de «genio». Por supuesto, también está la historia de condena y redención de Frusciante durante la misma década, para acabarla con *Californication*. Si segundas partes nunca fueron buenas, ésta alzaría a los Chili Peppers a aquella cumbre del triunfo y la fama de la que habían sido apeados. Con la sensación de haber saldado cuentas pendientes, Frusciante volvería a retirarse a su cueva particular, habiendo dejado al grupo esta vez en la posición de intocables. En este libro también está esa historia. Y la del –no tan– breve viaje de Josh Klinghoffer junto a la banda, procurándoles una vuelta de tuerca creativa y una década de supervivencia. Finalmente, como con un romance de juventud, se avivaría la llama del amor entre Frusciante y el resto de los Chili Peppers para un nuevo –no ya segundo, sino tercer– capítulo en la historia de la banda. ¿Por el camino? Cliff Martínez, Jack Sherman, DeWayne "Blackbird" McKnight, D.H. Peligro, Arik Marshall, Jesse Tobias… un sinfín de nombres propios que se suman a los de Lindy Goetz, Andy Gill, George Clinton, Michael Beinhorn, Danger Mouse, y por supuesto, Rick Rubin, el quinto Chili Pepper.

Sexo, drogas y funk-rock, además de Hollywood y la ciudad de Los Ángeles, son la base sobre la que se cimienta un sonido propio, un estilo tan original como personal, que los Chili Peppers crearon de la nada para convertirlo en su sello de identidad. La excentricidad por bandera, la desnudez como vestimenta, y una sexualidad tan explícita que hoy escandalizaría a cualquiera. ¿Musicalmente? Influencias tan punk como funk: los Bad Brains, los Minutemen o Iggy Pop & the Stooges, se sumarían a Funkadelic y Parliament, Sly & the Family Stone, Bootsy Collins, los Ohio Players o the Meters. Por supuesto, también Gang of Four, Defunkt o Grandmaster Flash. Y siempre Jimi Hendrix. Más tarde llegaría la evolución que los trasladaría al territorio de los Beatles, The Cure, The Smiths, los Talking Heads, Fugazi, Beach Boys o Siouxsie & the Banshees. Y, ¿cómo no? Public Enemy o Wu-Tang Clan. Aunque en la década de los años ochenta, la prensa especializada se empeñara en ponerlos en el mismo saco que bandas como Fishbone o Faith No More, los Chili Peppers siempre sonaron diferentes a aquellos. Parte de este mérito, se debía a la personalidad de sus miembros.

No olvidemos que uno de ellos, es el autor que se definía a sí mismo en «Nevermind», de *Freaky Styley* en 1985, diciendo que «Now they call me the swan 'cause I wave my magic wand and I loved all the women to death» («Ahora me llaman el cisne porque agito mi varita mágica y amé a todas las mujeres hasta la muerte»). Cuesta creer que se trate de la misma persona quien, años después, escribiera una petición de mano en toda regla, dentro de «Hard to Concentrate» en *Stadium Arcadium,* 2006: «And finally you have found yourself, with me, will you agree to take this man into your world, and now, we are as one?» («Y finalmente te has encontrado a ti mismo, conmigo, ¿aceptarías llevar a este hombre a tu mundo, y ahora, somos solo uno?»). Y es que esta personalidad en continua evolución –la de quien también escribió «Sir Psycho Sexy»–, es propia de un superviviente nato, quien ha vivido un proceso de transformación y madurez a lo largo de este viaje. Adicto a las drogas y al sexo desde niño, Anthony Kiedis vive declaradamente sobrio desde el año 2000. «Antes buscaba fotos porno en internet. Ahora quiero realidad en mi vida», decía a un entrevistador de los 40 Principales en 2006. Parte de aquella «realidad» es sin duda su amor por la música. Pero también la amistad de Flea, la que ha mantenido en marcha el tren de los Chili Peppers a lo largo de tantos episodios de crisis existencial.

A su vez, Flea también ha crecido en todo este proceso. El que fuera el bajista más rápido y feroz, pero también el más excéntrico e imprevisible sobre un escenario, aprendió a tocar más lento, a dejar más espacio entre notas, para que otros instrumentos brillaran tanto como el suyo. En lo personal, la pérdida de Hillel, su pronta paternidad y el divorcio con la madre de la niña, marcaron su vida para hacerle replantearse lo verdaderamente importante. Desde entonces lo tendría claro: Anthony es su mejor amigo, su relación más larga y por la que merece la pena mantener vivos a los Chili Peppers hasta el final, sea cual sea éste; Frusciante, el mejor músico que ha conocido jamás, con el que más disfruta haciendo lo que más ama en la vida, que es la música; y Chad, el mejor compañero y escudero sobre un escenario. Por encima de todo y todos ellos, por siempre, su hija Clara.

La de los Monjes del Funk es una historia muy sufrida, donde sus dos primeras décadas están llenas de adicciones, recaídas, una trágica pérdida, dolorosos abandonos y la sombra de la muerte y el dolor acechando tras cada esquina.

Pero nada pudo romper el vínculo entre Anthony y Flea. Junto a Frusciante y Chad Smith, han logrado que los Chili Peppers, aquella broma pesada de cuatro extrovertidos de la clase con ganas de desnudarse en público, haya vendido más de 120 millones de discos en todo el mundo. Su música ha influenciado a multitud de bandas de éxito, como Rage Against the Machine, System of a Down, Linkin Park, Incubus, Korn, Limp Bizkit, No Doubt, Primus o Kanye West. Su imagen y marca es un poderoso producto de ventas, apuesta segura de agencias de publicidad, productoras de televisión o compañías de moda. Sin embargo, siguen siendo auténticos a su manera. Puede que ya no sorprendan –¿o sí?–, pero nadie cuestiona quiénes son ni qué hicieron para alcanzar el merecido lugar que ocupan en la historia de la música.

El a menudo silencioso Chad Smith diría que «ciertamente, la voz de Anthony y su manera de cantar, le hacen sonar único. Nadie suena como él. Lo bueno de esto es que podemos tocar cualquier estilo de música, ya sea dura y rápida o suave y lenta, lo que sea; rock o funk, y seguiremos sonando a nosotros mismos. Estoy orgulloso de eso porque a veces hay bandas que no encuentran jamás esa personalidad propia». Pues, «ciertamente», el estilo, sonido y «personalidad» de los Red Hot Chili Peppers, es único, propio y genuino en todas sus épocas. Pese a que jamás han disfrutado de la alabanza unánime de la prensa especializada, ésta es una –sufrida– historia de éxito… a base de sangre, sudor y lágrimas. Con algo de picante.

CAPÍTULO 1

HISTORIA DE LOS RHCP

FAIRFAX HIGH, LA FÁBRICA DE SUEÑOS

H ollywood, principal motor de la industria del cine en EE.UU., representa aquel lugar fantástico donde los sueños se convierten en realidad. Referente indispensable del cine a lo largo y ancho del siglo XX, este pequeño rincón de Los Ángeles ha escrito el imaginario colectivo de buena parte de la población mundial contemporánea. Si hay un lugar del planeta donde todo es posible desde que se multiplicaran panes y peces, ese lugar se llama Hollywood.

Originariamente se fundó como municipio en 1903 y siete años después se convirtió en barrio de la vecina ciudad de Los Ángeles. Las virtudes del lugar no eran pocas. El clima era agradable durante la mayor parte del año, con inviernos cálidos y veranos sin apenas precipitaciones, así como placenteras primaveras y otoños. Ofrecía un enorme y rico paisaje natural, con lo mejor del mar y la montaña. Además, la proximidad de una de las ciudades más importantes de los EE.UU. garantizaba magníficas oportunidades de crecimiento. No es de extrañar que rápidamente los principales estudios cinematográficos se mudaran a este pequeño paraje paradisíaco durante la primera mitad del siglo XX ni que ya en 1930 Hollywood fuera popularmente reconocida como «la fábrica de sueños».

El icónico cartel de «Hollywood» –que en 1949 reemplazó al degradado cartel original de «Hollywoodland» instalado en 1923–, el Capitol Records Building, el paseo de la Fama, el Hollywood Bowl o la celebración de la gala de los Óscar, son todo reclamos turísticos de un barrio donde mayormente residen actores, comediantes, músicos y demás ilustres reconocidos personajes del mundo del artisteo. Mientras éstos poblaban las Hollywood Hills, sus hijos trataban de llevar una vida normal; en caso de muchos, como alumnos del Fairfax High School.

El icónico cartel de «Hollywood» sustituyó al original de «Hollywoodland» en 1949.

El centro escolar fundado en 1924 rápidamente se convirtió en centro de acogida para los hijos de la industria del cine. En apenas diez años, su alumnado –como la industria en general– era mayormente de origen judío y el centro pasó a convertirse, más que en un centro de formación, en una especie de paraíso artístico. El programa educativo se fue adaptando durante los años venideros para abrazar la expresión artística en todas sus formas mientras crecía el número de alumnado. A partir de 1968, la política del colegio cambió y se convirtió en un centro más inclusivo, sin distinciones raciales. El rango lingüístico del colegio se amplió, resultando muy positivamente a la larga en la fama académica del centro. El propio Anthony Kiedis se referiría al colegio y a su amalgama de alumnos con distinto origen: «La mezcla racial era tan variada... europeos, asiáticos, americanos, africanos y latinos. Y era tan armonioso. Estoy muy orgulloso de que hayamos ido juntos a esa escuela y de haber experimentado esa vida. Allí fue donde obtuvimos nuestra sustancia».

Fairfax High se había convertido en el centro escolar donde los alumnos crecían sin creencias limitantes, amparado por el lema «Nunca digas morir; di hazlo». Pero con la crispación originada por acontecimientos de la historia moderna, como el asesinato de Martin Luther King o la guerra del Vietnam, el centro perdió parte de su frescura y carácter creativo, adoptando los estándares de otros colegios de perfil conservador. En 1977, cuando Anthony Kiedis, Michael Balzary, Hillel Slovak y Jack Irons formaban parte de su alumnado, ya no se percibía a Fairfax High como aquella cuna de artistas.

ANTHONY KIEDIS

G rand Rapids es la segunda ciudad más importante de Míchigan después de Detroit. Si la segunda fue la del milagro automovilístico, la primera protagonizó el crecimiento de la industria del mueble. Es una ciudad mayormente fría, con temperaturas que rara vez superan los 0° C en invierno. Poco antes del invierno de 1962, el 1 de noviembre, nacería en el Hospital St. Mary un niño a quien de nombre pondrían Anthony Kiedis.

Con abuelos de origen lituano, su madre era Margaret 'Peggy' Nobel, secretaria en un bufete de abogados, y su padre, John Michael Kiedis, más conocido por

su nombre artístico Blackie Dammet. Y es que Blackie, con largo pelo negro y estilizado bigote de igual color, tenía aspiraciones muy distintas en su vida: soñaba con ser actor de Hollywood. El sueño empezó a caminar en 1964, cuando fue admitido en la Universidad de California en Los Ángeles. Cargó en un coche a su familia y sus pocas pertenencias para iniciar sus estudios de cine e interpretación, en el curso de los cuales rodaría una pequeña película en blanco y negro con el pequeño Anthony como protagonista. Pero así como avanzaban sus aspiraciones personales, su matrimonio se detenía en seco. Dicho y hecho, con el divorcio bajo el brazo, Peggy regresó a Grand Rapids con Anthony.

Anthony Kiedis, un ¿genio? nacido el 1 de noviembre de 1962 en Grand Rapids, Míchigan.

Durante los siguientes años, el pequeño Anthony recibiría puntualmente cartas y regalos de su padre. Las cartas le contaban sobre sus audiciones y progresos como actor, además de hablarle de los artistas que iba conociendo, como Bob Dylan, Lou Reed, John Lennon o Alice Cooper. Cada verano, Anthony visitaba a su padre por quince días y con los años, su interés por Hollywood y la ciudad de Los Ángeles no dejaría de crecer. Cuando hubo alcanzado la edad de doce años, pidió a su madre que le dejara vivir con su padre en Los Ángeles. En adelante, el padre instruiría al hijo en el estilo de vida angelino, especialmente en lo relativo relativo al sexo y el consumo de drogas. Así, Blackie le pasó su primer porro de marihuana, pero también le presentó a su primera pareja sexual, una joven pelirroja de dieciocho años con la que Anthony perdería la virginidad. Blackie se referiría a aquella época explicando que: «Por aquel entonces, estaba trabajando con Alice Cooper y John Lennon y era un loco maníaco. Así que Anthony creció en una especie de ambiente salvaje y agitado». Sabiéndose tan prematuro, Anthony desarrolló una confianza natural hacia el sexo opuesto.

Cuando en 1977 entró en Fairfax, destacaba por transmitir una gran confianza en sí mismo y por su extraversión, y entre los profesores de lengua por su sensibilidad y habilidad lingüísticas. Participaba también en el grupo de teatro, pues siguiendo los pasos de su padre sus dotes como actor no dejaban de progresar. Tanto fue así que pronto obtuvo un papel en la película *F.I.S.T.: Símbolo de fuerza* (1978) como hijo del personaje interpretado por Sylvester Stallone.

En Fairfax, Anthony rápidamente conectó con el alumno y compañero Tony Sherr. Un día vio a su amigo atrapado por la agresión de un pelirrojo de pelo alborotado y acento extraño. Anthony acudió a su rescate, liberándolo del joven Michael Balzary, en un acto de bondad que lo llevaría a crear su primer vínculo significativo: «Fuimos atraídos el uno hacia el otro y nos convertimos en inseparables. Los dos éramos marginados sociales. Nos encontramos y resultó convertirse en la amistad más duradera de mi vida».

MICHAEL BALZARY

Michael Balzary nació el 16 de octubre de 1962 en Burwood, un suburbio de Melbourne, Australia. De raíces húngaras e irlandesas, el joven Michael no estaba destinado a pasar mucho tiempo en su país natal. Viajó a EE.UU. junto a su hermana Karen, su padre Mick Balzary, que trabajaba como funcionario de aduanas, y su madre Patricia, y se instalaron en Nueva York. Pero el matrimonio también se tambaleaba y finalmente Patricia decidió abandonar el hogar e irse a vivir, junto a sus dos hijos, en casa del músico de jazz Walter Urban Jr. La pareja contraería matrimonio en los años venideros, poco después de que el padre de los niños regresara a Australia.

El nuevo hogar de los Balzary era un hervidero de fiestas y barbacoas, siempre con un ir y venir de amigos de Walter que se juntaban para beber y organizar grandes *jam sessions*. «Los chicos simplemente pasaban el rato tocando la trompeta y bebiendo. Yo tenía unos siete años cuando eso sucedía y me revolcaba por el suelo de la risa. Pude tener la mejor sensación que jamás había tenido sólo escuchándolos, asombrado por el misterio de cómo diablos podía estar sucediendo

Michael Balzary, de raíces húngaras e irlandesas, nació el 16 de octubre de 1962 en Melbourne.

aquello», recuerda Michael. Esa misma sensación fue la que lo empujó a aprender a tocar la trompeta con nueve años. Cuando el matrimonio se trasladó a Los Ángeles, Michael ya participaba en las improvisadas sesiones de su padrastro. Miles Davis, Louis Armstrong, Dizzy Gillespie, Ornette Coleman… eran sus grandes influencias mientras el rock conservaba un lugar residual: «Había escuchado música rock pero me parecía estúpida». Tal era su admiración por los grandes músicos de jazz y el apoyo de su madre Patricia, que con apenas doce años ella le consiguió un pase para saludar al gran Gillespie tras una actuación, si bien Michael no pudo abrir la boca a causa de los nervios.

Pero no era oro todo lo que relucía en casa de los Balzary. Walter Urban Jr. estaba desarrollando una alcoholemia que le volvía agresivo el carácter. Aquello se agravaba por cuestionables influencias y relaciones en las que a menudo se veía envuelto en tiroteos por el vecindario. Los hermanos Balzary encontraban un pequeño oasis de tranquilidad en las cortas visitas a su padre, en Australia. Sin embargo, la agresividad contenida, la frustración, el miedo y los estados alterados por los nervios, echaron raíz en Michael para convertirse en parte inherente de su vida. Sería un niño que se refugiaría en el consumo de todo tipo de sustancias que lo evadieran de la realidad que debía afrontar a sus once años. El consumo de marihuana, cocaína, psicodélicos y heroína se prolongaría por más de veinte años. Mucho antes, se matricularía en Fairfax High en 1977. El primer día que se encontró con Anthony, regresó a casa diciéndole a su madre que por fin había conocido a un chico con quien podía hablar. Poco después, se puso a sí mismo el apodo de Flea, «pulga», en una salida de esquí con sus amigos.

Antes, había sido alumno del Bancroft Jr. High School de Hollywood, donde la asignatura de música ya se convertiría en la mayor fuente de estabilidad de su vida. Allí sufrió el acoso de un joven llamado Jack Irons que no dejaba de enviar notitas al resto de los compañeros de clase para reírse del raro acento del pelirrojo *nerd* del jazz. En esa misma clase había un niño larguirucho de origen judío a punto de descubrir en Michael a un diamante en bruto capaz de despuntar con un instrumento, más allá de la trompeta. Su nombre era Hillel Slovak.

HILLEL SLOVAK, JACK IRONS & ANTHYM

Hillel Slovak nació el 13 de abril de 1962 en Haifa, Israel. Hijo de madre polaca y padre yugoslavo, la familia se mudó a EE.UU. y se instaló primero en Nueva York y después en Los Ángeles. El pequeño Hillel rápidamente mostraría interés por el arte, y a los trece años recibió una guitarra como regalo por la celebración de su *bar mitzvah*. Imitar a Jimi Hendrix, Led Zeppelin y Kiss se convirtió en su pasatiempo favorito. Tanto era así que ya en Fairfax formó un dúo tributo a la banda de Gene Simmons, Paul Stanley y compañía, con su amigo Jack Irons.

Jack Irons nació el 18 de julio de 1962 en Los Ángeles. También de origen judío, sus abuelos abandonaron Jerusalén cuando el padre de Jack tenía apenas cinco años. Durante sus primeros años utilizaba la cubertería de casa para aporrear la mesa, platos, vasos y tarrinas, siguiendo el ritmo de cualquier canción que sonara en la radio. Con once años por fin convenció a sus padres de que le compraran una batería de verdad con la condición de que tomara al menos una clase.

Jack Irons convenció a sus padres para que le compraran una batería con la condición de tomar al menos una clase.

ALAIN JOHANNES   HILLEL SLOVAK   CHRIS HUTCHINSON   JACK IRONS

What is This

MCA RECORDS   SAN ANDREAS RECORDS

De Chain Reaction a Anthem y de Anthem a Anthym para llegar a What Is This, ¿una banda destinada para triunfar?

Jack y Hillel se conocieron en Bancroft Jr. High School y descubrieron que ambos eran obsesos de la música. Jack tocaba el tambor en la orquesta y el dúo tributo a Kiss junto a su amigo Hillel, cuando ambos ya estudiaban en Fairfax, se convirtió en su primera banda y en el germen de las que vendrían. Poco tiempo después se les unirían los también alumnos Alain Johannes y Todd Strassman para formar Chain Reaction, que rápidamente se renombró como Anthem. Cuando descubrieron que ya había una banda con ese nombre, pasaron a llamarse Anthym.

El repertorio de Anthym lo formaban mayormente canciones de Kiss, Led Zeppelin y Queen. A medida que el grupo progresaba, Hillel decidió reemplazar al bajista Todd Strassman. Su candidato era aquel archienemigo de Jack, el pelirrojo rarito fanático del jazz, a quien Hillel intuía un gran talento para la música. Jack estuvo de acuerdo mientras se convirtiera en un bajista resolutivo. Hillel, convenció a Michael, a quien ya conocían como Flea. Él mismo le transmitió las primeras nociones con el instrumento. Flea reemplazó a Strassman como bajista de What Is This, el nuevo nombre de Anthym motivado por la reacción que su música despertaba entre los asistentes a sus conciertos.

Rápidamente, Flea empezó a desarrollar su estilo maníaco y nervioso con el instrumento. La técnica de slap-y-pop y sus continuos saltos inspirados en sus jugadores favoritos de Los Ángeles Lakers, sumaron para que la popularidad sobre el espectáculo que proporcionaban los What Is This no dejara de crecer. Sus actuaciones traspasaron los muros de Fairfax, actuando en distintos locales de Los Ángeles, donde los dueños de pubs como The Starwood, The Whisky o The Troubadour, tenían que esconder la edad real del grupo por ser menores de edad, con tal de que tocaran allí.

AMIGOS PARA SIEMPRE

F ue tras una de sus actuaciones, antes de que Flea formara parte de Anthym, cuando Hillel y Jack conocieron a Anthony. Anthony, en su autobiografía *Scar Tissue*, recuerda su primera impresión sobre Hillel: «A los pocos minutos de estar con él, sentí que era completamente diferente de cualquier otra persona que conociera. Entendía sobre música, era un gran artista, y transmitía un conocimiento y calma sobre sí mismo que eran absolutamente fascinantes». Anthony

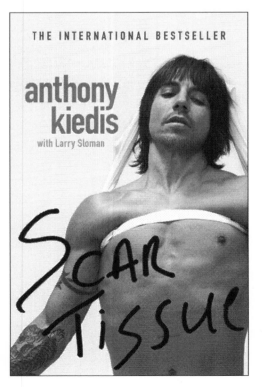

conectó con Hillel tanto como lo había hecho con Flea y a menudo acompañaría al grupo para echarles una mano con el transporte del equipo e incluso presentarlos sobre el escenario. Anthony se había convertido en el mayor fan de Anthym y en un tan inseparable como temerario amigo de Flea y Hillel.

Los tres tenían una fuerte inclinación por el arte en general y la música en concreto, además de compartir el referente de una familia desestructurada con padres divorciados. Sus extravertidas personalidades se complementaban a la perfección en cualquier situación y compartían la misma necesidad de evasión a través de las drogas. Pero por encima de todo, tenían en común un espíritu libre que los

Scar Tissue, una lectura obligatoria.

arrastraba a vivir la vida más salvaje posible. Tanto era así que con apenas dieciocho años se irían a vivir juntos a un apartamento en Hollywood cuya puerta podía quedar abierta de par en par durante semanas.

Hillel tenía el control del equipo de música, donde no paraban de sonar discos de sus admirados Jimi Hendrix o Led Zeppelin. Flea, gracias a la intensidad y energía de bandas como The Spastics, X o The Germs, empezaba a dejar a un lado su aversión por la música punk. Su transformación culminaría cuando Hillel lo llevó al último concierto que dieron The Germs en Los Ángeles, el 3 de diciembre de 1980 en The Starwood, cuatro días antes de que su cantante Darby Crash falleciera por sobredosis de heroína. Por su parte, Anthony, devoto del mundo de la interpretación y la escritura, acrecentaba su recién adquirido interés por la música. Los tres recibirían también la influencia de bandas como Talking Heads, Echo & The Bunnymen o Gang Of Four.

Cuando en 1980 se habían graduado de Fairfax, Anthony, Flea, Hillel, Jack y Alain tenían que tomar la decisión más importante: qué hacer con su vida. Hillel y Flea tenían claro que querían hacer música más que ninguna otra cosa, más cuando las cosas con Anthym empezaban a funcionar y el interés de las chicas por ellos aumentaba. Por su parte, Alain y Jack sufrían la presión de sus padres para seguir estudiando, y Anthony, que estaba decidido a seguir los pasos de su padre, inició sus estudios de interpretación en U.C.L.A. Pero su recorrido no llegó muy lejos. En 1981 abandonó la universidad, siendo el amor por la escritura su único interés real.

DEFUNKT & THE SWAN

L a popularidad de Anthym no dejaba de crecer, como lo hacía la implicación de Hillel y Flea en la banda. Siendo Anthony su fiel amigo, no es de extrañar que pronto Flea le pidiera que formara parte del grupo de algún modo. Por su seguridad y confianza, su extraversión y su inclinación innata a la interpretación, rápidamente Anthony empezó a ejercer de presentador en los conciertos de Anthym. Ejercía de maestro de ceremonias, calentando a la audiencia antes de que el grupo saltara sobre las tablas, presentándose a sí mismo como «Antoine The Swan», un apodo que, lejos de connotaciones sexuales, no tiene mayor explicación que su propia rima.

Tras el discurso y las bromas de presentación, Anthony siempre terminaba con algo parecido a «Damas y caballeros, los rockeros más calientes de Los Ángeles. Sus padres los llaman locos y las chicas los llaman todo el tiempo, pero yo los llamo como los veo ¡y los llamo Anthym!». Al momento, Hillel, Flea, Jack y Alain saltaban al escenario mientras Anthony bajaba para unirse a Haya Handel, su novia del momento. La música de Anthym, en constante evolución, golpeaba a los asistentes que quedaban boquiabiertos por una amalgama sonora de estilos, principalmente influenciada por bandas como Captain Beefheart, pero que sonaba a rock, punk, jazz y no wave, género que ocupaba el espacio entre

el punk y el new wave. Aquella habitual primera impresión, que dejaba al público boquiabierto, motivó el cambio del nombre de la banda a What Is This.

Por aquel entonces, Anthony trabajaba haciendo tareas de reparto en una pequeña empresa audiovisual de Hollywood. Se pasaba el día escuchando a Grandmaster Flash y Defunkt en la radio de la furgoneta, canciones que no dejarían de sonar en su cabeza. El primero le hizo ver que no necesitaba cantar para transmitir, le bastaba con su voz y algo que decir en forma de rap.

El segundo le hizo despertar un interés personal por la música funk, tanto que lo incorporó a la banda sonora de sus momentos con sus amigos. Flea, Hillel, Jack y Alain apreciaron la aportación y encontraron en el género funk un ingrediente que encajaba a la perfección en su coctelera musical, aportando mayor energía a la interpretación. Defunkt no se parecía a nada que hubieran escuchado antes.

Pero reescribir la evolución sonora de Anthym no iba a ser tan fácil. Flea estaba empezando a preguntarse qué posibilidades musicales había más allá del grupo iniciado con sus amigos. Tocó congas en una actuación de aficionados y después convenció a Hillel para participar juntos en una audición para el saxofonista James White, que mezclaba funk, jazz y postpunk y había tenido incidencia en la formación de Defunkt. Causaron tan buena impresión en un par de sesiones que White les ofreció el trabajo, pero lo rechazaron por considerarse demasiado jóvenes para perder la libertad creativa y convertirse en músicos asalariados. Lo que era innegable, era que la posibilidad de haber formado parte de la banda de gira de un músico profesional y reconocido, les dio seguridad en sus habilidades. Hillel lo aprovechó regresando a Anthym, pero Flea descubrió la banda de punk Fear.

FEAR

L a escena hardcore y punk de Los Ángeles, tras los extintos The Germs, venía encabezada por Black Flag, Circle Jerks y Fear, una santísima trinidad. Fear, liderados por Lee Ving, eran unos provocadores natos, tanto que los anarquistas los trataban de fascistas, mientras los homófobos de homosexuales. Desde su formación en 1977, Fear era una banda conflictiva y en sus conciertos se derramaba tanta sangre como cerveza. En 1982, Fear se quedaron sin bajista y Flea llamó a su puerta. A primeras, la banda dudó por la corta experiencia del candidato, tanto con el instrumento como sobre el escenario. Pero en cuanto le vieron tocar quedaron prendados por la energía que transmitía. Flea consiguió el trabajo, aunque ello supusiera tocar con púa, algo que nunca había hecho hasta entonces.

Flea en Fear… joven y sin experiencia, pero sin miedo.

No importó demasiado que Flea y Fear vinieran de mundos tan alejados como el jazz y el punk. Su nervio y actitud cuajó en los directos de la banda, y ésta le aportaba un trabajo remunerado además de una base de seguidores muy superior a la que había logrado con sus amigos en What Is This. Era como ascender del estatus de aficionado al de profesional sólo con una audición. Muchos años después, Flea recordaría aquella experiencia de la siguiente manera: «Yo era un niño loco y ellos eran mayores y más maduros que yo. Nunca me sentí realmente cómodo en esa banda, nunca pude ser realmente yo mismo, pero fue una gran experiencia de aprendizaje y ese primer disco que hicieron es genial».

La noticia de Flea uniéndose a Fear fue un jarro de agua fría para Hillel. Los conciertos, las giras con la banda punk, dificultaban que Flea pudiera mantener su compromiso con sus amigos, así que decidió abandonar Anthym. Hillel, por su parte, se enojó tanto con Flea que dejó de hablarle. Tuvieron que pasar semanas antes de que las aguas volvieran a su cauce y la amistad y el vínculo previo entre ambos floreciera de nuevo. Poco después, Flea, ya fuera de Anthym, volvió a disfrutar de tocar con su amigo guitarrista cuando la agenda de Fear se lo permitía. A su vez, Anthony empezó a formar parte del radar de Fear, asistiendo a sus conciertos, relacionándose con algunos miembros del grupo y robándoles a las chicas.

El vínculo entre Flea y Spit Stix, baterista de Fear, creció a tal punto que en varias ocasiones éste le confió a Flea que su talento creativo estaba muy limitado en Fear. Lee Ving era un líder dictatorial que imponía su voz y criterio, descartando sistemáticamente ideas y aportaciones de la base rítmica. Aunque la experiencia en Fear no le sirviera para expandir su creatividad, Flea la aprovechó para seguir trabajando su ya de por sí disciplinada práctica con el instrumento, así como para continuar desarrollando su confianza en sí mismo y su estilo tan personal. Tanto que incluso hizo una audición para Public Image Limited, el grupo del Sex Pistol John Lydon. Por supuesto, consiguió el empleo, pero lo rechazó. Tras recuperar lazos con Hillel y viendo el panorama con Fear, no estaba dispuesto a volver a dar la espalda a sus amigos.

DE TONY FLOW & THE MIRACULOUSLY MAJESTIC MASTERS OF MAYHEM A LOS RED HOT CHILI PEPPERS

E n 1982 hubo otro grupo punk que destacó dentro de la escena de Los Ángeles. Se trataba de los Neighbors Voices, liderados por Gary Allen. Su EP de cuatro canciones *In White America* causó sensación. Tras una actuación, Flea se presentó a Gary para poco después presentarle a Hillel. Los tres, junto a Jack Irons, tocarían juntos de modo informal en varias ocasiones. Anthony entró en la ecuación siendo pareja de la asistente de vestuario de Gary. Los cuatro se hicieron amigos para compartir largas horas de consumo de música y drogas, y Gary decidió abandonar a los Neighbors para iniciar su carrera en solitario. Se estrenaría en directo a principios de 1983 en el Rhythm Lounge, pero para ello quería un impactante acto de apertura. Ahí, sus salvajes nuevos amigos encajarían a la perfección y Gary se lo propuso a Anthony.

Anthony, que había descubierto recientemente a Grandmaster Flash, no dejaba de darle vueltas a la idea de participar en el proyecto musical de sus compañeros a través de su habilidad con la escritura. Rápidamente cayó en la cuenta de que pese a su corta edad, había algo que conocía bien y sobre lo que se sentía lo suficientemente seguro para hablar. Se trataba de su ciudad, Los Ángeles. Cuando enseñó a Flea la letra de «Out in L.A.», donde Anthony mencionaba a varios de sus amigos y conocidos, éste quedó tan ensimismado que tuvo que llamar por teléfono a su madre para recitársela entera. Cogió el bajo y literalmente plagió una línea de Defunkt para convertirla en algo nuevo e igualmente fresco que sería la base rítmica de la primera canción escrita entre los dos. Hillel y Jack acogieron la propuesta con brazos abiertos y pusieron sus partes para dar forma final a la primera canción de un grupo todavía sin nombre.

Anthony, Flea, Hillel y Jack subieron al escenario del Rhythm Lounge bajo un nombre tan disparatado como lo que estaba a punto de ocurrir. Tony Flow & the Miraculously Majestic Masters Of Mayhem se disponían a reventar un auditorio de apenas treinta personas con nada más que una canción. La explosión de energía en los apenas tres minutos que duró su actuación fue tal que el propietario del local rápidamente los invitó a repetir la semana siguiente, pero con la promesa de que tuvieran al menos dos canciones. La actuación de Gary poco tenía que hacer, pues Tony Flow y compañía habían dejado huella. Con el subidón todavía fresco, Anthony se puso manos a la obra escribir la letra de su siguiente *hit*, «Get Up and Jump». Pero no sería lo único que evolucionaría…

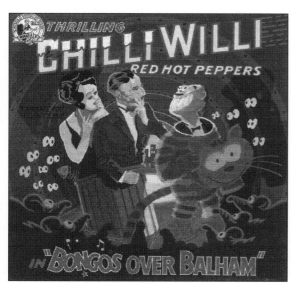

Bongos para inspirar un cambio de nombre…

Cuando los cuatro amigos regresaron al Rhythm Lounge, lo hicieron con un nuevo nombre, el de Red Hot Chili Peppers. Aparentemente, era otro nombre cualquiera, como lo había sido el de Tony Flow y compañía. Pero como ocurrió con el primer acompañamiento de «Out in L.A.», parcialmente extraído de Defunkt, el nombre podría haber surgido de influencias de otra índole. Flea era un fanático del jazz, a quien probablemente no se le había escapado el combo The Red Hot Peppers, de Jelly Roll Morton, y tanto Hillel como Jack podrían haber oído a la banda de country rock de los años setenta, Chilli Willi & The Red Hot Peppers. De un modo u otro, el nuevo nombre sonaba enérgico y fresco, picante y caliente, y contenía cuatro palabras explosivas como los cuatro miembros que lo componían.

«A la gente le encantaba. Ni siquiera sabíamos lo que estábamos haciendo, simplemente ocurrió», recuerda Flea: «Nadie estaba haciendo nada parecido». La mezcla de rap, funk y punk, todo ello amparado bajo una actitud sexual de alto voltaje, era sin duda algo nunca visto en Hollywood. Las actuaciones en el Rhythm Lounge se sucedieron durante semanas hasta que el grupo alcanzó las nueve canciones. Lo que había empezado como una broma cada vez era más popular, hasta que llegó a oídos de Lee Ving. Al líder de Fear le enojó que Flea estuviera en dos grupos a la vez y puso a su bajista entre la espada y la pared. Flea decidió abandonar Fear y descubrir hasta dónde llegaría aquella aventura con sus amigos.

EL INCIERTO FUTURO DE SLOVAK Y IRONS

Mientras la popularidad de los flamantes Red Hot Chili Peppers crecía por sus picantes actuaciones y el boca-oreja, la inquietud entre los miembros de What Is This lo hacía también. El grupo formado por Alain Johannes a la voz principal y guitarra además de Chris Hutchinson, bajista que había reemplazado

a Flea, compartía dos miembros con los Chili Peppers: Hillel Slovak a la guitarra solista y coros y Jack Irons a la batería. Además, desde sus inicios como Anthym, el grupo llevaba seis años trabajando para lograr un conatrato discográfico y abrirse camino. Los Chili Peppers apenas llevaban seis meses, pero ya les habían superado en popularidad.

Hillel Slovak, entre What Is This y los Chili Peppers.

Flea, Hillel, Anthony y Jack: pura inmediatez, explosión y sexualidad.

What Is This era un concepto muy distinto al de los Chili Peppers, basado en la elaboración de canciones y su música. Los Chili Peppers eran pura inmediatez, explosión y sexualidad, todo por ofrecer un espectáculo apabullante que arrasara con todo. Esta fórmula *a priori* tan básica les había valido para ser contratados como apertura de los raperos neoyorquinos Run DMC, junto a Fear y los Circle Jerks, nueva banda del ex-Black Flag, Keith Morris, todo ante tres mil quinientas personas. La popularidad de la banda no había dejado de mejorar, pero no el estilo de vida de sus integrantes –sobre todo de Anthony y Flea–, basado en vivir rápido y tomar todas las drogas posibles.

Tuvo que ser más difícil para Jack Irons y Hillel Slovak aceptar que esta colaboración entre amigos que había empezado como una broma había superado la popularidad de su gran proyecto como músicos. Esta sensación se acrecentó cuando apareció en escena Mark Richardson, ingeniero de sonido que en cuanto llegó al grupo, recomendado por un amigo que había trabajado con Blackie Dammet, tuvo la gran idea de trasladar ese loco directo al estudio en forma de demo. Mientras los Chili Peppers se preparaban para su primera sesión de grabación, fueron contratados para una actuación en el club de *striptease* de Los Ángeles, el Kit Kat Club.

En el Kit Kat la actuación no fue como se había esperado. El público estaba mayormente dispuesto para ver a chicas desnudarse, algunas de las cuales subían al escenario ligeras de ropa, acompañando la actuación de los Chili

Peppers. A causa de la escasa atención recibida, el grupo bajó frustrado al *backstage*, donde Anthony tuvo una idea. Recordó a una chica que cuando él tenía dieciocho años estaba loca por sus huesos, pero de forma tristemente no correspondida. Un día, esta chica se presentó de improviso en su casa. Anthony abrió la puerta sin saber de quién se trataba y la chica aprovechó para colarse en su casa, a él se le ocurrió entrar un instante en su habitación y salir al momento completamente desnudo, salvo por un calcetín de deporte cubriendo su miembro viril y sus acompañantes testículos. Actuó como si nada, y la chica, probablemente en *shock*, optó por salir despavorida. Aquella broma pesada para despacharla se convertiría en una seña de identidad del grupo.

Anthony expuso su idea al resto de los chicos antes de regresar al escenario para un bis. Todos la acogieron y salieron con los nervios propios de quien se sabe llevando a cabo una idea muy loca. De pronto, la atención que no habían recibido durante toda la actuación, fue suya mientras interpretaban una explosiva versión de «Fire» de Jimi Hendrix. El dueño del Kit Kat Club se enojó pues no estaba dispuesto a que en su local desfilara el vello púbico de estos cuatro jóvenes. Pero había otra persona presente en el Kit Kat a quien la actuación sí le había causado una gran impresión: Lindy Goetz, el que fuera mánager de la banda de funk norteamericana Ohio Players durante sus años en Mercury Records, se convertiría en el mánager de aquellos locos chavales de Hollywood a cambio de refrescos y unas hamburguesas con patatas fritas. Así lo explicaba Kiedis: «Durante años, Flea y yo deambulábamos por la ciudad sin saber cómo íbamos a comer o cenar. La primera vez que hablamos con Lindy le dijimos que tenía que asegurarse de que comiéramos todos los días. Ése era el gran trato para nosotros, nunca pensamos en tener dinero, mucho menos casa propia, coche o nada por el estilo». A menudo, Flea y Anthony llamarían al mánager para tener una reunión de urgencia, que casualmente debía producirse en un restaurante cercano. Lindy lo tenía claro: «Se veía a la legua que necesitaban a alguien que los llevara a comer. Y a cenar».

GRABACIÓN DE LA MAQUETA

El grupo reunió algo de dinero y se dirigió sin dudar a Bijou Studios, un pequeño estudio local de Hollywood Boulevard. Allí se encontraron con Spit Stix y el ingeniero Mark Richardson con el objetivo de plasmar la energía de sus directos en cinta. El resultado fue un casete que Lindy paseó en busca del primer contrato discográfico para el grupo. Lo encontró en noviembre de 1983: era un contrato por siete discos en los próximos siete años con Enigma, subsidiaria de la división americana de EMI. Los Red Hot Chili Peppers habían conseguido en apenas seis meses de vida lo que muchas bandas perseguían durante años. Pero la fiesta pronto se aguó, pues al mismo tiempo What Is This lograron su ansiado objetivo: un contrato discográfico con MCA Records, la versión norteamericana del sello que llevaba a grandes clásicos como los Who. Hillel Slovak y Jack Irons tenían que tomar una decisión que no podía seguir retrasándose, la de permanecer al lado de sus amigos del alma, los Chili Peppers, o continuar persiguiendo su sueño componiendo música más elaborada y tomándoselo más «en serio» con su proyecto de largo recorrido, What Is This. Aunque podrían haber continuado con ambas bandas sin discrepancias en lo personal, los compromisos con dos contratos de distintas discográficas lo complicaba.

Flea explicó la situación de la siguiente forma: «Cuando los Chili Peppers conseguimos un contrato discográfico, What Is This lo consiguió al mismo tiempo. Jack y Hillel llevaban tocando con ellos los últimos seis años, desde sus inicios como Anthym en Fairfax. ¿Qué se suponía que debían hacer? ¿Ir con una banda de "broma" que llevaba funcionando seis meses, o continuar con la banda "seria" a la que habían dedicado los últimos seis años? Así que eligieron a What Is This, lo que es perfectamente comprensible». La reacción de Anthony fue muy distinta: «Me fui a casa a llorar porque estaba tan feliz de estar en una banda, pavoneándome por la ciudad… y de repente pensé que habíamos terminado. Estaba emocionalmente devastado». Sin embargo, la reacción de Flea y Anthony, lejos de venirse abajo, fue la de ponerse rápidamente manos a la obra en busca de nuevos miembros, antes de que EMI se enterase y pusiera en peligro su recién obtenido logro.

Para la batería reclutaron al veterano Cliff Martínez. Martínez, nieto de un español emigrado a los EE.UU., nació en el Bronx, Nueva York, pero creció en Columbus, Ohio. Muy pronto desarrolló interés por la música rock y se trasladó a Los Ángeles. Allí tocó para bandas como Captain Beefheart o The Weirdos, entre otros. Amigo de Flea, fue invitado a entrar en la banda sin necesidad de una

Cliff Martínez, un baterista polifacético y con experiencia.

audición: «Me encantaba la música funk y no había tocado en ninguna banda que estuviera tan metida en ese estilo. Era un tipo de música en el que quería ser bueno como baterista, aunque no era ni mucho menos mi fuerte en ese momento».

Para la guitarra, hicieron una docena de audiciones que terminaron con la contratación de Jack Sherman. Nacido en Miami, Florida, el 18 de enero de 1956, despertó su interés por el instrumento con la actuación de los Beatles en el Ed Sullivan Show. Vivió en Nueva York y después en San Diego, donde se desarrolló como guitarrista en bandas como Funky Demon o Redemption. Aunque no poseía ese pedigrí punk rock, era de lejos el músico con mayor conocimiento y experiencia de la nueva formación de los Chili Peppers. Tras una primera audición, Sherman creía que le darían el trabajo pero no obtuvo respuesta. Unas semanas después llamó a Flea, que le invitó para una segunda audición con Lindy presente. Aquello terminó con su contratación, aunque él no estaba realmente convencido por el *feeling* personal con el resto de los miembros de la banda, y así lo reconoció: «el hecho de que los Peppers tuvieran un contrato discográfico fue un gran incentivo para que me uniera a la banda». Lindy también se remitiría a aquellos días de esta forma: «Jack era un guitarrista de enorme talento, muy teórico y técnico, pero no era un Chili Pepper. Simplemente no encajaba. No tendría que haber entrado en el grupo, pero estábamos desesperados». Así, Cliff Martínez y Jack Sherman se convirtieron en los nuevos miembros de los Chili Peppers, que necesitaban empezar la grabación de su primer disco cuanto antes. Ahora sólo requerían de un productor.

ANDY GILL

The Gang of Four fue una banda británica que surgió en la segunda mitad de la década de los setenta en la universidad de Leeds. Su propuesta musical aunaba las ganas de bailar con la intención de hacerte pensar, en un conglomerado de estilos entre el punk rock, el funk y la música dub. Su álbum debut, *Entertainment!* era además uno de los discos favoritos de Flea y Anthony. Con todo, la apuesta por su guitarrista Andy Gill como productor del álbum debut de los Chili Peppers, parecía una apuesta lógica y ganadora. Además, Gang of Four estaban también con EMI. Flea describiría la excitación del momento: «Amábamos y admirábamos a Andy, y esos primeros discos de The Gang of Four definitivamente se cuentan entre los mejores discos de la historia del rock y son una gran influencia para nosotros». Sin embargo, pronto se verían las diferencias en el estudio, pues mientras The Gang of Four mezclaba esa energía física y cerebral, los Chili Peppers eran puramente físicos y sexuales. Pronto descubrirían que poco tenían que ver estos punks de Hollywood con la clase media británica a la que pertenecía Andy Gill.

El trabajo en el nuevo disco arrancó a principios de 1984. Los Chili Peppers, sobre todo Flea y Anthony, eran noveles en el estudio con la grabación con Spit Stix como única experiencia. No encajaban bien las sugerencias, mucho menos las órdenes

Andy Gill, de guitarrista de The Gang of Four a productor de los Chili Peppers.

de Andy, que pretendía hacer más digeribles las canciones de su maqueta. Jack Sherman definió la actitud de sus colegas en el estudio como destructiva. Flea y Anthony estaban acostumbrados a hacer enloquecer al público con canciones rápidas, cortas y tan funk como punk, y ésa era su apuesta. En contra, Andy se decantaba por piezas más pausadas, con mayor aire para respirar, como «True Men don't Kill Coyotes» o «Green Heaven». Andy sugería insistentemente trabajar en esa dirección, con el sonido predominante de los ochenta, algo que los Chili Peppers no sabían encajar. En palabras de Sherman, «si no hubiéramos seguido las instrucciones de Andy, el disco hubiera durado 14 minutos».

Pero las diferencias iban más allá, y a menudo el ingeniero de sonido Dave Jerden se encontraba mediando entre Flea y Andy, o Anthony y Sherman. Según Jerden, Anthony y Flea estaban totalmente fuera de control. A menudo le gritaban e insultaban, mandándole a la mierda, mientras el productor permanecía estoico como un caballero británico para continuar su trabajo. El ambiente empeoró a medida que avanzaba la grabación y Sherman se iba posicionando junto al productor. Flea y Anthony a menudo se reían de sus hábitos alimentarios, mayormente macrobióticos, pero también de su desconocimiento sobre el mundo de las drogas. En cambio, en el estudio había un consumo habitual de marihuana, y Anthony empezó a ausentarse durante días sin explicación aparente, algo que continuaría en los años venideros. Pese a todo, Sherman fue el verdadero mentor sobre el funk de George Clinton para el resto de los Chili Peppers. En cambio, Martínez se mantendría al margen de la mayoría de las discusiones y se centraría en grabar la mejor versión de sus baterías y en dormir mucho.

El punto álgido de tensión durante el proceso de grabación culminó en un episodio tan anecdótico como memorable: tras una discusión con Andy, Flea y Anthony se retiraron anunciando que se iban a echar una cagada, a lo que el productor respondió con sorna, invitándoles a traerle un poco. Apenas diez minutos después, Flea y Anthony regresaron con una caja de pizza con el excremento humano, que depositaron sobre la mesa de mezclas frente a un impasible Andy Gill: «Cuando un niño se comporta mal, no tiene sentido perder los estribos. En tal caso te estás rebajando a su nivel». De un modo u otro, el disco estaba listo para ver la luz. Los Chili Peppers querían titularlo *True Men Don't Kill Coyotes*, pero EMI se negó y lo rebautizó como *The Red Hot Chili Peppers*. Esto no sentó bien a la banda y creó un mal precedente de inicio para su relación con el sello.

THE RED HOT CHILI PEPPERS

El disco debut de los Chili Peppers vio la luz en agosto de 1984. Lo acompañaría un videoclip de bajo presupuesto para la canción «True Men Don't Kill Coyotes». Tanto el álbum como el vídeo pasaron inadvertidos para los grandes medios y sólo tuvieron reseñas en publicaciones gratuitas. Lindy captó rápidamente que si los Chili Peppers querían ascender en su carrera, el boca-oreja era la mayor de sus armas. Para ello se trabajó una ajetreada agenda para que los chicos estuvieran de gira sin parar. Si apenas veinte personas los veían en su primera actuación en cualquier ciudad fuera de L.A., con su espectáculo habría al menos ochenta en la siguiente gracias al boca-oreja. El precio mínimo del grupo por aquel entonces rondaba los doscientos dólares, suficiente para cubrir gastos hasta el siguiente *show*.

La primera actuación fuera de Los Ángeles fue en Aspen, Colorado. Los conciertos fuera de la capital californiana pasaron tan inadvertidos como el lanzamiento del disco para la prensa especializada. Blackie Dammet, el padre de Kiedis, tiró de contactos para que el grupo visitara la ciudad natal del *frontman*. Anthony estaba hecho un saco de nervios ante su regreso a casa diez años después de su última visita, para actuar frente a sus padres. La actuación resultó un desastre, con el rechazo de buena parte de los asistentes al espectáculo de cuatro hombres semidesnudos con calcetines en sus partes, aunque a la madre de Anthony aquello le resultó gracioso.

La gira continuó por la costa oeste para desgracia de Sherman, que empezaba a sentir que tanto Anthony como Flea lo estaban presionando para que abandonara el grupo. Por su cabeza pasaba la sospecha de que Hillel Slovak tenía interés por regresar, oportunidad que sus amigos no iban a dejar pasar de largo. Algunas evidencias del acoso se producían sobre el escenario, con Anthony llegando a arrojarle yogures como burla de sus hábitos alimentarios. Otras veces, si Sherman tomaba demasiado protagonismo hablando con la audiencia, podía llegar a tirarle un vaso de agua a la cara, provocando el enfado del guitarrista. Fuera del escenario, Sherman se aislaba y si los miembros aprovechaban su estancia en una ciudad extraña para conocer su ambiente nocturno, él optaba por quedarse en la furgoneta durmiendo.

Al acabar la gira, lejos de lograr sus objetivos, Sherman se sentía más comprometido con la banda que nunca, preparado para componer nuevos temas y dispuesto a seguir aguantando las trastadas de los dos miembros más jóvenes. Pero para febrero de 1985, recibió una llamada de Anthony y Flea invitándolo a su apartamento. Sus peores presentimientos se confirmaron cuando una vez allí, entre risas le dieron la noticia de que estaba despedido. Sherman quedó en *shock* y lejos de crear una disputa legal, dado que había contratos firmados y un sello discográfico de por medio, se limitó a afrontar el trauma buscándose una nueva banda con la que tocar.

En los siguientes años, Sherman fue acreditado en la composición de nueve canciones del segundo disco de los Chili Peppers, *Freaky Styley*, y fue invitado a grabar segundas voces para el álbum *Mother's Milk*. Pero lejos de significar las paces entre ambas partes, fue mayor motivo de disputa cuando en 1993 denunció a los Chili Peppers y a su mánager Lindy Goetz por la forma en la que se trató su despido de la banda. La principal demanda fue porque no recibió el aviso de diez días antes, como se estipulaba en el contrato. Reclamaba *royalties* que no había percibido, por su participación en los siguientes discos del grupo. Además, los acusó de maltrato psicológico y emocional.

Las acusaciones fueron legalmente rechazadas, pero lo cierto es que el nombre de Jack Sherman ha sido muchas veces ignorado cuando se trata de la historia de los Red Hot Chili Peppers, tanto que apenas se le menciona en el texto que acompaña la reedición de su primer álbum, firmada por Flea. Pero la realidad es que, al margen de su legado musical y por encima de sus aportaciones en la composición de las primeras canciones de la banda, suyo es el mérito de haber introducido a Flea y Anthony a la música de un grande del funk que se convertiría en el principal gurú de los primeros años de los Chili Peppers. Pues fue Jack Sherman quien dio a conocer a sus compañeros la música de George Clinton, 'Doctor Funkenstein', así como de sus proyectos musicales Funkadelic y Parliament.

EN LA GRANJA DE GEORGE CLINTON

Paralelamente, a principios de 1985 Hillel Slovak se encontraba debatiéndose entre sentimientos enfrentados. No quería abandonar What Is This, pero la sensación de que aquél era el proyecto personal de Alain no dejaba de crecer, al mismo tiempo que lo hacía su deseo de regresar a la dinámica que tenía con los Chili Peppers. Lo más doloroso para él sería lidiar con la sensación de traición a un amigo del instituto, mientras regresaba a los brazos de otros dos. En febrero la decisión estaba tomada y Hillel regresaba a los Red Hot Chili Peppers.

La euforia dentro del seno del grupo por haber recuperado a su guitarrista inicial era tal que no había tiempo que perder. Estaban preparados para grabar otro disco que hiciera justicia al sonido y espíritu del grupo. Para ello debían acertar con el productor. Resulta irónico que tras despedir a Jack Sherman, decidieran trabajar con George Clinton, el músico a cuya obra habían llegado precisamente por la influencia del anterior guitarrista. El contacto fue fácil de hacer, pues Lindy había trabajado con Clinton en el pasado. Flea y el mánager se reunieron con él en su casa de Detroit, una granja que no era en realidad de su propiedad, sino de un empresario de la industria que le dejaba vivir en ella como pago de *royalties*. La posibilidad de colaborar con los Red Hot Chili Peppers, una banda de reciente formación que estaba dando mucho que hablar en Los Ángeles, podía devolver credibilidad y valor comercial a un Clinton en horas bajas, que había visto cómo el sonido de los ochenta había desfasado su funk psicodélico. Aquella reunión resultó favorablemente, los Chili Peppers tenían productor para su segundo álbum. Ahora les faltaban las canciones.

Flea y Anthony pusieron rumbo a México con un cuatro pistas bajo el brazo para trabajar en las canciones, muchas de las cuales se habían compuesto originalmente con Sherman. Éste sería el primero de una serie de viajes que se repetirían a lo largo de la trayectoria de los Chili Peppers ante la composición de un álbum. Se hospedaron en un hotel donde, en un restaurante cercano, encontraron a un camarero que les cambiaría marihuana por flan y café. La experiencia resultó fructífera y en primavera estaban listos para regresar a la granja-estudio de George Clinton en Detroit. La banda se hospedaría allí hasta que tras las primeras sesiones fueron «invitados» a abandonarla para instalarse en Bloomfield Hills, un suburbio de Detroit. En palabras de Flea: «Tal vez Anthony chocó con la moto de nieve de George o algo así [...]. George es un tipo de hombre al que no quieres joder». Independientemente del suceso que motivara la salida del grupo de la casa, las sesiones avanzaron con un muy buen clima. Además, el grupo aprovechó la vida nocturna del lugar para darse a conocer por distintos locales de los suburbios, hasta el gorro de cocaína, *crack* o cualquier otra sustancia. En una ocasión, el grupo asistía a la actuación de un grupo local en un club de rock. Cuando la actuación terminó, antes de que la banda regresara para el bis, los Chili Peppers saltaron al escenario y tomaron sus instrumentos para improvisar una agitada jam. El propietario de uno de los clubes locales recuerda los humos que lucía el grupo a su paso por la zona: «Estaban fuera de control. Cuando llegaban bandas de fuera de la ciudad, lo único que querían era tener la posibilidad de tocar. Pero los Peppers, se creían importantes porque venían de Los Ángeles y estaban grabando con George Clinton. ¿Pero quién era George Clinton en 1985?».

Dentro del estudio, el clima festivo continuaba, con el grupo fumando grandes cantidades de marihuana. Cliff Martínez lo recuerda como «un ambiente de fiesta controlado, con gente por todas partes, preparada para aplaudir. Recuerdo fumar un montón de marihuana y, aunque es horrible decirlo, descubrí que las drogas pueden servir de herramienta. Toqué mucho mejor, con este particular estilo de música, estando fumado. En realidad, siento que toqué mucho mejor en el segundo disco gracias a esta atmósfera relajada y festiva». Pero no siempre sería así, pues Clinton metía especial presión sobre Flea, sabiendo que su forma de tocar podía hacer que el grupo destacara todavía más. A menudo le hablaba por los auriculares, presionándole para que le metiera más

George Clinton, «un genio prolífico, mitológico y épico».

«músculo» a su forma de tocar. Si hubiera sido cualquier otro el que presionara de este modo a Flea, el resultado podría haber sido desastroso. Pero no con Clinton, a quien Flea respetaba profundamente, refiriéndose a él como un genio prolífico, mitológico y épico.

Las nuevas canciones estaban tomando buena forma y Clinton motivó al grupo a incluir dos versiones de clásicos funk. De este modo, la banda se acercaría al funk con credenciales, y el funk se apoyaría en la banda para no perecer en horas bajas. El regreso de Hillel al grupo también tuvo mucho que ver con el clima mejorado que se respiraba. «Las cosas fluyeron mucho mejor con Hillel en la banda. A diferencia de lo que ocurría con Sherman, Hillel podía vivir, respirar y crear sin que lo llamaran maricón», recuerda Martínez.

FREAKY STYLEY

El segundo álbum de los Chili Peppers se publicó en septiembre de 1985 para cosechar mayor y mejor repercusión entre los medios especializados. La sensación interna del grupo también era la de haber dado un paso hacia delante. La base rítmica formada por Flea y Cliff Martínez caminaba engrasada. Hillel gozaba de una libertad creativa y una confianza en sí mismo de las que nunca había dispuesto Sherman, y se permitía poner arreglos y solos de guitarra influenciados por Hendrix. Anthony seguía siendo Anthony, más concentrado en poner el mayor número de palabras en cada verso que en la afinación o claridad de su mensaje. Pero con todo, la experiencia con George Clinton había sido mucho más gratificante que con Andy Gill, ganando a su vez un mentor, fan y amigo. Clinton, que nunca antes había visto una actuación de la banda, había conseguido acercar su sonido en el estudio a la esencia del directo. Flea se refería al sonido del álbum diciendo: «Me siento muy bien con este disco. Sobre la forma en que tocamos. Después de no haber podido capturar nuestro sonido en el primer álbum, estoy muy feliz de escuchar puro *groove* saliendo de los altavoces».

Pero la realidad sería que *Freaky Styley* tampoco obtuvo la repercusión radiofónica que la banda esperaba. En palabras del propio Flea, «Era un álbum demasiado funky para las emisoras blancas y demasiado punk para las emisoras negras». Las ventas seguían siendo tímidas y Lindy trazó el plan de llevarse a la banda a Europa, con la sensación de que la división europea de EMI comprendía mucho mejor el espíritu de los Chili Peppers que la equivalente norteamericana. Como respaldo, la canción «Hollywood», versión de «Africa» de The Meters, se lanzó como single en el Reino Unido, mientras que para televisión se grabó un videoclip de «Jungleman».

En 1985 la mejor versión de los Chili Peppers estaba todavía lejos.

La gira estadounidense empezó en octubre de 1985 y se prolongó hasta marzo de 1986. Las actuaciones cada vez reunían masas más grandes, mientras que la acción sobre el escenario se volvía cada vez más física. Tanto, que a menudo sus actuaciones eran vistas como un espectáculo teatral o más propio de un circo que la actuación de una banda de rock, lo que repercutía mal en la venta de discos. El número del calcetín cubriendo sus genitales como única indumentaria no ayudaba a que se los tomara en serio. Tampoco lo hacía la habitual indumentaria de Kiedis en la época, con una bandera norteamericana al revés como falda, a menudo sin nada debajo. El momento estrella de la actuación era cuando le daba por colgarse del revés de la parte superior del escenario, dejando a la vista su esplendor físico mientras la bandera norteamericana cubría su rostro.

Algo más ocurría entonces en las entrañas del grupo. Cliff Martínez, bastante mayor que el resto, estaba perdiendo interés en mucho del ruido y las tonterías que rodeaban a la banda. Paralelamente, Alain Johannes metió en la formación de What Is This a su novia de entonces, lo que Jack Irons interpretó como otro movimiento para convertir aquel grupo en un proyecto personal. La noticia llegó a oídos de Flea, que sondeó a su amigo para confirmar que estaba dispuesto a volver a los Chili Peppers. Todo lo precipitó el desinterés de Martínez, a quien Flea invitó a abandonar la banda. En un principio se opuso, pero acabó aceptando lo evidente: «No estaba listo y realmente no quería salir del grupo. Pero unos años más tarde me di cuenta de que debería haberme ido antes. No estaba dando lo mejor de mí. Hicieron bien en echarme. No lo sabía entonces, pero creo que quería componer música por mi cuenta. Me estaba convirtiendo en una persona desagradable, alguien de quien no querías estar cerca. Perdí interés en ese estilo de vida y en ese estilo particular de música, supongo». Era marzo de 1986 cuando Jack Irons regresaba al grupo para recuperar la formación original. Tras unos primeros conciertos juntos, la banda estaba lista para grabar un álbum que de verdad representara quiénes eran los Red Hot Chili Peppers.

MICHAEL BEINHORN, DONDE LOS OTROS FALLARON

A finales de 1986, la venta de discos de los Red Hot Chili Peppers seguía sin despegar. Ninguno de sus dos álbumes había alcanzado la cifra de los cien mil discos vendidos y mucho menos habían logrado entrar en la lista estadounidense Billboard 200. Ante tan pobres resultados, EMI decidió derivarlos a la subdivisión EMI Manhattan. Esto frustró al mánager Lindy Goetz, que veía cómo el sello no alcanzaba a comprender el potencial de la banda. Para los chicos, el movimiento de la discográfica fue algo parecido a un «haced lo que queráis, de un modo u otro no se va a vender». La realidad es que probablemente el único motivo por el cual el sello no se decidía a prescindir de ellos era por el continuo aumento de jóvenes a sus conciertos. Los Chili Peppers se encontraban llenando recintos con capacidad para mil personas, dejando otras dos mil a las puertas sin entrada.

Lejos de decaer el ánimo, el grupo se sentía en un buen momento. Volvían a ser los cuatro miembros originales. Tenían en su mánager un apoyo incondicional, la figura de un hermano mayor o un héroe silencioso que los defendía a capa y espada ante el escaso apoyo del sello que los representaba. Además, Flea se acababa de prometer con su novia Loesha Zeviar, quien estaba embarazada de su

Michael Beinhorn sería el primer productor en capturar el potencial de los Chili Peppers.

hija Clara. ¿Qué mejor momento para lanzarse a grabar un nuevo disco, que representara lo que los 4 fantásticos de Fairfax podían hacer juntos? La búsqueda de un productor capaz de capturar la energía de los cuatro reunidos había empezado.

Una de las primeras opciones que barajaron venía directa de la costa este. Rick Rubin se había convertido en uno de los productores de moda con apenas veinte años. Habiendo fundado su propio sello, Def Jam Records, ya había producido dis-

Con apenas 20 años, Rick Rubin ya era uno de los productores de moda.

cos de éxito para Slayer y piezas imprescindibles cuando se trata de la fusión de hip hop y rock, como *Raising Hell* de Run DMC o *Licensed to III* de los Beastie Boys. Precisamente, Rubin acudió a un ensayo de los cuatro fantásticos de Fairfax acompañado de los Beastie Boys. Aunque el hombre gustaba a los Chili Peppers, algo extraño sintió el productor: «Recuerdo ir a un ensayo. Musicalmente estuvo muy bien, pero la energía en la habitación se sentía peligrosa, para nada buena. Era una de las energías más deprimentes que había sentido hasta el momento». La declaración explica por qué el barbudo productor descartó la posibilidad de colaborar con los Chili Peppers, pero también la enorme sensibilidad que tiene, pues no estaba errado. Aunque el momento era bueno para Flea, y Jack Irons, que derrochaba ilusión por el proyecto tras la reciente decepción con What Is This, por su parte, Anthony estaba de lleno sumergido en su adicción a la heroína de forma muy evidente. Hillel lo estaba igualmente, aunque se le notara algo menos.

Otro de los nombres que se barajaron para la producción del tercer elepé de los Chili Peppers fue el de Malcolm McLaren. Quien había sido artífice de los Sex Pistols y en parte también su destructor, se reunió en una ocasión con Flea y Anthony, ambos amantes de los Pistols pero también de Bow Wow Wow, uno de los proyectos posteriores de Malcolm. La reunión se produjo en los alrededores de las oficinas de EMI en Hollywood. Malcolm apareció con un Rolls-Royce y un montón de propuestas. Su intención era convertir al grupo en una banda de skate-punk, con un sonido más simple y cercano al rock clásico, que convirtiera a Anthony en claro protagonista y dejara al resto de los chicos en un segundo plano. Incluso se permitió decirle a Flea que pudiera no resultar ser el majestuoso bajista que se creía ser. La reacción de Flea, que acudió a la reunión bajo los efectos de la marihuana, fue desmayarse: «Recuerdo estar manteniendo pose de artista supergenial que fumaba marihuana, sujetando un porro durante mucho tiempo con la mano. Malcolm empezó a hablar sobre cómo nos iba a convertir a la nueva moda skate-punk… entonces empecé a sentirme realmente mareado. Ya no era el genial artista bohemio». Con Flea desfallecido en el suelo, la reunión con Malcolm terminó, y también sus conversaciones.

Con el descarte de Malcolm y el posterior paso a un lado de Rick Rubin, otro de los nombres que se barajaron fue el de Mick Jones, cofundador de los Clash con especial predilección por la mezcla de estilos, muy admirado en el seno de la banda. Sin embargo, su nombre quedó en papel mojado y se optó finalmente por Michael Beinhorn, un productor sin apenas experiencia que se encontraba buscando bandas y discos que producir. El nombre de los Chili Peppers salió a la luz en una reunión entre Beinhorn y el responsable de A&R de EMI de entonces, Michael Barackman. Beinhorn demostró interés por la banda y se le comunicó que estaban en proceso de búsqueda de productor. Beinhorn asistió a una actuación de los Chili Peppers en Nueva Orleans, se presentó tras el *show* y viajó con ellos después a otra actuación en Dallas, Texas. Sobre aquellos *shows*, Beinhorn recuerda: «Disfruté de su actuación en Nueva Orleans y se me ocurrió que capturar su energía del directo en un disco sería una gran ayuda para ellos». Así, Beinhorn ya había hecho más que los anteriores Andy Gill y George Clinton, que era asistir a actuaciones del grupo antes de trabajar con ellos en la producción de un álbum.

THE UPLIFT MOFO PARTY PLAN

Una vez que hubieron llegado a un acuerdo, Beinhorn se puso manos a la obra. Escuchó detenidamente los dos discos de los Chili Peppers para desgranar aciertos y errores mientras el grupo se dedicaba a componer e improvisar en el local de ensayo. En sus escuchas, Beinhorn detectó que había un problema creativo, algún tipo de bloqueo que impedía que las canciones evolucionaran hasta su máximo esplendor. Después, a medida que conocía al grupo, detectó que había otro tipo de problema con el consumo de drogas. Veía que fumaban grandes cantidades de marihuana y consumían cocaína a menudo, cuando Irons le confirmó que Anthony y Hillel eran ambos adictos a la heroína: «Decir que la adicción a las drogas generó problemas para el avance del proyecto sería un eufemismo». Mientras Irons se mantenía alejado por un reciente diagnóstico de trastorno maníaco-depresivo, Flea también tomaba conciencia del problema: «El consumo de drogas dentro de la banda estaba realmente empezando a ser un problema. Empezó a parecer algo feo y difícil de lidiar para mí, nada divertido; y la comunicación dentro del grupo empeoró». Beinhorn tenía por delante la difícil misión de capturar la energía de los directos de los Chili Peppers y reflejarla en un disco, pero mucho más allá, la de hacer que la banda sobreviviera a sus propios demonios y adicciones.

La grabación había avanzado poco cuando Anthony empezó a faltar a los ensayos y sesiones y a recluirse en casa de su novia de entonces, que también consumía. A menudo le pasaban a Anthony las grabaciones instrumentales para que trabajara en las letras de las canciones. El cantante se presentaba semanas después con la letra de otra canción que ni siquiera habían grabado tras descartarla. Esto los irritaba y enfurecía a todos, además de entorpecer el ritmo y el presupuesto de la grabación. Finalmente, Beinhorn convenció al grupo de que debían despedir al cantante. No es que corrieran a sustituirlo, pues el productor veía el enorme talento que atesoraba, pero pretendía de este modo sacudir su actitud para hacerlo reaccionar, además de hacer justicia ante la forma en que trataba a sus compañeros.

Anthony pasó fuera del grupo un largo mes que utilizó para desintoxicarse bajo coacción y reaparecer con letras nuevas y frescas para las canciones que sí habían grabado. Por fin, el grupo tenía un puñado de nuevas canciones, incluida otra versión, cuando se mudaron a los estudios Capitol de Hollywood. La grabación resultó una de las experiencias más estresantes pero también gratificantes para todos. Al margen de las ausencias de Anthony, Irons a menudo encontraba dificultades para dar con el ritmo idóneo para cada canción, quizá superado por la presión de la grabación. Lo superaba con el apoyo de sus amigos, refregando sus escrotos tras el cristal de la cabina. El resultado fue un disco que superaba de largo los dos anteriores, con enorme potencial para convertirse en el que los lanzara al estrellato. La inclusión de una canción como «Behind the Sun» los adentraba en el mundo de la melodía, y los hubiera catapultado a las ondas radiofónicas, pero sorprendentemente la desestimaron para lanzarla como adelanto los de EMI, que apostaron por «Fight Like a Brave». Ante el desconcierto de la banda, del mánager y del propio productor, EMI les prometió que saldría como segundo adelanto. Sin embargo aquello nunca ocurrió y la canción permaneció congelada hasta cuando la relación entre el grupo y el sello se rompió. La censura sobre el título de la canción «Special Secret Song Inside», originalmente titulada «Party On Your Pussy» tampoco ayudó a suavizar la relación entre el sello y la banda.

Beinhorn cuenta *Uplift Mofo Party Plan* como su álbum favorito y Flea se refiere a él como «el disco más rockero que jamás hayamos hecho. Para algunos podría ser el mejor [...]. Este disco realmente refleja el rock, el funk y el arte que teníamos dentro, tal y como quisimos hacerlo. Estábamos hasta el culo y de lleno en una carretera hacia el infierno, pero lo hicimos, logramos hacer un disco del que estamos orgullosos. Fue un momento extraño en nuestra carrera pero realmente lo veo como un disco sólido y muy interesante». Quien también estaba enormemente orgulloso del álbum, pese a su creciente adicción, era Hillel, que escribiría las siguientes líneas en su diario: «Estaba puesto de cocaína, tomando demasiados drogas, pero lo disfruté durante las sesiones del álbum. Aunque el consumo se está poniendo algo feo y aburrido... Pero fue divertido, estoy muy orgulloso del trabajo de todos, a veces roza lo genial. Las letras de Anthony son realmente de otro nivel. Va a ser un éxito, tiene que serlo, ¡cada canción es tan buena!».

The Uplift Mofo Party Plan se publicó en septiembre de 1987 y alcanzó el puesto 148 de la Billboard 200. Fue el primer disco de los Chili Peppers incluido en esa lista. Pese a la censura de EMI y su mal ojo a la hora de escoger el adelanto, las ventas iban creciendo a ritmo pausado. Aparecían las primeras reseñas positivas en los medios especializados, dedicándoles algo de la atención que merecían. El grupo salió de gira en autobús hasta fin de año y compartió escenario con Faith No More en muchas de las fechas, aunque en otras abrió para bandas importantes como U2.

Mientras tanto, Hillel escribía en su diario: «Últimamente he estado pasando mucho tiempo solo y en su mayor parte lo disfruto, excepto por los pensamientos fugaces de miedo a mí mismo y el sentimiento de estar hundiéndome en un lugar aterrador y complicado. A veces me siento como estando a prueba. Pienso en la muerte a menudo, no de una manera ilusoria, sino como si fuera a resolver las cosas. ¡Fuera! En cierto modo siento que mi tiempo aquí es limitado. No es que sea una premonición, tal vez son sólo pensamientos raros y retorcidos. Me siento muy cercano a Jack, es un verdadero amigo. Creo que él también es sensible a la cantidad de años que hemos compartido». Poco después, influenciado por el resultado de la gira, Hillel añadiría a su diario sus más recientes pensamientos sobre abandonar las drogas, con la ilusión de hacer de 1988 un año libre de drogas. Y es que, con Anthony limpio y su mejor disco en la calle, el futuro de los Red Hot Chili Peppers por fin parecía

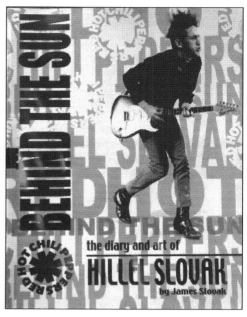

El diario de Hillel Slovak, escrito por su hermano James.

libre de sombras. Sin embargo, en junio de ese mismo año, una noticia conmocionaría al grupo devolviéndolos a lo más hondo y profundo de la miseria.

1988

1988 parecía destinado a ser un gran año para los Chili Peppers. Habían acometido con éxito el primero de sus propósitos como banda: por fin habían logrado grabar un gran disco que reflejara su potencial musical. Los siguientes pasos iban a ser grabar un gran vídeo y hacer una gran gira. El vídeo de «Fight Like a Brave» pudiera no ser ese gran vídeo pero al menos tenía visibilidad. La gran gira parecía inminente. Sin embargo, pronto aparecieron indicios de que no iba a ser todo lo maravilloso que habían previsto.

Era un período complicado para los Chili Peppers: Anthony se encontraba batallando con sus propios demonios, otra vez inmerso en su adicción a la heroína; Irons estaba aprendiendo a lidiar con su condicionante salud mental; Flea estaba concentrado en la última etapa del embarazo de su esposa Loesha; y ninguno de ellos era consciente de que Hillel había faltado a su palabra y estaba cada vez más hundido en el pozo de su adicción. Al contrario, todo el equipo Chili Pepper, incluido Lindy y Beinhorn, pensaban en silencio que tarde o temprano la heroína haría estragos en la banda, pero llevándose por delante a Anthony, que parecía tener todos los números para ello. Hillel siempre fue mucho más discreto con su consumo.

Pero entre abril y mayo, su rostro empezó a cambiar. Aquel larguirucho sonriente se estaba convirtiendo en una sombra gris de quien un día fue. Su forma de tocar, tan efectiva como talentosa, como encarnando al propio Hendrix, se estaba volviendo torpe. Tanto, que a menudo el técnico de sonido tenía que intervenir para que se pudiera apreciar a sus compañeros. La peor parte se la estaba llevando su actitud, pues se alienaba cada vez más de sus compañeros y amigos. No era extraño que desapareciera tras un concierto en lugar de continuar la noche con ellos. En un momento de la gira, a su paso por Washington, la banda se planteó repetir con Hillel lo que en su momento había funcionado con Anthony: despedirlo para que reaccionara. El propio cantante iba a dar el paso cuando Angelo Moore, miembro de Fishbone, le paró los pies recordándole que bandas como las suyas estaban destinadas a vivir en la cuerda floja y el único modo de sobrevivir era permanecer unidos. El grupo descartó el plan y Hillel dio uno de sus mejores conciertos aquella noche.

A mediados de mayo la gira continuaría por Europa para atender el Pink Pop Festival de Holanda. Después viajaron a Inglaterra donde Anthony concedió una entrevista al *Melody Maker* en la que aseguraba haber abandonado su consumo de drogas. Su nueva novia, Ione Skye, lo tenía tan enamorado que incluso había dejado de tener sexo con las *groupies*. Aparentemente, había dejado de lado sus dos principales adicciones, que eran la heroína y el sexo, pero también el tabaco y el alcohol. Todo lo contrario que Hillel, que también estaba citado a la entrevista y ni siquiera se presentó hasta que hubo terminado, justo a la hora del desayuno. Se excusó diciendo que estaba indispuesto por algún tipo de reacción alérgica. La realidad era que Hillel estaba pasando por un muy mal momento.

A su paso por Ámsterdam, los Chili Peppers visitaron el Tattoo Museum, justo sobre un local fre-

Henk Schiffmacher, un gurú del tatuaje.

cuentado por los Ángeles del Infierno. Allí entablaron amistad con el tatuador Henk Schiffmacher, y su local se convirtió en un santuario de parada obligatoria cada vez que pasarían por Europa en los años venideros. El local de Henk les permitía decorar su cuerpo mientras consumían marihuana de la mejor calidad, de forma perfectamente legal además de gratuita. Flea se tatuó el rostro de Hendrix en el hombro y el nombre de su esposa. Irons hizo lo propio con una ballena y un delfín. Por su parte, Anthony, empezó a labrarse el tótem que luce en su espalda en aquella primera visita.

Mientras tanto, EMI, que había decidido lanzar por primera vez uno de los discos del grupo en el mercado europeo, les propuso compilar un EP que diera voz a los álbumes anteriores. Para ello requerían de una foto de portada. Los Chi-

li Peppers aprovecharon su paso por Londres para acordarse de los Beatles. Del mismo modo que el grupo de Liverpool se fotografió cruzando el paso de peatones cercano a los estudios Abbey Road, los Chili Peppers hicieron lo propio, llevado a su estilo. De forma apresurada para evitar una multa y entre risas, descubrieron sus cuerpos, únicamente ataviados por calcetines que cubrían sus genitales, y cruzaron el paso de peatones; el fotógrafo Chris Clunn los inmortalizó. La obsesión del grupo por los calcetines había trascendido tanto

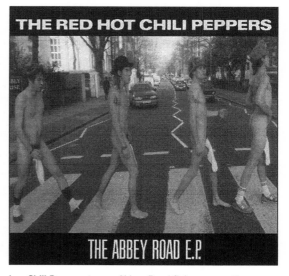

Los Chili Peppers toman Abbey Road fieles a su estilo.

que en todos los conciertos europeos el público se lo pedía a gritos. Reinaba la sensación de que se les había ido de madre. «El tema de los calcetines es sólo una pequeña parte de lo que somos. Forma parte del espectáculo, es una broma. Nos gusta la sensación de estar desnudos sobre el escenario interpretando nuestra música, pero lo hacemos sólo para un bis. Preferiríamos que la gente se centrara en la filosofía de la banda», afirmaba Anthony.

De un modo u otro, en junio de 1988 la gira europea llegaba a su fin y el grupo regresaba, vestido, a Los Ángeles. El plan era darse unos días de descanso y reunirse para empezar a trabajar en las nuevas canciones. Habían acordado con EMI que los ensayos para el cuarto álbum de los Chili Peppers comenzarían el 27 de junio, fecha que pasaría a la historia del grupo pero por un motivo muy distinto.

LA PÉRDIDA DE HILLEL

En las semanas de descanso previas al 27 de junio, Anthony y Hillel acordaron mantenerse limpios por el resto de sus vidas. En el aeropuerto a su llegada a Los Ángeles, los amigos se despidieron. Anthony y Hillel se dieron un gran abrazo confirmándose que iban a mantener su palabra y a cuidarse. Lo siguiente que harían, cada uno por su lado, sería llamar a sus distribuidores de sustancias habituales. Hillel regresó a su apartamento, cerró la puerta con llave, ventanas y persianas, y procedió a su ritual de inyección. El ansia o la mala suerte le nubló vista y juicio, pasándose de su dosis habitual con fatal desenlace. En algún momento, mientras trabajaba en una pintura, su corazón se detenía producto de una sobredosis. Su cuerpo cayó sobre el lienzo y su cigarrillo lo quemó. Allí yacería sin vida por días, hasta que un amigo fue a buscarlo para ver cómo se encontraba. Pero lo que encontró, fue el cadáver de Hillel.

Bob Forrest, músico de Thelonious Monster y amigo del grupo, le dio la noticia a Keith Barry. Ambos acudieron a casa de James Slovak, hermano del guitarrista, para darle la fatal noticia. Los hermanos habían hablado por teléfono en el día de su muerte. James, que había oído sobre la adicción de su hermano, sacó el tema a colación. Hillel, que unas semanas atrás le había dicho que lo estaba dejando con la ayuda de un doctor, respondió simplemente que todo iría bien y se despidió no sin antes decirle que lo quería. En las conversaciones previas entre los dos hermanos, lo único que siempre había parecido preocuparle a Hillel era la posibilidad de que su hermano James se lo contara a su madre. Pero esto nunca ocurrió, hecho que James lamenta en su libro *Behind the sun*: «Si tuviera la oportunidad de cambiar esa decisión, desearía haber abierto la boca. Solo puedo preguntarme si hubiera marcado una diferencia».

Completamente abatido por la noticia, James, Bob y Keith condujeron hasta el apartamento de Hillel. James hizo el papeleo con la policía, firmó el acta de defunción y el levantamiento del cadáver. Lo siguiente que tenía que afrontar era darle la noticia a su madre. Antes se lo diría a su tío Aron, el mismo que introdujo a Hillel en la guitarra. Juntos se lo comunicaron a Esther Slovak, que ni siquiera sabía que su hijo Hillel estaba tomando drogas. La autopsia confirmó la sobredosis el 29 de junio y el suicidio se descartó ante la ausencia de nota y porque apenas unos días antes se había gastado una gran cantidad de dinero con la puesta a punto de su coche. La familia Slovak se rompió y pocos meses después fallecerían sus abuelos, que se habían abandonado en salud y ánimo por completo.

La noticia sentó como un jarro de agua fría a los miembros del grupo. Michael Beinhorn quedó en *shock*, tanto como Lindy Goetz que lo calificó como un «terrible error» cometido por el guitarrista. Cliff Martínez, que había tocado con él en *Freaky Styley*, no lo vio venir. Irons quedó traumatizado por la experiencia de perder a uno de sus mejores amigos, culpando a una inerte industria musical, desinteresada en hacer algo que evitara que las drogas continuaran llevándose por delante a tantos artistas de talento. Flea, que al descolgar la llamada telefónica que le dio la noticia estaba convencido de que el fallecido había sido Anthony, tomó conciencia real del peligro de las drogas. Anthony, por su parte, puso en marcha su mecanismo de defensa y huyó a México para evitar afrontar la realidad. Tanto fue así que ni siquiera se presentó en el entierro de su amigo.

El 30 de junio se celebró el funeral en el cementerio judío de Mount Sinai Memorial Park, en Hollywood Hills. En su lápida, las palabras «Amado hijo, hermano, nieto y amigo», junto al grabado de su Fender Stratocaster. Entre los asistentes estaban sus familiares, el productor Beinhorn, el mánager Lindy, gente de la industria y de otras bandas, además del resto de Chili Peppers a excepción de Anthony. El padre de Flea, Mick Balzary, afirmó que el fallecimiento de Hillel les había dado a todos

Hillel Slovak descansa junto al grabado de su Fender Stratocaster.

un gran aviso, haciendo que algunas de sus vidas se enderezaran, sobre todo la de su hijo. Irónicamente, al funeral también acudieron algunos de sus proveedores de estupefacientes habituales. Ni siquiera éstos pudieron pasar por alto la ausencia de Anthony, algo que irritó a todos.

¿Y AHORA QUÉ?

L o primero que pensó Anthony al enterarse de la muerte de su amigo era que bien podría haber sido él. De hecho, todavía en 1992, en una entrevista con la revista *Rolling Stone* reconocía sentir «que tendría que haber sido él». La siguiente reacción fue hacer una pequeña bolsa con algo de ropa y una cinta de Neil Young y conducir hacia el sur. Permaneció en México por un mes con la intención de limpiar su sangre pero también su mente. Se dedicó a la pesca, al reposo y a caminar por la naturaleza para poner en orden sus pensamientos y sentimientos. Escuchando la cinta de Neil Young una y otra vez, las letras de sus canciones, comprendió que la música podía ser una forma de canalizar todo ese sufrimiento y malestar, más allá de expresar sus inclinaciones y preferencias sexuales. «La muerte de Hillel me puso en contacto más profundamente con mis emociones, en el espectro de la tristeza, que son emociones igualmente válidas y hermosas. Haría cualquier cosa por que Hillel no hubiera muerto, pero aceptar el hecho de que fue así, puede ser un sentimiento inspirador cuando se trata de escribir», reconocería.

Pero hubo algo más que Anthony comprendió durante ese mes a solas, y era que los Red Hot Chili Peppers no se podían terminar. Había también un contrato vigente con EMI que los unía y comprometía por tres años más, y habría salido caro romperlo. Además, ¿qué otra cosa podía hacer un personaje como Anthony Kiedis? La jornada laboral de ocho horas no estaba hecha para él. Con ese fin, el 1 de agosto de 1988, regresó a Los Ángeles para reunirse con lo que quedaba de los Chili Peppers en el barco de Lindy Goetz. Irons, que había permanecido durante semanas aislado del resto para aclarar sus propios pensamientos respecto a lo sucedido, había decidido abandonar el grupo y la música por completo, pensando que si se alejaba de la industria musical podría vivir con un poco más de paz. Además, no estaba dispuesto a volver a vivir esa traumática experiencia en caso de que Anthony volviera a las andadas. En cambio, Anthony y Flea, pero también Lindy, sentían que podían mantener vivos a los Chili Peppers. Por ellos mismos, pero también por Hillel, sobre quien Anthony se expresaría de la siguiente forma en una entrevista: «Hillel fue la persona más cercana a mí en toda mi vida. Lamentablemente, no creo que pueda encontrar eso en nadie más, porque no creo que suceda más de una vez en la vida el que te acerques tanto a alguien. Pero a pesar de lo cerca que estábamos, debido a que ambos padecíamos esta enfermedad de la adicción a las drogas, en realidad ya no salíamos juntos, pero era porque no nos gustaba vernos en ese estado».

PELIGRO Y BLACKBIRD

Si los Red Hot Chili Peppers querían continuar vivos como grupo, ahora necesitaban a un guitarrista y un batería. La vacante del primero la cubrieron recomendados por George Clinton. El hombre elegido fue DeWayne 'Blackbyrd' McKnight. Nacido en 1954, el guitarrista había sido uno de los hombres clave de Funkadelic en la última etapa, a partir de 1979, y había tomado parte en varias giras y discos.

Blackbyrd era visto como un samurái de la guitarra funk. Para la batería, la pareja se decantó por D.H. Peligro, ex baterista de los Dead Kennedys. Si el primero tenía un perfil claramente funk, Peligro era puro punk proveniente de la escena de San Francisco. Además, le unía un vínculo personal de amistad con Flea. Pero pronto se dieron cuenta de que las piezas estaban lejos de encajar.

El ex-Funkadelic DeWayne 'Blackbyrd' McKnight, un samurái de la guitarra funk.

Los renacidos Chili Peppers sobrevivieron intactos apenas durante cuatro actuaciones y otras tantas jams. Blackbyrd fue despedido con una difícil llamada telefónica, tanto por su temperamental carácter como por su forma de tocar. Si bien podía ser un «samurái» plagado de talento, tal vez su estilo fuera demasiado funk y le faltaba química con Flea. En cuanto a Peligro, aunque les unía una fuerte amistad, la dupla Flea-Anthony rápidamente pudo comprobar cómo su habilidad con la batería se había deteriorado desde los tiempos de Dead Kennedys. A esto había que añadir una adicción al alcohol, que en aquel momento era lo que menos convenía al grupo. En esta ocasión le tocaría a Flea la difícil tarea de despedirlo.

Tras el intento fallido, Anthony y Flea comprendieron que no tenían que recurrir necesariamente a amigos para completar la banda sino que podían hacer audiciones, exactamente igual que los demás grupos. Necesitaban músicos que comprendieran de dónde venía la banda y hacia dónde se dirigía; que compartieran sus influencias, y ya de paso, que lucieran bien con nada más que un calcetín en sus partes. En el último trimestre de 1988, poco después del reciente nacimiento de la hija de Flea en septiembre, el grupo emprendía una difícil búsqueda que terminaría precisamente con la audición de un guitarrista, pero para otra banda.

JOHN FRUSCIANTE

John Frusciante nació el 5 de marzo de 1970 en Nueva York, hijo de un pianista que dejó la música para convertirse en juez y de una cantante que hizo lo propio para dedicarse a las tareas domésticas. La familia Frusciante se trasladó a Arizona y después a Florida, cuando finalmente el matrimonio se rompió y el pequeño Johnny se instaló con su madre en Santa Mónica, California. Allí desarrollaría su afición por el skate y un carácter introspectivo y poco sociable. Cuando recibió una guitarra como regalo de cumpleaños, descubrió su devoción por la música, dedicándose quince horas diarias a aprender canciones de Jimi Hendrix, The Germs y Frank Zappa, todavía hoy algunas de sus principales influencias. Más tarde, habiéndose trasladado a Mar Vista, su padrastro le presentó el rock de la década de los años cincuenta, pero también la música clásica. Frusciante decidió entonces continuar con la guitarra además de aprender a escribir música.

John Frusciante, ¿un niño prodigio de dormitorio?

Con una oreja enganchada al transistor descubrió bandas como Ramones, The Clash, Black Flag o Circle Jerks… pronto descubriría también a los Red Hot Chili Peppers para convertirse en su fan número uno. En una entrevista, ya como miembro de los Chili Peppers, reconocería: «Pensaba que todos deberían verlos porque sentía que eran lo más grande que jamás haya sacudido la tierra. Su música lo significaba todo para mí». Tanto, que en ocasiones pagaría la entrada a amigos suyos para que acudieran a un espectáculo que a menudo ni siquiera vería por no dejar de saltar y vibrar durante todo el concierto. Rápidamente, Hillel Slovak pasó a ser otra de las influencias principales para Frusciante, que se aprendió todas sus canciones, pero también sus gestos y posturas.

Uno de los amigos de Frusciante era D.H. Peligro, el baterista que perteneció a los Chili Peppers por breve lapso de tiempo. Cuando Frusciante y Peligro quedaban para improvisar con sus instrumentos, el baterista llamaría en una ocasión a Flea, que participó de la jam. La sinergia fluyó de tal manera que Flea invitó a

Frusciante a una segunda jam, pero en su casa, donde grabarían algunas ideas en un cuatro pistas. Para Flea, Frusciante era un típico niño prodigio de dormitorio que nunca había tocado en una banda: «John era realmente talentoso y sabio musicalmente. Sabía toda la mierda que yo no sé. Básicamente, no sé nada de teoría musical, y él la ha estudiado hasta la saciedad. Es un músico disciplinado, lo único que le importa es su guitarra y sus cigarrillos».

En aquella época, otra de las bandas que estaba ganando peso en Los Ángeles y que Frusciante tenía en su punto de mira personal, era la encabezada por Bob Forrest, Thelonious Monster. Los Monster, también representados por Lindy Goetz, tenían mucho en común con los Chili Peppers además de un fuerte vínculo de amistad que los llevaba a menudo a compartir escenario. Cuando se encontraron necesitando un guitarrista, Bob recurrió a su amigo Anthony, que preguntó a Flea, y éste se acordó de aquel joven prodigio de dormitorio, pensando que ya era hora de que entrara en una banda. Así, Anthony se presentó ante Frusciante para llevarlo a una audición con Thelonious Monster. En cuanto hubo enchufado la guitarra y tocado sus primeros acordes, el trabajo sería suyo. Pero Anthony, que había quedado igualmente prendado por la habilidad del guitarrista, por su actitud y expresividad, tan parecidas a las de Hillel, tenía otros planes para él. Frusciante se refiere a aquel recuerdo de la siguiente manera: «Cuando conseguí el trabajo con los Monster, Anthony corrió a casa para contárselo a Flea. Esa noche me dijo que tenía lágrimas en los ojos porque sentía que yo debía ser un Chili Pepper y no un Monster. Estuve de acuerdo, y eso fue todo: ya era oficialmente un Red Hot. Fue un sueño hecho realidad».

CHAD SMITH

John debutó en directo en la que sería la última actuación de la banda con D.H. Peligro. Tras el despido del baterista, el grupo convocó una serie de audiciones a las que se presentaron muchos aspirantes, entre ellos, un grandullón de Minnesota llamado Chad Smith. Chad nació el 25 de octubre de 1961 en St. Paul, Minnesota, aunque pasó su infancia en Míchigan. Su primer set de batería se componía de tarrinas de helado hasta que a los siete años recibió su primera batería real. Empezó tocando canciones de Led Zeppelin, Black Sabbath, Deep Purple, los Who… Cuando hubo aprendido los mínimos, rápidamente su madre le hizo prometer que sólo practicaría cuando ella no estuviera en casa. Años más tarde se mudó a California, donde entró a estudiar en el Musician's Institute de Los Ángeles.

Apenas llevaba seis meses en el estado californiano cuando su amiga Denise Zoom le dijo que los Chili Peppers se encontraban haciendo audiciones. Chad no conocía a la banda y se hizo con una cinta para familiarizarse con su sonido. Mientras tanto, Denise habló con Flea y le dijo que conocía a un chico de Detroit que comía baterías para desayunar. Chad se presentó a la audición intimidando por su aspecto físico y una estética rock, más propia de los Guns N' Roses que de los Red Hot Chili Peppers, incluida la bandana en la cabeza. La jam fue explosiva, con Chad soltando gritos e improperios mientras tocaba cada vez más fuerte y rápido. Flea y John apenas podían seguirle el ritmo mientras Anthony explotó en interminables carcajadas. «Chad se sentó y encendió un fuego debajo de nuestros traseros. Fue una jam intensa», diría Flea. Anthony explicaría a un reportero poco después que «este monstruo entra desde Detroit. Se sienta detrás de la batería. Explota al contacto. Nos dejó en estado de risa frenética del que no podríamos salir durante media hora. Lo contratamos».

Chad Smith, un grandullón de Minnesota que comía baterías para desayunar.

Sin embargo, la contratación no fue inmediata. Anthony y Flea tenían serias dudas, no por su habilidad con el instrumento sino por una estética que tan poco tenía que ver con los Chili Peppers. A Lindy Goetz y Michael Beinhorn, presentes en la audición, les pareció tan evidente que Chad era el hombre, que no podían creer las dudas de la pareja. Anthony, que despreciaba la estética rock, lo instó a raparse la cabellera, a lo que Chad se negó antes de abandonar la audición. Con la intención de no perderlo, Lindy incluso telefoneó a Chad para decirle que tuviera paciencia, que los Chili Peppers acabarían contratándole. Las dudas se sembraban sobre su estética pero también por su contundencia con los tambores, creyéndolo demasiado duro para el grupo. Anthony dudaba de que pudiera tocar funk, aunque consideraba que era algo que podía aprenderse con el tiempo. Cuando hubieron disipado sus dudas, organizaron una reunión a la que Chad acudió con su estética habitual, sin haberse cortado un pelo de su cabellera. Esto le hizo ser todavía más respetado por una banda que acabó contratándolo.

Keith Barry, presente en la audición, explicaría en una entrevista su apreciación sobre la contratación de Frusciante y Chad: «Flea es un conceptualista obstinado y decidido, y cualquiera que quiera tocar con él tiene que ser capaz de seguirlo. Anthony necesita un socio, el apoyo incondicional de quien quiera que sea el guitarrista. Ésa ha sido siempre la razón de la química entre los miembros de la banda. Chad era ese tipo de baterista para Flea, y John ese tipo de socio incondicional para Anthony». Con Frusciante y Chad como nuevos miembros de los Chili Peppers, en febrero de 1989 estaban listos para empezar a trabajar en el cuarto álbum de la banda.

MOTHER'S MILK

Durante el proceso de preproducción del disco, rápidamente se hizo evidente que Frusciante era el guitarrista ideal para los Chili Peppers. No sólo tenía la habilidad y los movimientos de Hillel, sino que además aportó al grupo la composición a través de progresiones de acordes. Antes, los Chili Peppers escribían sus canciones a partir de líneas de bajo, pero con John, todo el proceso se enriqueció. Una de las primeras piezas en escribirse de este modo fue «Knock Me Down», dedicada a Hillel. En ella se empieza a ver también la influencia que tendría John sobre Anthony, dándole confianza para cantar y no sólo gritar o rimar. «Sería evidente desde el principio que John era el guitarrista perfecto para la banda. Aportó elementos a la composición que nunca habían estado antes. Creo que es una figura fundamental en los Chili Peppers y un compositor singular», explicaría Beinhorn.

Frusciante aportó melodía y progresiones de acordes al proceso de composición.

Pero a medida que aumentaba su participación en el grupo, también aumentaría su ego y la personalidad de John Frusciante se transformaría en los meses venideros. El niño prodigio, genio de dormitorio aún por descubrir, algo tímido pero muy dulce, y desde luego verde en lo que respecta a la rutina de una banda de punk, se estaba transformando en una osada y chulesca estrella de rock. En realidad, nada que no hubieran hecho antes ya sus compañeros. Pero Chad nunca fue así. Flea, ahora padre, había cambiado tras la pérdida de Hillel. En cuanto a Anthony, aunque estaba en un inspirado momento de salud y reencuentro consigo mismo, seguía siendo Anthony.

Tras una actuación en abril de 1989, la banda se encontraba cambiándose de ropa en el *backstage* cuando una chica llamó a la puerta. Anthony la abrió completamente desnudo causando el malestar de la joven aún en edad estudiantil, que puso una denuncia formal contra el cantante. Anthony fue arrestado y puesto en libertad bajo fianza con fecha de juicio. Los Chili Peppers comprenderían que, si bien antes sus continuas exposiciones físicas habían pasado por nada más que una travesura, el paulatino aumento de su popularidad estaba cambiando las cosas.

La producción del álbum continuaría y a diferencia de con el disco anterior, Michael Beinhorn se había propuesto sacar el máximo de los cuatro miembros del grupo. Los hacía repetir cada toma hasta dar con la mejor. A John, que tocaba con su guitarra Ibanez, le hizo ver que ese sonido era inapropiado para el grupo, forzándolo a tocar con una Fender Stratocaster y una Gibson Les Paul, según conveniencia. La banda volvió a contar para las mezclas con David Jerden, que pudo comprobar de primera mano la evolución del grupo. Para Jerden, era evidente que la pérdida de Hillel había provocado una actitud más adulta en Flea y Anthony, y que John Frusciante era su reemplazo ideal.

Con la intención de elevar el disco de bueno a superior, decidieron incluir otra versión. La escogida fue «Higher Ground», el clásico de Stevie Wonder, por supuesto llevado a su estilo, con un *riff* de bajo rompedor y una guitarra cercana al metal. La versión fue también escogida como adelanto, grabando un videoclip a cargo de Drew Carolan en lo que parecería la fiesta del funk. El propio Carolan fue el encargado también de dirigir el vídeo de «Knock Me Down», cuya versión final contaría con la colaboración coral femenina de Vicki Calhoun. Ambos vídeos se grabaron íntegramente en dos días y se convirtieron en elementos esenciales del éxito y promoción de *Mother's Milk*. Tanto la MTV como las emisoras de radio juveniles y estudiantiles dieron voz a ambas canciones. Por fin, los Chili Peppers estaban haciendo ruido en las ondas.

1989/1990

C on *Mother's Milk* escalando en las listas de ventas, empezaron a producirse cambios en el seno de EMI respecto al grupo. El nuevo A&R, Rob Gordon, era un neoyorquino joven que solicitó a la discográfica llevar al grupo personalmente. Sin nada que perder, los directivos de EMI bien se lo adjudicaron. Cuando Gordon se presentó ante los Chili Peppers, lo trataron con escepticismo dado el poco favor que les había brindado la discográfica hasta ahora. Pero Gordon no podía estar más emocionado ante la posibilidad de agendar a estos jóvenes talentos que sabían lo que se hacían sobre el escenario, pero también ante las cámaras de fotos en busca de una imagen que diera que hablar, o los micrófonos a la caza de un titular controvertido.

Durante la grabación del disco, el grupo no dejó de hacer conciertos; primero para pagarse el gasto, segundo para ir introduciendo y probando canciones nuevas ante el público que crearan expectación por el álbum que estaban gestando. Su popularidad por el boca-oreja creció y aparecieron otras tantas bandas imitando su estilo, desde Living Colour a los mencionados Faith No More. También estaban Sublime, mezclando estilos, y Les Claypool al frente de sus Primus. Paralelamente el hip hop se encontraba al alza, con los Beastie Boys que no dejaban de crecer tras cada lanzamiento, o la época gloriosa de los Public Enemy con Chuck D al frente. Ya con el disco en la calle, los Chili Peppers salieron de gira por EE.UU., arrancando en septiembre de 1989 en Seattle y terminando en Hollywood entrado el nuevo año. En cada show interpretarían treinta canciones, entre las habituales versiones de Hendrix y las propias, ante auditorios de entre mil y seis mil personas. Tras una actuación de esta gira, el grupo tuvo la oportunidad de saludarse con Rick Rubin, que los felicitó por una fenomenal actuación. Inconscientemente, Rubin se procuraba seguir vivo en la órbita de los Chili Peppers.

Los medios especializados que hasta entonces les habían obviado e incluso menospreciado, empezaban a servir de altavoz para aumentar todavía más su popularidad. En Portland, un reportero hizo especial mención de la alocada actitud del público, que no cesó de bailar, saltar, gritar, subirse al escenario y lanzarse sobre la masa. A diferencia de otras giras y hartos de que la prensa los considerara un espectáculo teatral más que musical, la banda no se desnudó sobre el escenario hasta bien entrado el ecuador del tour. Fue en Green Bay, Wisconsin, hartos de sentir que el público no cesaba de demandarlo. Pero uno de los calcetines se desprendió dejando expuestos los genitales y provocando el arresto de los chicos tras el *show* por exhibicionismo, algo que convenía más bien poco a Anthony por sus asuntos pendientes con la ley. En Washington, el *Washington Post* hizo mención especial del diamante que habían encontrado los Chili Peppers en su nuevo guitarrista, John Frusciante, tratándolo de un Hendrix en vida. En Long Beach, tocaron ante seis mil personas, su audiencia más grande hasta la fecha. De regreso a Hollywood, Lindy les informó de que *Mother's Milk* había alcanzado el puesto 52 de la lista Billboard 200.

Mientras todo lo relacionado con el grupo era motivo de celebración, la personalidad de Frusciante continuaba su transformación. El tipo introvertido y dulce que un día fue se estaba convirtiendo en un individuo dispuesto a tomar ventaja de todas las posibilidades que le ofreciera su nuevo estatus de estrella de rock. En los años posteriores, a menudo reconocería no sentirse orgulloso de su comportamiento de la época, sobre todo en lo relativo a cómo trataba a mujeres, *groupies* y fans. Por su parte, Flea se encontraba en la tesitura de que para cuidar de su mujer y su hija tenía que trabajar; para trabajar debía estar de gira con el grupo, y estando de gira con el grupo poco podía cuidar de su mujer y su hija. Esto estaba pasando factura a la relación, pese a que se mantenía fiel en sentimientos, rechazando toda oportunidad de tener relaciones sexuales durante la gira. El matrimonio estaba destinado a fracasar, y en 1990 Flea y Loesha se separarían aún de forma amistosa, y Clara pasaría tres noches a la semana con su padre.

En cuanto a Anthony, se encontraba en estado de gracia batiendo su récord personal de tiempo sobrio desde que había comenzado su consumo de estupefacientes a una edad excesivamente temprana. En una entrevista a *Melody Maker* confesaría: «Mi vida es mucho más maravillosa sin drogas. Durante un tiempo, cuando era niño, fue una experiencia esclarecedora por la que pasar. Pero cuando llegó la muerte y la destrucción, sólo quedaba ser desdichado hasta morir o dejarlo. Así que lo dejé. Me siento afortunado y agradecido de haber podido empezar un estilo de vida fresco y limpio que me gusta». Su buena intención se prolongaría durante los siguientes meses.

EL ESCÁNDALO EN LA MTV

En marzo de 1990, los Chili Peppers fueron invitados por la MTV para participar en el programa especial Spring Break, rodado en la playa de Florida Daytona Beach. La banda debía interpretar su flamante «Knock Me Down» en *playback*, algo a lo que los Peppers no estaban acostumbrados y con lo que desde luego no comulgaban. Lo harían sobre un escenario en la playa frente a una joven multitud en ropa de baño bailando su canción. La actuación arrancó según lo previsto, pero entrados los dos minutos de canción Frusciante abandonaba su guitarra para aporrear la batería de Chad, que directamente se bajaba del escenario. Flea hacía lo propio con su bajo y se subiría a los hombros de Anthony, de los que pronto caería. La locura se apoderaba de la situación y los

Los Chili Peppers nunca han comulgado demasiado con el playback.

Peppers se dejarían llevar para dar rienda suelta a sus impulsos, los mismos que en actuaciones del pasado les habían valido para labrarse su fama de impredecibles. No está claro lo que sucedió porque la MTV ya había dejado de pinchar las cámaras que registraban el escenario para centrarse en las que se encontraban grabando al público. Pero parece que Flea, al incorporarse, agarró a la persona más cercana por la cintura para subirla sobre sus hombros. Resultó ser una chica de veinte años, a la que Chad estiró del traje de baño, propiciando que se le soltara la parte inferior del bikini. La chica trató de zafarse y los dos cayeron al suelo torpemente, cuando Flea le dijo algo inapropiado. Flea reconocería: «Abusé verbalmente de ella y estuvo mal. Fue algo realmente estúpido de hacer. Estaba fuera de control. Pero no agredí a nadie, y no fue sexual. No tuvo nada que ver con el sexo».

Fuera cual fuera la motivación de sus actos, los sucesos llevaron a la policía de Florida a arrestar a Flea y Chad apenas dos días después, tras una actuación. A ambos les imputaron cargos de desorden público y actos lascivos, y fueron puestos en libertad bajo fianza. Nada de esto favorecía a Anthony, cuyo proceso continuaba abierto. Anthony reconocería a en una entrevista con la revista *Rolling Stone* que había aprendido algo de todo aquello: «No puedes andar sacándote la polla, porque a algunas personas no les gusta». Sobre el juicio, Anthony añadiría que «es su palabra contra la mía, con un jurado de conservadores que es más probable que crean a una chica que va a la universidad que a un rockero con reputación de actividades lascivas».

En agosto del mismo año, Flea y Chad fueron a juicio y los condenaron a pagar una multa de mil dólares y a donar cinco mil dólares a un centro de apoyo a las víctimas de violaciones y abusos sexuales. Además, tendrían que asumir las costas del juicio y escribir una carta de disculpa a la chica. Parecía un mal menor, pero la banda y su mánager comprendieron que, a mayor popularidad, mayor riesgo de aparecer en el foco de los medios. La realidad era que los Peppers tenían la misma actitud que años atrás, pero donde antes sus actitudes eran vistas como travesuras que se pasaban por alto, ahora se aprovechaban para denunciarlos y sacar provecho de la situación. Parecía existir una clara voluntad por parte de los jueces de dar ejemplo con ellos.

ADIÓS, EMI. HOLA, WARNER

El aumento de su popularidad y el éxito de ventas de *Mother's Milk* les había dado alas para acometer uno de sus propósitos, que era abandonar EMI. El acuerdo firmado en 1984 por siete discos en siete años estaba lejos de cumplirse, pero Lindy Goetz y el abogado del grupo, Eric Greenspan, lo veían ahora como una realidad plausible. Después de todo, el historial de desencuentros entre la banda y la discográfica era largo y notorio para la opinión pública. *Mother's Milk* ya llevaba vendidas 600.000 copias en EE.UU. pero existía la sensación de que podrían ser muchas más con el apoyo y promoción por parte de una discográfica que estuviera a la altura de las canciones. El ex-Chili Pepper Jack Irons daría su opinión al respecto: «*Mother's Milk* podría haber vendido mucho más, EMI simplemente no tuvo la visión para hacerlo llegar más lejos».

Lindy y Greenspan llegaron a un acuerdo con EMI, que liberaría al grupo por un montante todavía desconocido. Además, la discográfica se quedaba los derechos sobre una canción de su siguiente disco todavía por grabar, para incluirla en una compilación del grupo. Tras el éxito del último disco, los Chili Peppers eran un agente libre por el que las grandes discográficas se iban a pelear. La que consiguió mejores resultados fue Epic Records, subsidiaria de Sony Music, que ofreció al grupo la cantidad de 5,7 millones de dólares por firmar con ellos. La oferta dejaba poco lugar a la negociación. La decisión estaba prácticamente tomada, cuando sonó un teléfono.

Más que un logo, un garabato que pasó a símbolo y después a marca superventas.

Mo Ostin era una leyenda de la música que empezó su carrera como hombre de confianza y guardaespaldas de Frank Sinatra. Formó parte de Reprise Records, el sello del *crooner* hasta que lo absorbió la multinacional Warner. Para Warner, tuvo el acierto de hacer firmar a artistas de la talla de Jimi Hendrix y Neil Young. Ahora, como presidente de Warner Bros., quería fichar a los Chili Peppers a toda costa. Pero por encima de un directivo, era un caballero, y sabiendo de la generosa oferta de Epic –Sony–, asumió la derrota con una última jugada astuta y muy humana. Mo Ostin cogió el teléfono y telefoneó personalmente a cada uno de los Chili Peppers, además de a su mánager. Chad fue el primer en recibir la llamada para oír algo así como «Felicidades y buena suerte con vuestra carrera, estamos tristes de que no firmarais con nosotros, pero os deseo lo mejor». Aquellas llamadas causaron una impresión a los Chili Peppers imposible de olvidar. Por encima de un trato de negocios, buscaban un trato personal, algo que les había faltado en todo momento con EMI. Además, la oferta económica de Warner tampoco era muy inferior a la de Epic.

En el último momento, y cuando la fotografía previa a la firma con Epic ya se había realizado, los Chili Peppers cambiaron de rumbo y tomaron el acuerdo con Warner, una compañía de la costa oeste, con sede en Los Ángeles, que realmente creía en ellos. Eran también la discográfica que llevaba a sus coetáneos y amigos Jane's Addiction, la misma compañía que había hecho populares a los supuestos imitadores Faith No More y la que era propietaria de la MTV. Greenspan dio la última negativa a Epic y los Chili Peppers firmarían un acuerdo por tres discos con Warner. A Rick Rubin, cuyo sello discográfico Def Jam Records había quedado fuera en el baile de cifras, se le ofrecería la producción del primer disco de los Red Hot Chili Peppers con Warner Bros., en lo que estaba destinado a ser el inicio de una nueva era tanto para la banda como para el productor.

EN LA MANSIÓN

A principios de 1991 y en vistas a la preparación del nuevo álbum, Lindy Goetz y el directivo de Warner, Lenny Waronker, se pusieron manos a la obra para que los Chili Peppers permanecieran en boca del público. Así se llegó a un acuerdo con Nike para que la banda apareciera en un anuncio televisivo junto al tenista André Agassi. Los californianos habían ido más allá de la MTV. Además, Warner les brindaba un trato personal que no habían recibido hasta el momento. Anthony Kiedis fue invitado, volando en jet privado junto a Mo Ostin y el propio Waronker, a escuchar en primicia el lanzamiento de la época de Prince

(*Diamonds and Pearls*), de quien diría que «es extremadamente amigable y nada abrasivo. Parece pacífico, directo y muy considerado». Parece evidente que el acuerdo con Warner les había cambiado la vida, también en lo económico, pudiéndose comprar casa en Hollywood Hills junto a las de otros famosos actores, cineastas, cómicos y músicos.

Por su parte, Rick Rubin empezó a trazar su propio plan para hacer del siguiente álbum de los Peppers un punto y aparte. Mientras dejaba al grupo trabajar en nuevas canciones en su local de ensayo habitual, por el que se pasaría ocasionalmente a escuchar, él se dedicaba a meditar sobre cómo dar un aire diferencial al álbum. Y la respuesta le vino no por el cómo, sino por el dónde: en lugar de grabar en un estudio, iban a buscar un escenario bien distinto. En Hollywood Hills encontró una mansión de trece habitaciones en alquiler, con buena acústica y espacio suficiente para el equipamiento, pero también para que los miembros del grupo pudieran instalarse en la casa durante el verano. Rubin planteó la propuesta a la banda y a Warner, que tras hacer números, vieron que el gasto de alquilar la mansión podía ser incluso inferior al de alquilar un estudio de primer nivel. Además, así el grupo podría trabajar a cualquier hora y tener mayor control sobre el entorno. Al mudarse a la casa, Flea lo tuvo claro: «No hay nadie aquí, sólo la gente que trabaja en el disco y las personas a las que queremos. Eso es todo. Crea una situación fértil para la creatividad». Por supuesto, esto incluía a su hija Clara tres días a la semana.

La mansión había sido construida en algún momento entre 1917 y 1918. Había tenido muchos supuestos inquilinos, incluyendo al mago Harry Houdini, y se decía que en ella celebraron fiestas personajes ilustres como Hendrix, Lennon y McCartney, Jagger y Richards. Pero lo único demostrable es que perteneció a Errol Flynn a finales de la década de 1930. Mientras que Rubin tuvo la idea de grabar en la mansión, fueron los propios Peppers los que decidieron instalarse a vivir allí. Rubin y el ingeniero Brendan O'Brien empezaron a instalar el estudio: la librería sería la cabina de mando; el sótano acogería los amplificadores de bajo y guitarra, mientras que se instalarían baterías en distintas habitaciones; el salón era el lugar de interpretación principal, donde también se instalarían otros tantos amplificadores y un piano; en cuanto a las voces, Anthony las grabaría frente al ventanal de su propia habitación. Además, Rubin y O'Brien decidieron apostar por nuevas instrumentaciones, incorporando al equipo un sitar propiedad de Frusciante y todos los objetos metálicos que pudieran recoger de la calle, los que se utilizarían para la sección final de «Breaking the Girl».

A la mansión tendría acceso también Gavin Bowden, cuñado de Flea, quien recibió un presupuesto de sesenta mil dólares por parte de Warner para grabar la creación del álbum. Este material iba a utilizarse originalmente para promocionar el disco entre la prensa, aunque finalmente se empaquetaría en forma de documental y se publicaría bajo el nombre de *Funky Monks*. Otras personas contratadas serían una cocinera –que también era modelo de la revista *Playboy*– y un guardia de seguridad a quien pronto despedirían por pasarse el día en el sofá jugando a videojuegos.

En cuanto al grupo, Anthony y Flea decoraron la casa con elementos relacionados con Magic Johnson y los Lakers. Frusciante haría lo propio con algunas de sus pinturas y sus discos. Mientras que Anthony se mantenía sobrio, Flea y Frusciante consumían cantidades ingentes de marihuana y vino, lo que crearía tensiones con el cantante. Flea tenía a menudo chi-

¿Quién quiere un estudio de grabación pudiendo disponer de una mansión?

cas con las que compartía cama, mientras Frusciante se convertía en un abstemio sexual para proteger su energía creativa. En el documental *Funky Monks* admitiría en ocasiones masturbarse tras tener una erección mientras tocaba la guitarra; en otras tantas, se resistía a la tentación, viendo esa erección como un enemigo dispuesto a distraer su atención de su cometido real, que sería componer la mejor jodida música de todos los tiempos.

Pero había algo más en la mansión que se convertiría en motivo de atención para la realización del documental, y que justificaría que Chad Smith decidiera no pernoctar allí y prefiriera conducir veinte minutos en su motocicleta hasta su casa cada noche. Y es que el grupo, pero también el equipo técnico, afirmaba que la mansión estaba encantada. El cineasta Gus Van Sant, contratado por Warner para tomar fotos publicitarias, afirmaría haber captado un ente fantasmagórico en al menos cuatro de sus instantáneas. Según Frusciante, sería un ente amable: «Definitivamente hay fantasmas en la casa. Pero son amables. No recibimos nada más que vibraciones cálidas y felicidad donde quiera que vamos en esta casa. A la hija de Flea, Clara, le encanta, y ella lo sabe mejor que ninguno». El rumor de la casa encantada llegó hasta el punto de que el grupo contrató a una médium para que investigara, pero los resultados quedarían inconclusos.

«UNDER THE BRIDGE»

U na de las canciones registradas en aquella mansión estaba destinada a re-escribir el destino de la banda, y sin embargo, Anthony la había descartado desde el inicio. Flea y Frusciante estaban inmersos en su creciente complicidad, alimentada por el consumo de psicotrópicos que excluía a un exyonki. Anthony a menudo se sentía alienado y solo, echando de menos tiempos pasados junto a Hillel. En un trayecto a casa tras los ensayos durante la preproducción del disco, se encontraba al volante pensando en este sentimiento de soledad y en que no estaba conectando realmente con sus compañeros, amigos y familia. Echaba de menos a Hillel, había roto con su novia... lo único que le quedaba era la ciudad de Los Ángeles. Entonces la frase «Sometimes I feel like I don't have a partner» vino a su cabeza. La mantuvo allí hasta llegar a casa, cuando agarró papel y boli y terminó de sacar todo este malestar de su interior para plasmarlo en un poe-ma, demasiado suave y sensible para presentárselo al grupo. Anthony se repetía a sí mismo que aunque las cosas parecían jodidas ahora, embriagado por esta sensación de soledad, no quería volverse a sentir como dos años atrás. ¿Qué sucedió dos años atrás?

Flea y Frusciante, pura química musical.

Dos años atrás, Anthony era un ávido consumidor de heroína. Unas de las po-cas relaciones que tenía era con un tal Mario, un latinoamericano también con-sumidor y con agenda de contactos. En sus momentos de debilidad, Anthony recurriría a Mario y juntos irían a buscar «mierda» para después poner la directa hacia un recóndito lugar escondido, bajo un puente de la autopista, donde todos les miraban con mala cara. El único motivo por el cual Anthony no fue expulsado de allí fue porque acompañaba a Mario, quien falsamente lo presentó como el novio de su hermana. El suceso permanecería en la cabeza de Anthony como uno de los puntos más bajos de su vida: «Fui un adicto incondicional durante muchos años y durante ese momento mi vida fue muy triste, todo lo que era hermoso y precioso para mí pasó a un segundo plano a medida que mi necesidad de este químico se volvía más repugnante y despiadada. Afortunadamente, mi vida ha cambiado».

Un día que Rubin acompañó a Anthony hasta su casa, encontró la libreta donde el cantante había escrito el poema. Rubin lo leyó y al momento preguntó al cantante de qué se trataba. Anthony dio toda clase de evasivas en forma de explicaciones, argumentando que no era realmente una canción, mucho menos dentro del estilo de los Chili Peppers. Pero Rubin, que creía que los Chili Peppers se habían estado limitando creativamente a sí mismos por lo que entendían era correcto y lo que no, para el grupo, insistió en que debía enseñárselo al resto de la banda. Anthony accedió y Frusciante rápidamente tomó el guante y se puso a trabajar en la melodía y partes de guitarra. Fue idea de Rubin sugerir que la canción tuviera un coro femenino, para lo que Frusciante apuntó que su madre, Gail, cantaba en el coro de la iglesia. Los Chili Peppers compraron la idea y aquella tarde de desolación para Anthony relatada en «Under the Bridge» se convertiría en la canción que haría historia.

BLOODSUGARSEXMAGIK

La grabación del disco terminó dos meses después. El grupo empezó a retirar el material de la mansión, cuando Rubin se dio cuenta de que faltaba algo insigne tratándose de un disco de los Chili Peppers, y esto era una versión llevada a su terreno. La elegida sería «They're Red Hot», el clásico de Robert Johnson. En un impulsivo arranque, el grupo tomó lo necesario para grabar la canción y salieron al exterior de la casa para registrarla entre árboles junto a la autopista. Habiendo terminado, por primera vez en la carrera de la banda tenían más canciones de las que necesitaban para el álbum. Tantas, que Rubin planteó a Warner editarlo como un doble CD. Pero Warner se mantuvo firme, defendiendo que los seguidores del grupo aún no estaba preparados para enfrentarse a un álbum doble. Algunas canciones se quedaría fuera pese a que apuraron hasta los 74 minutos de duración, el máximo que podía contener el nuevo formato de moda.

BloodSugarSexMagik supuso en todos los sentidos una zancada adelante respecto a *Mother's Milk*. Frusciante y Chad se confirmaban como piezas de perfecto encaje. Mientras que Flea seguía siendo prácticamente incuestionable, Anthony continuaba madurando como letrista pero también como cantante, con sentidas piezas como «Under The Bridge» o «My Lovely Man», dedicada a Hillel, y todo ello sin abandonar su clara inclinación hacia todo lo sexual. Sobre el título del disco, afirmaría que «es una descripción elocuente pero abstracta de cómo nos sentimos. Vivimos en un mundo repleto de fuerzas desensibilizadoras que despojan al mundo de su magia. Y la música puede ayudar a restaurar esa sensación de magia».

La mayoría de los medios especializados recibieron el disco con los brazos abiertos, considerándolo un paso adelante en la trayectoria y evolución de la banda. Muchos de ellos, dedicaron mención especial al productor Rick Rubin, destacándolo como elemento diferenciador, acercando el sonido de los Chili Peppers a todos los públicos sin arrebatarles su identidad. La revista especializada *Guitar Player* alabó al guitarrista John Frusciante, que con apenas su «Stratocaster y tono Marshall, había dado con una explosiva fórmula que aún no ha sido igualada». Otros tantos medios destacaban cómo pese al auge del género híbrido entre funk, metal, punk y hip hop, los Red Hot Chili Peppers lograban permanecer como los reyes de la montaña del funk'n'roll, una montaña que ellos mismos habían levantado.

Las emisoras de radio convencionales acogieron «Give It Away» como primer adelanto. La MTV hizo lo mismo con el videoclip dirigido por el francés Stéphane Sednaoui, que posteriormente sería galardonado con varios premios. Pero el bombazo se produjo con el segundo single, «Under The Bridge», que rápidamente escaló en las listas, situándose en el número 2 de la Billboard Hot 100. Por su parte, el álbum hacía lo propio, alcanzando el número 3 a principios de 1992, año en el que cruzaría el umbral del millón de copias vendidas. No estaba nada mal para un disco de cuatro chicos blancos de Los Ángeles tocando funk, en el momento en que el grunge había convertido a Seattle en la capital mundial de la música alternativa. Pearl Jam se hacía cada vez más grande con *Ten* y *Soundgarden*, más popular con *Badmotorfinger*. ¿Qué decir de Nirvana? Su álbum *Nevermind* desbancaba del número 1 a *Dangerous* de Michael Jackson.

LA GIRA DE ENSUEÑO...

En octubre de 1991 arrancaba la gira que iba a llevar a los Chili Peppers al siguiente nivel. Abrirían la noche los Smashing Pumpkins de Billy Corgan, estrenando su álbum *Gish*. Les seguían Pearl Jam, que estaban viendo cómo *Ten* se convertía en un disco de éxito gracias a canciones como «Alive» o «Jeremy» y al innegable talento y personalidad de su cantante Eddie Vedder. Los conciertos tendrían un precio de entrada alrededor de los veinte dólares y se celebraban en espacios con capacidad de hasta diez mil personas. La gira arrancó cosechando grandes reseñas y opiniones de la prensa para los cabezas de cartel y la banda de Vedder, con distinta suerte para los Smashing Pumpkins. A menudo se colgaba el cartel de en-

La gira de ensueño… con agrio despertar.

tradas agotadas mientras el álbum no dejaba de escalar en las listas de ventas, sobre todo ya entrado 1992 gracias a la promoción de «Under the Bridge».

Cuando la gira alcanzó el estado de Míchigan, la madre de Kiedis pudo comprobar con sus propios ojos cómo habían madurado su hijo y el grupo en general: «Creo que han madurado y mucho tiene que ver con la muerte de Hillel. Durante años nunca quise que volvieran aquí por las molestias y controversias que causarían. Ahora creo que han crecido y no pienso que sean peores que algunos de los otros grupos que he visto». Y es que lo cierto, es que sí habían madurado. Los Chili Peppers ahora se esforzaban por causar la mayor de las impresiones a través de su música y no de los calcetines en sus partes.

Al alcanzar la costa oeste, los Smashing Pumpkins fueron reemplazados por Nirvana, cuyo álbum *Nevermind* cuadruplicaba las ventas de *BloodSugarSexMagik*. En la Nochevieja de 1991, Fishbone, Pearl Jam, Nirvana y los Red Hot Chili Peppers celebraban en San Francisco un *show* cuyas entradas se agotaron en pocas horas. Tras la actuación de Pearl Jam, los de Cobain pisaron el escenario por cuarenta-y-cinco minutos arrolladores, que obligarían a los Chili Peppers a dar el máximo de sí mismos. Aquel cartel contenía la máxima expresión de la música alternativa para la juventud de la época. En la primavera de 1992 la gira continuaría por Europa y Japón, con el objetivo de llegar a Australia antes del verano en lo que iba a ser el regreso triunfal del hijo pródigo Flea, que no había pisado su país natal desde 1976. Iba a ser sin duda la gira de los sueños, tanto para el grupo que llevaba años –y discos– picando piedra, como para el público joven ansioso por encontrar iconos propios de su generación que los identificaran. Una gira de ensueño… pero no para todos.

Y LA PESADILLA DE FRUSCIANTE

Frusciante estaba viviendo el aumento de popularidad del grupo con auténtico malestar. El sueño de convertirse en una estrella del rock de este joven prodigio de dormitorio se estaba transformando poco a poco en una pesadilla. Lejos de comunicarse con sus compañeros, optó por aislarse de ellos y llevar consigo

Frusciante y Kiedis en constante desencuentro.

a su novia en la carretera. En los viajes en autocar, la pareja se recluía en los últimos asientos, bebiendo vinos caros directamente de la botella y consumiendo cantidades ingentes de marihuana. Lindy Goetz recuerda al Frusciante de la época: «Bebía mucho, muy buen vino directamente de la botella, consumía drogas y no se llevaba bien con nadie de la banda».

La relación entre Frusciante y Anthony, antiguamente alumno y mentor, se había deteriorado hasta el punto de que la pareja se evitaba para no entrar en discusiones inútiles y viscerales. Una vez abandonado el grupo,

Frusciante reconocería que la coexistencia con Anthony dentro de la banda era imposible: «No podíamos ni mirarnos a la cara sobre el escenario, ni hablar sin enfadarnos. Era un verdadero idiota, muy arrogante. Habíamos llegado a un punto en el que cualquier tipo de comunicación positiva entre nosotros habría sido forzada porque se habían acumulado muchas malas vibraciones en el transcurso de la gira». Uno de los peores momentos en la relación entre el cantante y el guitarrista se retransmitiría por televisión. Fue durante la actuación del grupo en el Saturday Night Live, presentando «Under the Bridge», la canción más difícil de cantar para Anthony. Frusciante se dedicó a improvisar sobre ella generándole confusión al cantante y serias dificultades para entonarla.

Frusciante a menudo reconocería que debería haber abandonado el grupo antes de la gira. El único motivo –decía– por el que no lo hizo fue porque lo que más amaba en el mundo era tocar música con su amigo Flea: «Mirándolo a los ojos y mirando a mi amplificador; ésos fueron los únicos buenos momentos de esa gira». En una ocasión, meses antes de la gira, el guitarrista y el bajista se sentaron en un parque. Frusciante cuenta que Flea le preguntó qué era lo que le gustaba de tocar en los Chili Peppers. Frusciante respondió que «Nada, sólo estoy en el grupo porque te quiero. Me encanta tocar contigo y no quiero dejar de hacerlo. Pero no hay nada más que me guste de estar dentro del grupo». Pero lo cierto es que Flea tampoco atravesaba su mejor momento. Recién divorciado, estando de gira no podía pasar esos tres días a la semana con su hija Clara y la echaba de menos.

Psicológicamente, lo que sucedía en la mente de Frusciante era complejo. A su regreso en 1999 reconocería que «fui un idiota los primeros años que estuve en la banda, sólo trataba de ser el Sr. FotoCaliente, tener sexo lo máximo posible, emborracharme, llevar ropa llamativa…». Pero en 1992, su opinión sobre sí mismo era muy distinta. Había pasado de ser un fan incondicional de los Chili Peppers, a odiar a los que seguían a la banda en aquel momento, afirmando que «les gusta cantar las canciones lentas porque es la única jodida cosa de la que pueden formar parte». En otra ocasión, llegaría a referirse a sus seguidores como «jodidos idiotas».

JOHN FRUSCIANTE ABANDONA EL GRUPO

E n mayo de 1992, la banda se encontraba en Japón cuando Frusciante decidió que quería abandonar el grupo al instante. Flea se lo comunicó a Anthony, que lo encajó entrando en *shock*. Hubo reunión de urgencia pero la decisión parecía tomada. «Se podía decir por la mirada en sus ojos que hablaba jodidamente en serio», reconocería Anthony, afirmando que «dijo que no podía continuar

A los 22 años, Frusciante estaba lejos de poder gestionar la presión y la fama.

en el grupo, que había alcanzando un punto de no retorno en el que no podía hacer justicia a la música que habíamos creado juntos por estrés acumulado y fatiga. No podía seguir dando lo que se necesita para estar en esta banda». Parecía que el estatus de estrella de rock se había comido al niño prodigio que era Frusciante, al genio de la música que había revolucionado la forma de componer en el seno del grupo. Los Red Hot Chili Peppers habían crecido exponencialmente desde que John entró en el grupo, y a sus veintidós años estaba muy lejos de poder gestionar la presión y la fama, mucho menos con el consumo de drogas.

En aquel instante Lindy se encontraba viajando a Japón. En cuanto llegó al hotel, se le dio la noticia y el mánager, lejos de sorprenderse, logró convencer a Frusciante para que al menos tocara el concierto previsto para aquella noche. Era 7 de mayo cuando los Chili Peppers ofrecían un espectáculo horrible en Tokio horas antes de que Frusciante y su novia tomaran un avión rumbo a EE.UU.

En 1994, Frusciante explicaría desde el aislamiento de su casa que «tenía la sensación de que la carretera realmente me iba a joder. Había estado jodiendo a Flea durante años. Me sentía como un hombre con 400 fantasmas diciéndole qué hacer todo el tiempo. Sólo quería sentarme en el sofá de mi casa y pensar en nada. La unidad en el grupo no había sido buena en los últimos tiempos. Anthony y yo no nos hablábamos y ni siquiera nos mirábamos». En 1997, antes de su triunfal regreso a la banda, explicaría en una entrevista a la revista *Guitar Player* que «en el último concierto de los Chili Peppers con Hillel Slovak que asistí, mi novia de entonces me preguntó si todavía me gustarían si fueran tan famosos que tocaran delante de veinte mil personas. Le respondí que no, pero que nunca tocarían ante veinte mil personas porque eso iría contra la razón de existir del grupo y el porqué me gustaban, saltando durante todo el *show* y haciéndome sentir como uno más de la banda».

La marcha de Frusciante originó una herida en Anthony que tardaría años en curarse. Lejos de empatizar con el joven guitarrista, Anthony sentía su salida como una traición. No lograba entender cómo, después de haber peleado durante tantos años y haber perdido a uno de sus mejores amigos, el por fin logrado éxito del grupo podía resultar ser algo tan negativo para John. Mientras John rechazaba y odiaba el éxito de forma visceral, Anthony no comprendía por qué no podían abrazarlo. Lindy lo explicaría de la siguiente forma: «Habíamos pagado muchas deudas y obtuvimos un poco de fama. Estábamos listos para ello. Pero John, para él sucedió todo demasiado rápido. Él no estuvo cuando el grupo recorría los clubes pequeños, tocando ante apenas cincuenta personas, no tuvo que arrastrarse por esa escalera. Cuando los chicos se estaban convirtiendo en estrellas del pop, él quería convertirse en una estrella del punk rock». Cuando la revista *Rolling Stone* publicó en el número de junio de 1992 a los Chili Peppers desnudos en portada, Frusciante había sido borrado digitalmente de la fotografía. Había pasado de ser el reemplazo ideal para Hillel, a parte del pasado de los Chili Peppers.

ARIK MARSHALL Y LOLLAPALOOZA

Lo que quedaba de los Chili Peppers viajó a Australia desde Japón, citando allí a Zander Schloss, guitarrista de sus amigos Thelonious Monster. La intención del grupo era llevar a cabo los máximos ensayos de urgencia con el guitarrista de los Monster para mantener las citas por el país pese a un breve cambio de fechas. Mientras la prensa no dejaba de dar vueltas a la salida de Frusciante sin clara explicación por parte de Warner, la banda comprendió que unos pocos días de ensayo no eran suficientes para defender su sonido con solvencia. La energía con Schloss tampoco parecía idónea para su estilo de música. Finalmente, se vieron obligados a cancelar el resto de la gira y Anthony declaró que «Australia merece más que unas actuaciones ordinarias». La mejor solución a la crisis que había provocado la salida de Frusciante parecía tomarse un breve descanso. En junio de 1992, Anthony partió rumbo a Bangkok, Flea hacia Europa y Chad de nuevo a Los Ángeles para casarse con su novia. Tras esto, el grupo debía volver al tajo para atender sus siguientes compromisos: una serie de festivales

Arik Marshall con los Chili Peppers, un reemplazo solvente.

europeos y la segunda edición del exitoso festival de su amigo Perry Farrel, Lollapalooza.

Lollapalooza era un festival que se inició en 1991 por iniciativa de Perry Farrell, cantante de Jane's Addiction, y sus dos socios Marc Geiger y Ted Gardiner. Su intención era celebrar una especie de Woodstock de los noventa, representando a la Generación X demandante de sus propios iconos. El festival se llevaría por distintas ciudades norteamericanas con bandas como los propios Jane's Addiction –justo antes de separarse–, Living Colour o Nine Inch Nails. En su primera edición recaudó más de nueve millones de dólares. Para la segunda, el plan era tener a los Red Hot Chili Peppers como cabezas de cartel (Farrell volvería a tocar allí pero no con su nuevo proyecto Porno for Pyros en lugar de los extintos Jane's Addiction). El festival había programado veintinueve citas entre julio y septiembre. Antes, los Chili Peppers tenían dos citas en festivales europeos con las que pretendían cumplir. La urgencia por encontrar un reemplazo de garantías era evidente.

El primer nombre que se puso sobre la mesa sería el de Dave Navarro, vacante tras la separación de Jane's Addiction. Tanto el grupo como Lindy lo veían con buenos ojos. Era de Hollywood, por lo que conocía la escena, y venía de un trasfondo similar al de Anthony y Flea, con una infancia en la que había tenido que buscarse la vida sin referentes familiares saludables. Había sufrido de adicción a la heroína, por lo que conocía las consecuencias y riesgos del consumo de drogas duras. Además, lucía bien sin camiseta. Pero Navarro, que se había divorciado recientemente, no estaba por la labor: había rechazado ingresar en los Guns N' Roses y haría lo mismo con los Chili Peppers.

El siguiente nombre que se tuvo en cuenta con seriedad fue el de Arik Marshall. Marshall había nacido en Los Ángeles y había mamado funk desde niño por el padre de un amigo suyo, que colaboraba con los P-Funk. Fundó el grupo Marshall Law con sus hermanos Lonnie y Marion y más tarde formó parte de Trulio Disgracias, un conjunto de Hollywood siempre dispuesto a improvisar sobre el escenario. Marshall llamó la atención de Flea, que diría esto sobre él: «Lo escuché tocar con Marshall Law y fue fenomenal. Asombroso. Increíble. Como un viaje psicodélico y funky. Pensé que este tipo era el jodido guitarrista más grande». El grupo lo tanteó y Marshall aceptó. En apenas tres semanas de ensayo repasaron un repertorio compuesto por canciones de los álbumes *BloodSugarSexMagik*, *Mother's Milk* y *Uplift Mofo Party Plan*.

Los Chili Peppers se estrenaron con Marshall en un festival en Bélgica ante sesenta mil personas. La revista *Rolling Stone* dijo lo siguiente sobre el nuevo fichaje: «Marshall no tendrá problemas recogiendo el balón soltado por John Frusciante. Con apenas dos conciertos en Bélgica como calentamiento, ha encajado a la perfección dentro del *groove* de los Chili Peppers». Incluso Anthony tuvo palabras amables para él antes del inminente inicio de Lollapalooza, quién sabe si acordándose de Frusciante: «Hemos sido increíblemente afortunados de encontrar a Arik Marshall. Le gusta el funk, la expresión real, sincera y honesta de la vida a través de la música. Y ahora se ha metido en la gira más grande del verano. Tiene que lidiar con la locura de la vida en el autobús, la vida en el avión, la vida en el hotel, la vida entre bastidores y el caos, que es algo hermoso si lo mantienes en perspectiva. No ha dejado que nada de esto lo desconcierte». Con Arik en sus filas, el paso de los Chili Peppers por Lollapalooza –con llamas gigantes sobre sus cabezas–, fue todo un éxito y el festival recaudó cerca de diecinueve millones de dólares, el doble que en su edición anterior.

WHAT HITS!?

Los Red Hot Chili Peppers confirmaban su nuevo estatus de estrellas, se habían convertido en un confiable cabeza de cartel de cualquier cita musical. En septiembre actuaron en la gala MTV Awards, donde se alzaron con tres premios. Todo eran buenas noticias: mientras el disco alcanzaba los tres millones de copias vendidas, el grupo recibió la nominación para dos premios Grammy. Chad Smith se refería así al nuevo estatus de la banda: «El precio que pagamos por que la MTV nos quiera, son todos esos pequeños pijos del Medio Oeste viendo el vídeo de "Under the Bridge" y de repente pensando que saben exactamente de qué trata esta banda. Cuando en realidad esa canción no es ni más ni menos representativa de lo que somos que "Higher Ground" o "Give it Away" o cualquier otro sencillo».

Al mes siguiente se producía la ansiada primera visita de los Chili Peppers a tierras australianas. Durante estas fechas, Flea conoció a Marisa Pouw, que se convertiría en su pareja durante los siguientes años. Al acabar la gira, el grupo se separó para un merecido descanso. Anthony se reunió con su tatuador de confianza Henk Schiffmacher para visitar la isla de Borneo. El dúo de amigos se introdujo en la selva en un accidentado viaje para Kiedis. Contrajo malaria y una vez recuperado, durmiendo en la selva, despertó con un incesante y molesto crujido en su cráneo que le producía dolor de cabeza. Un insecto se había introducido por el orificio de su oreja. Finalmente, la cucaracha de la selva salió del mismo modo que había entrado. Durante la semana siguiente, tanto Anthony como Henk sufrieron de incesantes diarreas, que pusieron punto final a su travesía por la selva. La expedición le costaría a Anthony dos semanas de recuperación hospitalaria con un diagnóstico de dengue. Recuperado, continuó sus vacaciones con Flea en Costa Rica.

El éxito de los Chili Peppers no había sido desatendido por parte de EMI, su anterior discográfica. En noviembre de 1992 el sello lanzaría el recopilatorio *What Hits!?* con «Under the Bridge» incluida, en referencia a la canción comprometida de su siguiente disco. Para promocionarlo, la discográfica elaboró un videoclip con imágenes de archivo que acompañara a «Behind the Sun», la misma canción que los Peppers quisieron utilizar como adelanto de *Uplift* y que quedó en el olvido. La canción antes ninguneada estaba escalando en las listas Billboard, como lo hacía el álbum recopilatorio en las de ventas. El adelanto alcanzaría el número 13 en la lista de rock moderno y el disco, el número 22 con más de un millón de copias vendidas. Aunque esto dolió al grupo en el ámbito sentimental, sirvió para mantenerlo vivo en un momento de reconstrucción; la gente se apresuró a descubrir su fondo de catálogo mientras que los *royalties* no dejaban de entrar.

Con la caída de *royalties* y de los días en el calendario, avanzarían hasta febrero de 1993, cuando se celebró la gala de los Premios Grammy para la que los Chili Peppers tenían dos nominaciones. Las nominaciones eran por la Mejor Actuación Hard Rock, por «Give it Away», y la Mejor Interpretación Vocal Rock, por «Under the Bridge». El grupo no estaba muy cómodo con las nominaciones por entender que «Give it Away» era una canción funk y no rock. Durante la gala, Anthony entonó «Give it Away» sobre «One Nation Under A Groove», clásico de George Clinton quien, acompañado por sus P-Funk, subió al escenario para cantar el clásico con él. El estrambótico grupo de jóvenes californianos estaba devolviéndole el favor al padrino del funk, situándolo en el punto de mira durante uno de los momentos televisivos del año.

Los Chili Peppers ganaron el Grammy por «Give It Away», con Anthony agradeciéndole a la música el continuar con vida y Flea declarando a la prensa: «La música es algo hermoso y espiritual, y aquí tenemos este premio, que es de plástico, cerámica, madera o lo que sea. Así que seamos reales. Lo aceptaremos, pero probablemente sólo sintieron lástima por nosotros». Pero hubo algo más que confirmaría su nuevo estatus como parte de la maquinaria del entretenimiento: la aparición en un episodio de *Los Simpson*. La popular serie de Matt Groening llevaba conquistando el corazón de los estadounidenses desde 1989, y el 13 de mayo de 1993, ofrecería el cameo de los de Hollywood en el episodio *Krusty es Kancelado,* con Arik Marshall en las filas de unos Red Hot Chili Peppers que actuaban en el renovado espectáculo de Krusty. Paradójicamente, sería éste su última aparición «pública» como Chili Pepper.

JESSE TOBIAS

A rik Marshall había encajado a la perfección con los Chili Peppers a la hora de trasladar su música al directo. Pero la banda se dio cuenta de que lejos de compartir su estilo de vida excéntrico, Arik tenía una personalidad tranquila, tímida e introvertida que conectaba poco con sus compañeros en lo personal. Además, cuando llegó el momento de escribir canciones nuevas, la energía simplemente no estaba fluyendo. Anthony dijo del ex-Chili Pepper que simplemente no compartía la conexión emocional que se necesitaba para estar con alguien en una banda de rock. Chad fue bastante más explícito: «No es algo personal en absoluto. Hicimos una gira con Arik y fue realmente genial. Lo amamos, es un gran tipo y un guitarrista increíble. Pero nunca probamos las aguas de escribir canciones. Cuando entramos en el estudio para componer, la química no se sentía bien y decidimos ir por caminos separados». Apenas un año les había durado el hombre que los salvó del ocaso tras la marcha de John Frusciante. Sobre su marcha, Arik apenas opinaría que «con los Chili Peppers todo lo que tienes es la línea de bajo y la batería, y a Anthony haciendo ta-ka-ta-ka-ta-ka-ta-ka. Tienes que inventar mucha mierda para que suene bien».

Con Arik fuera del grupo, llegaría el momento de encontrar un nuevo guitarrista. Dave Navarro continuaba indisponible, ahora trabajando con Eric Avery, el bajista de Jane's Addiction, junto al baterista Michael Murphy en la banda Deconstruction. La solución –creyeron– podría pasar por publicar un anuncio en el *L.A. Weekly*, pero recibió miles de respuestas muchas de las cuales jamás podrían ser consideradas en serio. Finalmente, del mismo modo que Anthony se fijó en Frusciante en una audición para otra banda, sería viendo a Mother Tongue como le echaría el ojo a Jesse Tobias. Los dos volvieron a coincidir en casa de un amigo en común y conectaron. En julio de 1993, Tobias estaba improvisando con el resto de los Chili Peppers y consiguió el puesto en lo que resultaría ser una apuesta personal del *front-man*, que lo definiría como un «caballo salvaje y desenfrenado, con

Jesse Tobias, un «caballo salvaje» que apenas duró un mes como Chili Pepper.

un increíble poder en bruto». Pero algo ocurriría de puertas para adentro, pues Tobias no duraría más de un mes en el cargo, siendo despedido al mismo tiempo que Navarro se ponía a disposición del grupo.

Anthony explicaría a la revista *Rolling Stone* que: «Aunque pueda parecer un caso de Dave echando a Jesse, no ha sido exactamente así. El descontento con Jesse ya existía. Nos gusta mucho su forma de tocar, pero no se ha dado la camaradería musical a la que estamos acostumbrados. Flea no se sentía bien al respecto y el destino de esta banda depende de que Flea esté satisfecho musicalmente con el guitarrista». Flea daría su propia versión de los hechos: «Había muchos lugares a los que necesitábamos llegar musicalmente que, simplemente, no estaban sucediendo, tanto en términos de lo que hemos hecho antes como de lo que queremos hacer ahora. Simplemente no nos estábamos volviendo lo suficientemente multidimensionales». Otra de las voces que opinaría al respecto sería el amigo del grupo Keith Barry, quien diría que fue Anthony y no Flea quien no conectó empáticamente con el guitarrista para escribir juntos. De un modo u otro, cuando Tobias se vio fuera de la banda, se le cerró la puerta de regresar a Mother Tongue. Lejos de ser condenado al ostracismo, encontraría lugar en el grupo de Alanis Morissette sin hacer declaraciones sobre su tiempo como Chili Pepper.

DAVE NAVARRO

El 5 de septiembre de 1993 se hizo público el fichaje de Dave Navarro con un artículo firmado por Flea en la revista *Guitar Player*: «Oye, quiero hablaros de nuestro nuevo guitarrista. Quiero decir nuestro nuevo *nuevo* guitarrista. Sí, los rumores son ciertos: es Dave Navarro. ¡Estoy tan contento por esto! Había estado muy preocupado por cómo iban las cosas con el grupo, pero ahora me siento muy bien. Dave sabe perfectamente de dónde venimos, tiene la capacidad de hacer todo lo que necesitamos y aporta una dimensión completamente nueva al sonido del grupo. Dave toca solo como él mismo, lo que es genial. Nos sentimos como una verdadera banda desde el primer momento en que empezamos a improvisar juntos». El grupo se esforzó para que la imagen de unidad calara, compraron cuatro motocicletas Harley-Davidson y formaron su propia pandilla de moteros, Los Sensibles. Cada uno tenía su propio apodo, con Anthony como 'Sweetheart', Flea como 'Mr. Softy', Chad como 'Tender' y Navarro como 'Angel'. Y aunque Flea había apostado fuertemente por la entrada de Navarro en el grupo, la realidad era que el guitarrista ni siquiera había oído un disco entero de los Chili Peppers antes de su inclusión.

«Tenía una noción estereotipada de esta banda. Esperaba que fueran funky, extravagantes, divertidos, lindos… todas las cosas que generalmente no tengo en mi existencia personal. Y no son una banda como Mötley Crüe, donde simplemente podrías meter a cualquier guitarrista y funcionaría bien. Me sentí extraño durante mucho tiempo porque la banda tocaba un estilo de música que yo no tocaba», reconocería Navarro. El estilo de música en cuestión era el funk, un elemento no presente en la carrera musical de Jane's Addic-

Dave Navarro, genio y figura.

tion, cuyo sonido era más bien oscuro y lleno de texturas. Si algo en común podían tener el pasado musical de los Chili Peppers y Jane's Addiction era Hollywood, el consumo de sustancias –heroína en particular– y el sexo. Y eran estos tres elementos, además de la tragedia, lo que vinculaba a los tres Peppers con el guitarrista de veintiséis años nacido en Santa Mónica.

Con apenas once años empezó a tocar la guitarra con Jimi Hendrix y Led Zeppelin como principales influencias. Pero con quince le asoló la desgracia cuando el exnovio de su madre asesinó a su madre y a su hermana. Aquello lo llevó a refugiarse en la música y el *skate*. Más tarde, en la heroína, lo que establecía un fuerte vínculo con Anthony, que creía que él y su nuevo guitarrista estaban telepáticamente conectados: «Ambos salimos de una drogadicción casi fatal. Y ambos llegamos al otro lado sin quemar nuestro espíritu, nuestra mente ni nuestro cuerpo. Si le quitas su cinismo, es puro amor, y es alguien muy interesante».

Parecía evidente que en lo personal el encaje sería fácil. Pero en lo musical, aquello era territorio por descubrir. Con Jane's Addiction, Navarro había alcanzado la notoriedad a partir de texturas que fabricaba con el instrumento, utilizando efectos sonoros e improvisaciones. Tanto que declararía no saber qué tocaría antes de entrar en el estudio, dando forma a las canciones *in situ* en el momento de la grabación. Con los Chili Peppers tanto él como el grupo se propusieron aproximar posiciones. Navarro trataría de adaptarse al sonido de la banda y la banda trataría de acercarse al estilo del guitarrista. Sin embargo, los resultados llegaron sólo después de mucho esfuerzo, lo cual hizo que ninguna de las dos partes se sintiera totalmente satisfecha. En retrospectiva, Navarro declararía que él y la banda cometieron «el error de tratar de encontrarnos a medio camino, en lugar de simplemente crear algo totalmente nuevo. Para mí, eso fue abrumador. Es como conocer a una chica en un club y a la mañana siguiente ir a almorzar con sus padres, sus abuelos, hermanos y hermanas». Y sin embargo, del mismo modo que el conocer a una chica en un club es siempre excitante y emocionante, lo mismo ocurriría con los primeros meses de vida de la nueva formación.

EL SÍNDROME DE FATIGA CRÓNICA DE FLEA

A mediados de 1993, otro de los elementos que no ayudaría a la compenetración de las partes en la –otra– resurrección de los Chili Peppers, sería el estado anímico de Flea, recientemente diagnosticado con síndrome de fatiga crónica. El divorcio, la distancia con su hija, las giras pero también las continuas interrupciones de la dinámica de grupo por las entradas y salidas de sus miembros, la presión por componer un álbum que estuviera a la altura de *BloodSugarSexMagik* y por supuesto las drogas, habían hecho mella en el hombre más feliz y enérgico de los Chili Peppers, quien además estaba descubriendo las cruces de la fama y el éxito. «Habíamos logrado todo este éxito por el que habíamos estado trabajando durante años, pero me sentía desgraciado», reconocería el bajista, a quien el consumo de drogas empezaba a pasar factura. Su cuerpo se había rendido, provocándole un fuerte sentimiento de fatiga y cansancio. Más tarde, aquello afectó a su cabeza y a su estado anímico, lo que lo llevó a pasar muchas horas de terapia para lidiar con sus problemas y corregir «desequilibrios emocionales y espirituales».

El cuerpo y la mente del Chili Pepper más feliz y enérgico habían dicho basta.

Con Flea bajo de forma y Navarro sufriendo para adaptar su forma de tocar al estilo del grupo, la banda decidió tomarse con calma su regreso discográfico. Warner encajó bien la propuesta del grupo y flexibilizó el calendario en un período que Flea aprovecharía para realizar algunos cameos televisivos además de su participación en los MTV Music Awards junto a Anthony y el *crooner* Tony Bennet. Sin embargo, había una desgracia más que afligiría el ánimo de Flea… en la noche de Halloween de 1993, estaba en el Viper Room, un club propiedad de Johnny Depp. Aquella noche actuaba el ex-Butthole Surfer, Gibby Haynes, junto al actor y a John Frusciante, en una de sus últimas actuaciones antes de recluirse para vivir la vida de un drogadicto. Con Flea estaban los hermanos Phoenix, River y Joaquin, además de su hermana Rain, amigos habituales nada difíciles de ver juntos por Hollywood. Flea recuerda una anécdota junto a su amigo River Phoenix, en la que el actor le proponía muy seriamente ser guitarrista rítmico de los Chili Peppers para llenar el sonido: «parecía estar hablando realmente en serio. Yo tartamudeaba sin saber qué decir, y luego comenzó a reírse. Sólo lo dijo para verme sudar». Pero lejos de una broma, aquella noche ocurrió la tragedia.

Alrededor de la una de la madrugada, River aceptó una raya de heroína persa en el baño del Viper Room. Prácticamente de inmediato su cuerpo empezó a temblar y vomitó. Alguien le dio un Valium, aparentemente para que se relajara. River salió del baño y se encontró con sus hermanos y Flea, a quienes dijo que no podía respirar. Todos lo acompañaron fuera del local para tomar algo de aire fresco cuando su cuerpo se desplomó contra el suelo. Entonces empezaron las convulsiones y alguien hizo una llamada a emergencias. Cuando llegó la ambulancia, River se encontraba en paro cardíaco. La unidad de emergencias viajó rápidamente al hospital más cercano con Flea dentro de la ambulancia pero no pudieron hacer nada por reanimar al actor. La autopsia revelaría que el paro cardíaco se había producido por una fatal combinación de estupefacientes, incluyendo heroína, cocaína, metanfetaminas, marihuana y Valium. Flea diría sobre el joven de veintitrés años que era «uno de los chicos más amorosos que he conocido jamás». La pérdida de su amigo le afectó tanto como la de Hillel.

LA RECAÍDA DE ANTHONY

Cuando Anthony recibió la noticia durante una estancia en Nueva York la víspera de su cumpleaños, su reacción no fue mejor. Flea y Anthony se encontraban de nuevo cara a cara con la tragedia a causa del consumo de drogas, una fuerza oscura y letal que estaba lentamente llamando a la puerta del cantante. Fue en esta época cuando en una visita al dentista por una muela que le dolía, Anthony accedió a un pinchazo de Valium. La anestesia lo trasladó a momentos del pasado provocando que recayera en un actividad que llevaba años sin poner en práctica. Aquella noche, Anthony accedió a los barrios bajos de la ciudad para comprar heroína.

Anthony Kiedis, de nuevo en manos de la dama blanca.

Entre 1993 y 1994, los Chili Peppers fueron invitados a participar en una campaña contra el VIH. Su participación incluía un anuncio radiofónico en el que Anthony recordaba la necesidad de utilizar preservativo en encuentros sexuales. Pero antes de que el anuncio se emitiera, Donna E. Shalala, la Secretaria de Salud y Servicios Humanos del gobierno de los EE.UU., lo echó para atrás por la acusación sobre Anthony de agresión sexual y conducta indecente de 1990. Anthony lo explicaría con sus propias palabras en una entrevista con la revista *Rolling Stone*: «Ésta es una de esas historias donde, desde mi punto de vista, todos salen perdiendo. Esta agencia de publicidad encargada por el gobierno vino a mí y me dijo: "¿Harás un anuncio de radio para el uso de preservativos?". Y me dije a mí mismo: "Bueno, eso suena como algo productivo y muy positivo". Y la agencia de publicidad estaba complacida, y el gobierno estaba muy complacido. Pero luego, esta mujer que estaba a cargo de todo se entera de que soy yo y dice: "Este tipo le hizo algo a una chica" y fue muy rígida al respecto para que me echaran de la campaña».

A principios de 1994, los Chili Peppers viajaron a Hawái para empezar a trabajar en la continuación del triunfal *BloodSugarSexMagik*. Básicamente, los cuatro se dedicaron a comer y beber café. Mientras Flea, Chad y Navarro dedicaban largas horas a la improvisación, el recaído Anthony se enfrentaba al popularmente conocido bloqueo del escritor. Al regresar de Hawái, el grupo tenía tres cuartas partes del disco, mayormente bases instrumentales a las que les faltaban partes vocales. Flea trabajó en las letras con Anthony y el grupo se mantuvo discreto sobre qué le estaba ocurriendo al cantante. Rick Rubin, quien produciría de nuevo el álbum de los Peppers, simplemente diría del cantante que «está enfermo». Pero lo cierto era que la actitud de Anthony estaba retrasando la producción del disco. Viajó a Nueva York para encontrarse con su novia del momento, una joven de apenas dieciocho años que también disfrutaría del consumo de estupefacientes. Tras casi cinco años sin consumir, Anthony había vuelto a sus idas y venidas, en manos de la dama blanca.

WOODSTOCK 1994

E n abril de 1994 se anunció que tras el parón más largo de su carrera, los Red Hot Chili Peppers regresaban al escenario para actuar en Woodstock '94. La edición conmemorativa por el 25.º aniversario de Woodstock 1969 serviría para presentar a Dave Navarro al mundo. El lema del festival era «dos días más de paz y música», celebrándose a 16 km de Woodstock durante tres días entre el 12 y el 14 de agosto, un fin de semana pasado por agua, que habría llenado la superficie de barro para el sábado. Al festival acudirían más de 350.000 personas –a razón de 95 dólares por la entrada–, lo que provocó multitud de dificultades a los servicios de seguridad. Rápidamente se vieron desbordados e incapaces de mantener el orden y el control, además de vigilar que no se entrara bebida ni sustancias prohibidas.

Algunos artistas invitados al festival repetían respecto al Woodstock original. Se trataba de Carlos Santana, The Band, Joe Cocker o Crosby, Stills and Nash. Pero la perla se la llevaban artistas de renombre como Bob Dylan, además de los principales iconos de la música alternativa de entonces, como Cypress Hill, Metallica, Nine Inch Nails, The Cranberries, Primus, Green Day y por supuesto los Red Hot Chili Peppers. La actuación de los Chili Peppers del domingo por la noche era una de las más esperadas. La víspera, Nine Inch Nails subieron al escenario cubiertos de barro dejando el listón muy alto. Si los Peppers querían impresionar tenían que subir sus apuestas. La banda apareció sobre las tablas vestidos de astronauta con bombillas encendidas gigantes sobre sus cabezas. Navarro diría sobre ello que «ser una bombilla apesta. No puedes oír, no puedes ver, y pesa. Luce bien, pero...». Con el traje interpretaron dos canciones antes de continuar con su habitual falta de vestimenta, pero había sido suficiente para que se tratara de una actuación para la historia. Para el bis, la banda regresó al escenario vestidos de Jimi Hendrix, cuando Clara, hija de Flea, cantó el himno de los EE.UU. antes de recordar las versiones de «Fire» y «Higher Ground».

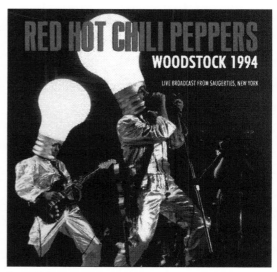

En 1994 actuaron en Woodstock.

Woodstock 1994, popularmente recordado como «Mudstock 1994» por la cantidad de barro que se arrojó al escenario durante los tres días de festival, fue controvertido como lo sería la edición de 1999. El espíritu de paz y amor de la edición original había quedado muy atrás en la era de la MTV. La industria musical vivía su época gloriosa gracias a la rabia contenida de la juventud de los noventa que buscaba su propia identidad a través de la música. Anthony opinaría sobre la edición: «La promoción de la música se ha vuelto muy corporativa. Personalmente, Woodstock fue un verdadero pináculo de euforia para mí. Estaba nervioso y emocionado, tenía como setenta-y-cinco litros de adrenalina recorriendo mi cuerpo porque… iba a estar tocando con mis amigos sobre el escenario. Nos estábamos preparando para la fiesta con más de un cuarto de millón de personas».

Por su parte, Flea también resaltó el enfoque claramente corporativo del festival: «Creo que fuimos allí realmente cuestionando todo el asunto, que estaban anunciando paz y amor y al mismo tiempo parecía tratarse de grandes corporaciones y *merchandising*. Pero cuando llegamos y empezamos a tocar, la energía empezó a brotar y tomó el control. Fue nuestro primer *show* con Dave… lo pasamos muy bien». Con el festival de Woodstock en el retrovisor, Anthony volvió a las andadas en lo que él consideraba un consumo controlado y responsable de heroína. Pero el malestar emocional, el sentimiento de traición a sus amigos y en especial a Flea, lo llevó a tener una charla íntima en la que reconocería estar consumiendo. Flea, que ya sospechaba lo que se escondía tras el bloqueo de escritor de Anthony, lo acogió con brazos abiertos y la pareja se trasladó por unos días a Taos, Nuevo México. La intención era desintoxicarse y trabajar en letras y canciones para el interminable disco de los Chili Peppers.

ONE HOT MINUTE

La segunda mita de 1994 sería un período difícil para los Red Hot Chili Peppers. Tras la censura en la campaña de prevención por el VIH, el grupo se vio apartado de aparecer en un episodio de Barrio Sésamo. John Frusciante regresaba a la escena pública con la publicación de su primer disco en solitario en noviembre de 1994, *Niandra LaDes and Usually Just a T-Shirt,* un reflejo de su frágil estado mental que lo situaba a la altura de personajes como Syd Barret tras ser apartado de Pink Floyd. El álbum se publicó con el sello de Rick Rubin, pues Warner lo había desestimado por su carácter poco comercial. Por su parte, Rubin desestimó la opción de lanzar un vídeo promocional que acompañara al disco, por el decadente estado físico del ex-Chili Pepper. En sus escasas apariciones para la prensa, Frusciante declararía en una entrevista con la revista *Guitar Player* que el álbum no se presentaría en vivo, «no a menos que encuentre un cuarteto de cuerda que entienda por qué Ringo Starr es tan buen baterista, pueda tocar Stravinsky y también fume marihua-

na». Preguntado por la muerte de su amigo River Phoenix, declararía que «ya no tengo con quién tocar», declaraciones ambas que reflejaban su estado mental por un cada vez más elevado consumo de heroína.

El mismo mes que vio el debut en solitario de Frusciante fue testigo también de otro lanzamiento relacionado con los Chili Peppers por parte de EMI. *Out In L.A.* era una compilación de rarezas, remixes, demos y caras-B de los años de la banda con el sello. Habían pasado dos años desde el anterior recopilatorio publicado por EMI y tres desde

El debut discográfico en solitario de John Frusciante coincidiendo con el fin de su lucidez.

BloodSugarSexMagik, lo que, pese al pobre material que contenía el disco, hizo que no se viera del todo con malos ojos. La compilación mantenía vivo al grupo en las listas de ventas, pese a que sólo alcanzó el número 82. De todos modos, lo que necesitaban los Chili Peppers era un disco nuevo, con nuevas canciones que reafirmaran que seguían vivos. El disco había sufrido retrasos continuos y ahora se había reprogramado para el verano de 1995. La escapada entre Flea y Anthony había dado un fuerte empujón a la composición de las canciones pero Anthony todavía necesitaba algunas letras para completar el material. Mientras tanto, Flea y Navarro participaron en varios proyectos como músicos *freelance*, destacando el exitoso *Jagged Little Pill* de Alanis Morisette.

Cuando Anthony estuvo listo, la banda terminó la grabación de *One Hot Minute,* que vería la luz en septiembre de 1995. «No sé si los fanáticos incondicionales de los Peppers van a meterse en el disco o no, pero desde luego no es un mal álbum», reconocería Navarro sobre el nuevo material. *One Hot Minute* se diferenció de su antecesor por romper con la clásica tendencia funk de sus canciones para entrar en atmósferas sonoras mucho más oscuras. Rick Rubin diría que «el sonido de Dave Navarro, orquestado y construido por capas, cambió todo el sonido de los Chili Peppers. Nada de lo que históricamente ha sido un guitarrista de los Chili Peppers encaja con Dave». En efecto, el disco sonaba a fusión entre los Chili Peppers y la anterior banda de Navarro, Jane's Addiction, las dos bandas más potentes que habían salido del *underground* de Hollywood. Flea se referiría al sonido del disco del siguiente modo: «Nuestros otros guitarristas eran atmosféricos de distinta forma, pero con este tipo de enfoque, con eco sobre un ritmo funk, es donde hemos logrado un sonido completamente nuevo».

Por su parte, Anthony, que había roto con su saludable estilo de vida para volver a caer en las redes de la heroína, había dado un enfoque totalmente distinto a las letras de las canciones. Dándole vueltas a la muerte de Kurt Cobain, a la de River Phoenix y a su propio malestar por sentir que estaba mintiendo a sus amigos por ocultar su recaída, escribió canciones como «Tearjerker», «My friends», «Warped» o «Transcending», la última con la participación de Flea. De algún modo, el disco reflejaba el umbral por el que habían tenido que atravesar tanto Anthony, como Flea y Navarro, que por su parte había tenido que enfrentarse a sus propios demonios. Y es que durante el período de composición y grabación del álbum, la policía capturó al asesino de su madre y hermana, en paradero desconocido por más de diez años, y Navarro tuvo que participar en el juicio como único testigo. Finalmente, el asesino fue condenado a pena de muerte, lo que por otro parte también afectó a Navarro: «Es raro, pasé todos estos años deseando su muerte. Ahora me pregunto cómo me siento al respecto».

One Hot Minute fue visto como una decepción pese a vender más de un millón de copias tras su lanzamiento. La revista *Rolling Stone* destacaba la madurez y evolución del grupo, poniendo énfasis en el enorme potencial que contenía. La revista *Spin* siguió similar camino, dando valor a los pasajes oscuros, lentos y melancólicos que ofrecía el álbum. Pero la corriente mayoritaria en el resto de los medios especializados o generalistas fue la de criticar la reinvención de los Chili Peppers. Pese a la evidente calidad que atesoraba el álbum, algo habría si el propio Navarro declaraba lo siguiente: «Digamos que si estuviera escuchando el CD, hay algunas canciones que me saltaría, como "Tearjerker", "Walkabout" y quizás "One Hot Minute". No me hablan realmente. Ha habido momentos en los que me he reído a carcajadas con las cosas que estaba tocando». Preguntado sobre si se sentía como uno más de la familia Pepper, explicaría que «a veces sí, otros días no me siento así. A veces me despierto y desearía no haber entrado nunca en el grupo. Pero creo que eso forma parte de mi manera de ser».

«UN AÑO DE NADA»

Con todo, *One Hot Minute* alcanzó el número 4 en la lista Billboard, peleando con nombres como los de Bryan Adams o Michael Jackson. Pero mientras *BloodSugarSexMagik* acumulaba seis millones de copias vendidas, *One Hot Minute* decaería pasado el umbral del millón de copias. Salir de gira parecía la única forma de mantener las ventas del disco funcionando. El último trimestre de 1995 iba a llevar a la banda por Europa y Australia antes de regresar a los EE.UU. Ya en continente norteamericano, los planes se truncaron. Chad se rompió la muñeca en un partido de softball con amigos. La opción de buscarle un reemplazo para continuar la gira se desestimó de inmediato por lo necesaria de su presencia para que la banda funcionara en vivo. La gira se pospuso y los Peppers no volverían a la carretera hasta febrero de 1996. Chad reconocería sentirse mal por ello «porque jodió a mucha gente cuando la gira tuvo que ser cancelada. Me gustaría pedir disculpas a todas aquellas personas que compraron entradas y esperaron tanto tiempo para vernos».

La promoción del disco tampoco ayudó al álbum a escalar posiciones. El videoclip de «Warped» fue recibido con disgusto por mucha gente. Ya desde el rodaje había presentado problemas, con Anthony llegando tarde o directamente faltando por su consumo de heroína. Gracias a estos desplantes, Navarro, que conocía la actitud de un yonki, con la colaboración de Lindy, rastreó la tarjeta de Anthony para dar con el cantante en un motel de carretera e ingresarlo en un centro de desintoxicación en abril de 1995. Pero con el álbum en la calle y el vídeo rodando por las televisiones de medio mundo, el exceso de cuero y la imagen de Anthony y Navarro besándose causó una impresión no deseada. En lugar de impactar para bien y acrecentar la venta de álbumes, prendió rumores sobre una posible relación homosexual entre el cantante y el guitarrista. El grupo se tomó la controversia a broma, con

Los Chili Peppers le darían la patada a un año de nada...

Navarro diciendo que ya tenía una relación de ese tipo con Perry Farrell en Jane's Addiction y Anthony defendiendo que «cuando nos besamos en el vídeo de "Warped", no fue planeado ni una evidencia de una aventura homosexual. Para mí es más importante expresar un sentimiento de amor y no preocuparme en absoluto por lo que la gente va a pensar de ti». Pero la realidad es que el vídeo ni siquiera gustó a Warner, que avisó al grupo para que cambiaran de rumbo en sus videoclips. Tampoco gustó a su mánager, que calificó la idea que había detrás del videoclip de «estúpida y pretenciosa».

De nuevo en carretera, Anthony sufrió una lesión en su pierna tras caerse del escenario, por lo que tuvo que llevar durante semanas una venda compresora. Más tarde sufriría una lesión en la espalda tras dar una voltereta hacia atrás con fatal desenlace, lo que lo obligó a cancelar otras tantas fechas. Entre una lesión y otra, el consumo de antibióticos y narcóticos no hizo sino aumentar su recaída en el consumo de drogas. Pero esta vez no estaría solo; Navarro, que se sentía alienado del resto de la banda y de su propia existencia por agotamiento, estaba volviendo a flirtear con la heroína.

La banda programó una gira para el verano de 1997 que se suponía iba a compensar todas las complicaciones de la anterior, pero antes de celebrarse Anthony tuvo un accidente de moto en el que se lesionó la mano que lo obligó a pasar por el quirófano. La prensa se hizo eco del accidente y empezó a sembrar serias dudas sobre su sobriedad, puesto que tuvo que recibir siete dosis de morfina para apaciguar su dolor. A causa del accidente se cancelaron otras tres fechas. En julio de 1997 la banda fue contratada para actuar en el Fuji Rock Festival en Japón, pero un tifón interrumpió la actuación tras apenas ocho canciones y tuvieron que terminar abruptamente. Cuando se había reprogramado el resto de la gira, sería Chad quien sufriría un accidente de moto en el que se dislocó el hombro; lo que provocó otra tanda de cancelaciones. Con todo, parecía que el mundo le estaba diciendo a los Chili Peppers que pararan, en un año que Flea definiría como «un año de nada».

¿EL FIN DE LOS CHILI PEPPERS?

Mientras los Chili Peppers se apagaban lentamente durante la segunda mitad de 1997, había otra banda que volvía a escena tras años de separación. Jane's Addiction publicarían en noviembre *Kettle Whistle*, una colección de rarezas con una canción nueva, para la que llamaron a Navarro. La idea de la banda de Hollywood era grabar la canción y hacer una pequeña gira que promocionara la compilación. Eric Avery, el bajista original de Jane's Addiction, rechazó participar en la reunión, por lo que Navarro se lo propuso a Flea, que aceptó. Que Navarro y Flea participaran en la reunión de Jane's Addiction, saliendo de gira con ellos en los últimos meses del año, disparó el rumor sobre el final definitivo de los Red Hot Chili Peppers. Cuando le preguntaron a Navarro por las fechas canceladas con los Peppers, respondió que «las fechas están canceladas. Habrá que reprogramarlo. Por lo de Jane's, tendrá que ser en algún momento a partir de diciembre». Sobre si el grupo pretendía dar continuidad a su discografía, diría que «Flea y yo y Anthony podemos escribir canciones, pero respecto a tocar juntos, no hay forma hasta que Chad se recupere». En otra entrevista, sería todavía más claro: «Quiero aclarar que los Chili Peppers no se están separando. Flea y yo estamos más que contentos de estar en ambos proyectos, mientras el tiempo lo permita. La forma en que yo lo veo es que estoy en los Chili Peppers y estoy haciendo esto con Jane's Addiction».

Jane's Addiction fue una de las bandas más punteras del underground angelino.

Pero la realidad era que Anthony tampoco estaba disponible para trabajar en material nuevo. Como en otras ocasiones, se había retirado a México para colocarse. Lindy era consciente del punto muerto en que se encontraba el grupo. Frustrado, y habiendo logrado lo que se propuso en un primer momento con la banda, tras el éxito de *BloodSugarSexMagik* y el satisfactorio contrato para las partes con Warner, se estaba planteando retirarse, algo que haría de manera definitiva en 1998. Flea, que tampoco era ajeno a lo que ocurría con Anthony, iba dándole vueltas en su cabeza a la posibilidad de emprender un proyecto en solitario con numerosas colaboraciones. Esta posibilidad aumentó cuando, en la gira con Jane's Addiction, conoció a un Dave Navarro efervescente y eufórico que no había tenido oportunidad de presenciar con los Chili Peppers: «La primera noche que toqué con Jane's Addiction sentí esta increíble liberación de Dave. Simplemente lo estaba dando todo, y me di cuenta de que nunca había podido hacer eso en los Chili Peppers».

Por su parte, Anthony había pasado el último año y medio luchando contra sí mismo. Tras años limpio, había recaído en las drogas después de que su dentista le inyectara Valium para tratarle un dolor de muelas. Fue un consumo puntual que se convertiría en esporádico para «lidiar» con su bloqueo durante la composición de *One Hot Minute*. Logró dejarlo tras abrirse a Flea y terminar el álbum, cuyo éxito celebró colocándose otra vez. En un intento de reconectar consigo mismo, realizó un viaje a la India en 1996 que lo llevó a conocer al Dalai Lama, pero las siguientes lesiones a su regreso durante 1997, y el consumo de antibióticos y narcóticos, le dificultaron tremendamente el mantenerse limpio. Sus idas y venidas con las drogas durante el año previo y los posteriores al álbum más oscuro de los Chili Peppers serían constantes. Pero al mismo tiempo, sabía que la banda era lo único que lo mantenía anclado a la vida.

ADIÓS A DAVE NAVARRO

1998 era el año en que los Chili Peppers debían regresar a la vida. Anthony lo sabía y tenía la suficiente cabeza para mantener su dependencia bajo control. Al menos, mucho más que Navarro, cuya recientemente reactivada adicción lo estaba volviendo torpe y poco confiable. Tal y como Anthony lo había

Anthony y Navarro en una separación amistosa.

hecho diez años atrás, Navarro llegaba tarde a los ensayos y a veces ni siquiera se presentaba. Anthony explica en su autobiografía Scar Tissue cómo Navarro se presentó a un ensayo tan colocado que tropezó torpemente cayendo sobre su propio amplificador. Durante años Navarro negó esa versión, afirmando que se trataba de una separación amistosa. Tiempo después, rectificaría explicando así su salida del grupo: «Finalmente aparecí para un ensayo de los Chili Peppers. Teníamos una gira programada y, sinceramente, no podía tocar ni una maldita nota. Entonces caí sobre un montón de cajas de material, básicamente. Estaba bastante claro que no estaba en condiciones, que no iba a lograrlo. Fue entonces cuando decidieron continuar en una dirección diferente».

Sobre la salida del guitarrista, hecha oficial el 3 de abril de 1998, Anthony declararía que «se trata de una separación acordada basada en diferencias creativas. Nos hemos divertido mucho juntos y quiero profundamente a este chico». A su vez, Flea reconocería que «tuve el honor de tocar con Dave durante el tiempo que lo hice. Es un músico y un ser humano épico y hermoso, y estoy seguro de que volveremos a hacer algo juntos en el futuro». Navarro declararía que «todavía amo a esos muchachos hasta la muerte y ser un Chili Pepper ha sido una de las mejores experiencias de mi vida». Lejos de detenerse, de inmediato se embarcó en un proyecto llamado Spread, que incluía la colaboración de Chad Smith, lo que le permitía explorar diferentes áreas de su creatividad.

Con la salida del guitarrista quedaba en saco roto «Circle of the Noose», la única canción que habían grabado para el que, se suponía, iba a ser la continuación de *One Hot Minute*. Rick Rubin, productor de la canción, declararía sobre cualquier posible discrepancia entre Navarro y Anthony que «en cuanto a personalidad, son realmente diferentes. Dave tiene un humor negro, un alma oscura, y Anthony no aprecia eso». Cuando a Navarro se le preguntó si tal vez el rol de guitarrista en los Chili Peppers estaría maldito, respondió que «sentí que tal vez lo estaba cuando entré en el grupo, pero definitivamente dejo la banda sintiéndome bendecido. No puedo explicar cuánto he crecido como músico y como ser humano como resultado de haber estado con ellos». La buena relación entre los músicos pese a la separación parecía evidente. Tanto, que sería Navarro quien daría con la clave para que los Chili Peppers pudieran continuar. Antes de abandonar definitivamente el barco, dijo al resto del grupo que el único guitarrista que debían tener en la banda era John Frusciante. En declaraciones a la prensa, lo repetiría: «Extrañaré mucho a la banda. Tengo y siempre tendré un tremendo respeto por todos ellos. Y también diré que mi miembro favorito es John Frusciante».

EL DESCENSO A LOS INFIERNOS DE JOHN

L indy se había retirado definitivamente, declarándose satisfecho de su trabajo con el grupo pero también agotado. Estaba frustrado por los errores cometidos con el último disco y el videoclip de «Warped». Presenciar la recaída de Anthony y encontrarse de nuevo ante la búsqueda eterna de un guitarrista eran

River Phoenix, un amigo muy apreciado por Flea y Frusciante.

cosas que no ayudaban. Eran tiempos en los que lo único que mantenía con vida a los Chili Peppers era la paciencia y perseverancia de Flea, además del carácter fácil de Chad. Y Flea creía que Navarro podía tener razón, la única manera de mantener la maquinaria funcionando era recuperando a John Frusciante. Pero, ¿en qué estado se encontraba? Y también, ¿estaría el grupo dispuesto a recuperarle? Flea había conservado el contacto con John, manteniendo una relación amistosa: «Lo visitaba y siempre era intenso y andaba metido en algo, pero no creía que su cerebro y su cuerpo pudieran soportar la cantidad de drogas que estaba tomando». La situación era muy distinta entre Anthony y el exguitarrista, que llevaban años sin cruzar palabra.

Tras su salida del grupo en 1992, Frusciante regresó a California para entrar en una profunda depresión tan sólo interrumpida por apariciones puntuales en el Viper Room. Pasaba la mayor parte del tiempo encerrado en su casa en Hollywood Hills, que rápidamente se deterioró con grafitis en las paredes. Se dedicaba a escribir relatos y guiones, a pintar y grabar canciones en un cuatro pistas. Frusciante estaba convencido de que su vida había mejorado con el consumo de heroína: «Me convertí en un yonqui y volví a la vida. Me volví feliz y empecé a tocar música de nuevo. Pero al principio no podía existir después de dejar la banda. Estaba tan deprimido». Sobre su consumo, añadiría que «sin heroína, no tengo el control sobre los pensamientos que se apoderan de mi cerebro. Con heroína, tengo el control sobre lo que quiero pensar. De repente tengo el poder de deshacerme de esas cosas que aparecen en mi mente y pensar en otra cosa». Ni siquiera la defunción de su amigo River Phoenix por la combinación letal de drogas, la noche en la que se encontraba actuando en el Viper Room, le hizo cambiar de opinión. De hecho, Bob Forrest en su libro *Running with Monsters* explica que en las semanas previas al fallecimiento de River, el actor y Frusciante estuvieron juntos tomando cocaína y heroína durante días, sin dormir.

Recibía de vez en cuando la visita de su amigo Johnny Depp, quien junto a Gibby Haynes grabó el documental *Stuff*. En él se ve a un decrépito John Frusciante entregado a la heroína en una caída sin fondo hasta la muerte. Semanas después de la visita de Depp y Gibby, su casa sufrió un incendio en el que se perdieron buena parte de sus guitarras (aunque no queda claro si por las llamas o si fueron sustraídas posteriormente de la casa en ruinas). Cuando la casa se hubo reconstruido, regresó a ella para un desenlace todavía más extraño: «Mi casa se quemó, luego la reconstruyeron y después me mudé a ella, pero dejé de pagar por ella. Finalmente me la quitaron. Pero mi abogado me consiguió el dinero para recuperarla. Pero la casa se había vendido justo el día en que recibí el dinero. Y a mí me pareció bien, porque tenía 50.000 dólares que podía gastar en heroína».

En 1996, un artículo en el *New Times LA* describía a Frusciante, que apenas llegaba a los cuarenta kilos, como un «esqueleto cubierto en fina piel». Sus brazos estaban cubiertos de cicatrices y sus uñas y dientes pendían de un hilo, en un deterioro que podía costarle la vida. Su segundo álbum en solitario, *Smile from the streets you hold,* publicado en agosto de 1997 únicamente para costear su adicción, era fiel reflejo de ello. Meses antes, había ingresado voluntariamente en un centro de desintoxicación cuando se le avisó que podía morir por la infección producida por sus dientes podridos. Recuperándose brevemente, acercó posiciones con Dave Navarro, a quien pidió una Gibson Les Paul para quemar las horas en la clínica. Sin embargo, lo que hizo con la guitarra al salir de la clínica fue venderla para seguir comprando drogas. A principios de 1997 su consumo de cocaína, crack y alcohol seguía a ritmo diario, cuando finalmente volvió al centro de desintoxicación animado por su amigo Bob Forrest. Frusciante recibió toda clase de tratamientos, además de que se le reemplazó toda la dentadura podrida por implantes, a causa de una infección oral que podía acabar siendo letal. También recibió injertos de piel, acompañamiento y terapia.

EL REGRESO (Y APRENDIZAJE) DE FRUSCIANTE

Un mes después de su ingreso, Frusciante abandonaba el centro de desintoxicación. Había descubierto el yoga, la meditación y una vertiente espiritual que lo animaría a ser más consciente de su salud, eliminando toda clase de alimentos procesados. Pero el mayor de los cambios vendría de su actitud: «Ya no necesito tomar drogas. Siento mucho más el subidón que proporciona el dedicarte a algo que realmente amas. Ni siquiera considero el volver a tomarlas, sería algo estúpido. Entre mi dedicación a la música, a la alimentación saludable y al yoga, me siento mucho mejor que durante los últimos diez años tomando drogas. En este momento soy la persona más feliz del mundo. Es algo tan hermoso poder enfrentarte a la vida, a ti mismo, sin esconderte detrás de las drogas;

Frusciante regresaría a los Chili Peppers, «un sueño hecho realidad».

sin tener ira hacia las personas que te aman. Hay personas que tienen miedo de perder cosas, pero no pierdes nada por ninguna otra razón que simplemente darte por vencido».

Frusciante no sólo había regresado de entre los muertos, sino que había regresado a la música. Empezaba a participar en *jam sessions* por distintos locales de Los Ángeles, donde coincidiría con Flea para compartir otra vez escenario. El bajista, testigo del cambio radical en su antiguo compañero, invitó una noche a casa a Chad y Anthony, aparentemente para ver un partido de los Lakers. Durante el reencuentro puso sobre la mesa la posibilidad de que Frusciante volviera al grupo, algo que Chad vio con buenos ojos. Por su parte, Anthony reaccionó con escepticismo, refiriéndose a que «sería un sueño hecho realidad, pero altamente improbable». Flea insistió afirmando que tenía la sensación de que pudiera no ser así. Para confirmarlo, se presentó en el apartamento que Frusciante había alquilado en Silver Lake. Allí se reencontraron los dos amigos cuando Flea le dejó caer la gran pregunta: ¿estaría dispuesto a regresar a los Chili Peppers? Entre sollozos, Frusciante respondió que nada le haría más feliz en el mundo.

El siguiente paso sería que John y Anthony resolvieran sus diferencias. Pero cuando se vieron las caras, ambos se dieron cuenta de que sus discusiones formaban parte del pasado, y éste pertenecía a unas personas distintas a quiénes eran hoy, seis años después de su último encuentro. El reencuentro entre amigos que habían llegado a ser inseparables pero que el tiempo y los conflictos no hablados había separado, se resolvió con una clara conclusión: para regresar al grupo, Frusciante necesitaba una guitarra. Y es que el guitarrista solo conservaba una Fender Jaguar que se había regalado a sí mismo por Navidad en 1997, para celebrar su regreso a la vida y a la música. Pero para formar parte de los Chili Peppers, necesitaba una Stratocaster. Como explica Anthony en *Scar Tissue*: «El principal problema era que John ni siquiera tenía una guitarra, así que fuimos al Guitar Center y le compré una vieja Stratocaster del 62».

En cuanto a Frusciante, ¿qué pasaría con sus reticencias respecto al éxito y la fama de los Chili Peppers? En futuras declaraciones a la revista *Rolling Stone* afirmaría haber estado «realmente confundido cuando dejé la banda. Se me metió en la cabeza que el estrellato era algo malo. Si eras una estrella de rock, estabas tratando de engañar a la gente. Ya no lo veo así». En la revista *Spin* reconocería haberse esforzado en desarrollar un estilo con el instrumento que simplemente no podía ejecutar si no era con los Chili Peppers, además de que «la estrella de rock, su papel en la sociedad, es algo muy hermoso. No había nada más importante para mí, ni que me hablara más, que Led Zeppelin, Aerosmith o Kiss, cuando tenía siete años. Hay algo mágico al respecto que trasciende la inteligencia».

EN EL GARAJE DE FLEA

P ara muchos, los Chili Peppers ya eran una banda del pasado. Sustituir a Navarro por Frusciante, un exyonki cuyos mejores años con la guitarra también formaban parte del pasado, parecía una decisión arriesgada sin garantía de éxito. Lo mejor que podían hacer era volver con actitud humilde y sin hacer mucho ruido. Para ello empezaron a reunirse en el garaje de Flea. Era la primavera de 1998, una época complicada para el bajista cuya relación con la australiana Marisa Pouw se estaba desmoronando. La pareja había permanecido unida, conviviendo durante un tiempo, pero simplemente no resultó. A diferencia de lo que ocurrió tras la ruptura con Loesha, la madre de Clara, Flea decidió sufrir la ruptura de forma introspectiva; drogarse y acostarse con todas las mujeres posibles

también formaría parte del pasado. Se enfrentó al sufrimiento, para su sorpresa, esta vez con el apoyo incondicional y la ayuda de su hija. El bajista cuenta que en una ocasión, Clara se lo encontró llorando en el sofá, y simplemente le dijo: «Mira, papá. No sé por qué estás tan triste, pero sea lo que sea, al final todo estará bien. Eres una buena persona».

A medida que peleaba por levantar su ánimo, el grupo se iba reencontrando con la camaradería y los instrumentos en su garaje. Improvisaban sin complicaciones, pues Frusciante se encontraba recuperando sus habilidades lentamente para lo que desarrolló una forma muy

El fotógrafo Tony Wooliscroft inmortalizó el abrazo de los Chili Peppers en el interior del álbum *Californication*.

simple de tocar. La intención original de Flea pasaba por hacer un disco con una base electrónica. Consideraba que, a finales de los noventa, gente como Prodigy o los Chemical Brothers estaban haciendo las propuestas más interesantes. Pero no convenció a la discográfica por lo que la segunda opción más sensata parecía un regreso a los orígenes: funk y rock, en lo que debería haber sido una sucesión natural del exitoso *BloodSugarSexMagik*.

Las improvisaciones avanzaban a sorprendente buen ritmo, la química entre Flea, Chad y John era tan natural que rápidamente se construiría la base para las primeras canciones. Paradójicamente, una de las primeras ideas en sembrarse, pero de las últimas en terminar, sería «Californication», una obra maestra escrita por Anthony que empezó a tomar forma tras su desastroso viaje a Borneo con su amigo tatuador, sobre la influencia que ejerce California y su cultura sobre el resto del mundo: «Visitaba todos estos mercados en lugares remotos y extraños, y estaban llenos de camisetas de Guns N' Roses y de los Chili Peppers, y vídeos de todas las películas de Hollywood. Eran lugares en los que incluso Marlboro o Coca-Cola habían tenido dificultades para infiltrarse en el comercio. Pero California había encontrado una manera de entrar en estos pequeños rincones del mundo para afectar a la gente».

A finales del verano la banda tenía suficiente música para entrar a grabar, salvo Anthony, que estaba lidiando todavía con sus recaídas puntuales a espaldas del grupo y su bloqueo del escritor. Antes, los Chili Peppers habían tenido la oportunidad de volver a presentar a Frusciante al público cuando fueron invitados a participar en unos conciertos en Washington a favor de la liberación del Tíbet. La banda salió al escenario tras Pearl Jam, justo después de fundirse los cuatro en un abrazo que inmortalizaría el fotógrafo Tony Wooliscroft; sería el mismo que aparecería retratado en el interior del álbum *Californication*. La noche antes habían realizado una actuación sorpresa en el 9.30 Club. Después de algunos conciertos más en septiembre, Frusciante y la banda estaban preparados para volver al trabajo.

CALIFORNICATION

P ara la producción el grupo volvió a contar con Rick Rubin, quien afirmaría que «habían estado escribiendo mucho. Hacía tiempo que no grababan un disco, lo cual era algo positivo. Había mucha energía allí; estaban listos», añadiendo que ahora eran personas con una actitud mucho más adulta. El grupo grabó entre treinta y cuarenta canciones, terminando el hit «Californication» momentos antes de entrar en el estudio. Fue Frusciante quien de repente dio con los acordes adecuados: «No tenía las habilidades para descifrar qué acordes quería Dios, hasta justo antes de entrar en el estudio», explicaría el guitarrista. Por su parte, Anthony encontró inspiración en su reciente relación con Yohanna Logan, una mujer con quien se sentía capaz de comprometerse, incluso planteándose el matrimonio. Otra de las fuentes de inspiración para Anthony fue su relación con sus propios amigos, capturando una escapada para practicar surf con Flea y Frusciante en «Road Trippin'».

Algunos pasajes del disco no serían tan evidentes. En «Around the World», Anthony cantaría una especie de tarareo en un par de versos, a lo que el grupo reaccionó esperando a que acabara la letra: «Cuando llegó el momento de la grabación, lo hice durante la sesión y dijeron "Ok, entonces necesitas escribir el resto de la letra". Les dije que no, que la canción era así». Por suerte para Anthony, Clara, presente

Anthony Kiedis en la época de su relación con Yohanna Logan.

en el momento, dijo que le gustaba tanto como para definir ese verso como el mejor momento de la canción. La banda decidió mantenerlo. En cuanto a «Scar Tissue», el primer adelanto escogido por Warner, una especie de «Under the Bridge», vino de una improvisación entre la banda cuando Anthony abandonó el garaje para observar a su grupo con perspectiva, cayendo en la cuenta de que estaba compartiendo esa visión de sus amigos con un grupo de pájaros en un árbol. En apenas unas semanas el disco se había terminado. Pero, ¿cómo lo encajaría el público? La reacción era una incógnita imposible de prever, pese a que Flea tenía claro que «Si eliminásemos *One Hot Minute* e hiciésemos otro disco después de *BloodSugarSexMagik*, sería éste. Este disco empieza justo donde lo dejamos con *BloodSugar*».

El 8 de junio de 1999 se publicaría el álbum con «Scar Tissue» como adelanto junto a un videoclip que mostraba a unos vapuleados Chili Peppers conduciendo por el desierto, en un momento en que nadie daba un duro por ellos. Eminem era el rostro más popular de la MTV, junto a bandas R&B y pop como Destiny's Child o TLC por un lado, y el rock alternativo de Korn, Limp Bizkit o Marilyn Manson por el otro. Durante los cuatro días anteriores al del lanzamiento del disco, Warner había lanzado tres canciones por internet, en una eficaz e inteligente forma de adaptarse a los tiempos de Napster y acercarse a las nuevas generaciones. Con todo, la crítica abrazaría el álbum destacando el regreso a la forma de la banda tras la reincorporación de Frusciante, mientras «Scar Tissue» alcanzaba el número 9 en la Billboard Hot 100 y el disco llegaría al número 3.

WOODSTOCK 1999

El 25 de julio los Red Hot Chili Peppers regresaban a Woodstock para su más reciente encarnación, motivada por el 30.º aniversario de la edición original. Pero cuando la banda pisó el escenario, no quedaba resto del espíritu de paz y amor del que el festival hacía bandera. Los disturbios por los que sería recordada esta nefasta edición estaban a punto de empezar. Justo empezaban a verse las hogueras que, tras el concierto de los Chili Peppers, se convertirían en peligrosos fuegos difíciles de contener. Antes de salir al escenario, la banda conoció a Janie Hendrix-Wright, hermana de Jimi Hendrix. Flea lidió con la euforia por haber conocido a un familiar directo de la leyenda proponiéndose tocar desnudo. Aquello le pareció muy apropiado a Anthony, que por su parte decidió vestir camisa y corbata. A su salida al escenario, la banda abrió con «Around the World» para continuar con «Give It Away», en un set y directo fantástico que sorprendería por no incluir ninguna canción de *One Hot Minute*, tendencia que se propagaría por siempre con Frusciante, salvo por «Pea», canción únicamente interpretada por Flea.

La actuación alcanzaba la hora de duración cuando Anthony empezó a recibir mensajes por parte de la organización: «Un tipo con una radio pegada a la cabeza me dijo que necesitaban nuestra ayuda, que había incendios ahí afuera y necesitaban que entraran los camiones de los bomberos. Así que expresé la necesidad de abrir un camino para que entraran esos camiones». Sin embargo, y ajenos a la magnitud real del problema, apenas una canción después los Chili Peppers decidieron brindar un homenaje a Jimi Hendrix, en honor a su hermana presente en el festival. El gesto parecía más que oportuno y para terminar el set por todo lo alto, la banda interpretó el clásico «Fire». La actuación terminó y el grupo abandonó Woodstock rumbo a su hotel en Manhattan, justo en el momento en que el festival estaba totalmente fuera de control. Woodstock 1999 sería recordado por los incendios descontrolados, los robos, las agresiones… Los medios y la prensa se hicieron eco y algunos no dudaron en señalar a los Chili Peppers como provocadores. Chad Smith declararía que «podía ver esos incendios muy, muy lejos. Estaban como a una milla de distancia o algo así, el lugar era tan grande. Pero no tenía ni idea de lo que estaba ocurriendo. Nadie sobre el escenario tenía ni idea».

El 15 de agosto la banda estaría actuando en Moscú por primera vez, ofreciendo un *show* gratuito en la plaza Roja para celebrar la apertura de la MTV rusa. Se esperaba que acudieran noventa mil moscovitas, pero a la plaza acudieron más de trescientas mil personas. Los rusos tuvieron un comportamiento ejemplar a diferencia de los estadounidenses en Woodstock. Era evidente que la popularidad de los Chili Peppers tras su travesía por el desierto, no conocía fronteras. El paso europeo continuaría por París y los míticos Reading Festival y Leeds Festival, donde Flea volvió a actuar desnudo. En estas fechas empezó a convertirse en costumbre que Frusciante interpretara una canción a solas, nor-

malmente una versión (aunque en Reading interpretaría «Your Pussy's Glued to a Building on Fire»). La gira de los Chili Peppers continuaría por Australia, donde sentirían que por fin estaban ofreciendo la visita que hubieran deseado desde su primera vez en 1992. A su regreso a California, *Californication* ya era uno de los veinticinco discos más vendidos del año y a principios del 2000 alcanzaba las tres millones de copias vendidas, con «Scar Tissue» alzándose con el Grammy a la Mejor Canción Rock en el último febrero del segundo milenio.

Los Chili Peppers interpretarían «Fire» mientras Woodstock 1999 ardía en llamas.

JOHN FRUSCIANTE 2.0

C *alifornication* había sido un éxito en toda regla, pero también un período complicado para Frusciante. El renacido guitarrista tuvo que trabajar y estudiar mucho para recuperar los años perdidos con el instrumento: «tan buenos y felices como fueron aquellos tiempos para mí, apenas sentía que encajaba como miembro de la banda. Realmente estuve practicando mucho y tratando de recuperar el tiempo perdido cuando no había tocado la guitarra durante años» reconocería. Sin embargo, en 2001 ya se sentía preparado para liderar lo que sería la composición del octavo álbum de los Chili Peppers. Había abandonado todo vicio, incluyendo el tabaco, el alcohol y el café y dedicaba cerca de una hora diaria a la práctica del yoga y la meditación trascendental, algo que Rick Rubin había introducido en el seno del grupo. El guitarrista y el productor compartían además toda clase de descubrimientos musicales y salidas nocturnas a clubs de drum'n'bass.

Pero por aquel entonces, lo que había realmente cautivado a Frusciante eran las armonías de álbumes corales de los cincuenta y sesenta, como los Bee Gees, los Mamas & The Papas y por supuesto, los Beatles. Uno de los mejores

amigos de Frusciante de entonces y visitante habitual en su nueva casa sería Josh Klinghoffer, miembro de The Bycicle Thief, otro proyecto musical de Bob Forrest. Los Bycicle Thief habían abierto para los Chili Peppers en varios *shows* cuando Josh y John se hicieron buenos amigos. Los dos compartirían largas horas escuchando música y repasando armonías. Su afición y amor por la música se recuperaba al tiempo que preparaba y lanzaba su tercer álbum en solitario, *To Record Only Water for Ten Days* en febrero de 2001. Frusciante habría inter-

Josh Klinghoffer, amigo de Frusciante, se convertiría en un habitual en la esfera de los Chili Peppers a principios de los años 2000.

pretado todos los sonidos que aparecían en el disco, totalmente registrado en su casa de Hollywood, para el que citaría a Depeche Mode como su principal influencia. Se asentaba así su interés por los sintetizadores y el pop británico oscuro: «Ésa era en gran medida la forma en que quería que fuera mi forma de tocar la guitarra». Kraftwerk, Depeche Mode, O.M.D., bandas donde cada nota significaba mucho, donde cada sonido era relevante. «Cuando los Chili Peppers estábamos de gira con *Californication*, llevaba una Fender Mustang conmigo. Empecé a escribir tantas canciones que decidí a mediados de la gira que también podría llevar una acústica. Tener una acústica conmigo hizo que fuera el doble de divertido quedarme en la habitación del hotel» explicaría Frusciante para justificar su prolífica creatividad.

En cuanto al resto de los Chili Peppers, Anthony se encontraba en su idilio con Yohanna Logan, viviendo la vida saludable desde el 24 de diciembre del año 2000, su aniversario de sobriedad, saliendo a correr con su perro Buster, asistiendo a los partidos de los Lakers y paseando con su moto por Los Ángeles. Chad, divorciado, se ocupaba de la custodia compartida de sus tres hijos y empezaba una serie de talleres eventuales, impartiendo clases de batería en la carretera. Por su parte, Flea empleaba su tiempo libre en seguir construyendo su relación con su hija Clara y en retirarse al Congo, Australia, donde se había construido una residencia en 1996. Allí practicaba surf, la meditación y el yoga, además de formar una banda local con los hermanos Rory y Dane Quirk, quienes cuidaban la casa durante los meses de ausencia de su propietario. La banda, de nombre Quirk, llegaría a abrir para los Chili Peppers durante la gira australiana de su siguiente álbum, *By the way*.

SILVERLAKE CONSERVATORY OF MUSIC

Mientras Frusciante publicaba su tercer elepé en solitario a principios del año 2001, Flea emprendía su propio proyecto musical de otra índole. Tal como Chad había decidido llevar a cabo talleres de batería para devolver a la música parte de lo que ésta le había dado, Flea había tenido un sueño desde niño, cuando no tocaba más que la trompeta. Éste pasaba por tener una escuela de música. El sueño regresó a su mente cuando en una visita a Fairfax High en la que tocó para los alumnos y dio una charla sobre orientación profesional, tomó conciencia de que el colegio ya no incluía ningún tipo de programa musical a causa de la Proposición 13 que finalmente había acabado con todos los programas educativos relacionados con el arte. Flea, que en la charla había dicho que «ser músico es algo muy valioso y algo que vale la pena estudiar, tanto como cualquier otra profesión», no podía quedarse de brazos cruzados. La asignatura de música, aquella que él más había disfrutado en su etapa en el colegio, había desaparecido. De camino a casa tomó la decisión de que había llegado el momento de abrir una escuela de música.

El Silverlake Conservatory of Music, un paraíso para estudiantes de música.

Flea reclutó a su amigo Keith Barry y al exbatería de Thelonious Monster, Pete Weiss. Pete se encargaría de la dirección del centro y Keith de la dirección educativa, siendo definido por Flea como un excelente músico con especial don para tratar con los niños. Por su parte, Flea daría nombre e imagen al centro, además de ser el responsable de pagar las facturas y comprar el material necesario. Escogieron un emplazamiento cercano a Sunset Boulevard. Weiss, Barry y Flea atendieron un anuncio de una parcela en alquiler y al día siguiente visitaron al propietario. Lejos de negociar, Flea cerró el trato con la talonario por delante. Rápidamente el trío se puso manos a la obra para llenar el espacio de contenido pero también estética para un lugar de libre expresión artística. En diciembre de 2001, el Silverlake Conservatory of Music ya estaba ofreciendo su primer recital. En su primer año disponían de veinticinco profesores y cuatrocientos alumnos entre niños y adultos. La operación había sido un éxito y el sueño de Flea, ya era una realidad.

Un mes antes habría empezado la grabación del octavo álbum de los Chili Peppers, con todo el grupo sumándose al carro empujado por John Frusciante. «Está tan centrado y dedicado que me inspira. Simplemente toca todo el tiempo. Se levanta de la cama, coge su guitarra y empieza a tocar», declararía Flea sobre el guitarrista. Frusciante reconocería que en ocasiones se quedaba en casa buscando el *riff* de guitarra perfecto durante veinticuatro horas, y que los resultados eran mucho mejores que en su época como yonqui. La devoción que despertaba Frusciante era compartida por Anthony: «tener a John de vuelta realmente ha marcado una gran diferencia». Incluso Rick Rubin se quitaba el sombrero, afirmando que entonces John vivía y respiraba música más que nadie que hubiera conocido en su vida.

EN EL CHATEAU MARMONT

Así como *Californication* fue concebido como un disco de música electrónica por Flea, Frusciante concebiría en primera instancia *By the way* como un álbum de música punk. Tras su proyecto personal, oscuro y electrónico, se encontraba escuchando a bandas como The Damned o The Germs, por lo que imaginaba que el siguiente álbum de los Peppers estaría plagado de canciones rápidas y cortas. Sin embargo, Rubin los hizo cambiar de idea al escuchar las demos grabadas, considerándolo un paso atrás en la evolución natural de su sonido. Sí le gustaron las melodías pop y dulces que el grupo iba construyendo y los alentó para seguir explorando en esta dirección. «Al principio no estuve de acuerdo

El Chateau Marmont, uno de los escenarios donde se dio forma a las canciones de By the Way.

con Rick, pero al final sí lo estuvimos, en que las canciones melódicas sonaban más innovadoras. Y eso es importante para mí; poder desarrollarme tanto a nivel musical como a nivel personal. En retrospectiva, las canciones punk fueron una forma de hacer que nuestras energías fluyeran en cierta dirección. No creo que las canciones que terminaron siendo *By the Way* se hubieran escrito nunca si no fuera por la pequeña colección de canciones al estilo The Damned», explicaría Frusciante, quien empezó también a recibir clases de canto del profesor de Anthony para participar con armonías vocales.

La banda alquiló una habitación en el Chateau Marmont de Los Ángeles donde prácticamente se refugiaron Anthony y Frusciante para continuar dando forma a las canciones. Frusciante tomó el mando de la composición, rodeándose de guitarras, micrófonos y un ordenador con ProTools. Eran otros tiempos, aunque había elementos que permanecerían, como la producción de Rick Rubin, de quien Frusciante opinaba que «mientras tengamos a Rick para darnos esta sensación de equilibrio, la banda siempre terminará creando un álbum equilibrado. No conozco a nadie más en quien confiaría de esta manera». Por su parte, Anthony decoró la habitación con pósters de películas de cine negro, que influenciaría también parte de sus letras para el álbum. Flea se estaba sintiendo excluido por parte del guitarrista y el cantante durante el proceso de composición. Cuando antes del cierre de 2001 la banda ya había terminado prácticamente todas las partes instrumentales del álbum, el bajista declararía haber «hecho más o menos todas mis contribuciones al disco y como soy un cantante horrible, no tengo mucho más que hacer en este momento». Por su mente pasaría la idea de abandonar el grupo antes de arreglar sus diferencias creativas con el guitarrista.

Sin embargo, Flea encontraría qué hacer, como organizar una actuación benéfica del grupo en su conservatorio, en apoyo la clínica Hollywood Sunset Free Clinic, que llevaba ofreciendo servicios de salud gratuitos durante treinta años. El *setlist* incluyó «Don't Forget Me» en adelanto del material en el que estaba trabajando la banda. Warner aprovechó la situación retransmitiendo la actuación a mediados de enero de 2002 para indicar que éste iba a ser otro buen año para los Chili Peppers. Anthony parecía no estar tan convencido, asegurando en abril que «ya ni siquiera puedo decir si es bueno. Hay días en los que siento que es lo mejor que hemos hecho, y hay días en los que pienso que se perderá en el mar». Sólo Frusciante, el más implicado en todo el proceso de composición, grabación y mezcla, estaba convencido del material que la banda se disponía a publicar. Cuando «By the Way» se lanzó como adelanto el 27 de mayo, los medios especializados parecían darle la razón. A mediados de junio la canción ya estaba en la zona alta de todas las listas.

BY THE WAY

Cuando *By the Way* se publicó el 9 de julio de 2002, la banda se encontraba inmersa en una gira mundial que los mantendría en carretera hasta otoño de 2003. El álbum fue bien recibido por la crítica generalista, mientras que algunos medios especializados lo tratarían de un disco demasiado pop. Y es que poco funk habría en el disco más allá de «Can't Stop» que, como en los pasajes de «By the Way», lo limitaba a las estrofas para acabar ofreciendo un estribillo radiofónico. Líricamente, Anthony abordaría de nuevo sus días como yonqui en canciones como «This is the place» y trataría su reciente ruptura con Yohanna. Por primera

El directo en Slane Castle, uno de los momentos álgidos de los Chili Peppers.

vez, Anthony se habría sentido capaz de comprometerse con la pareja hasta el matrimonio y quizás la familia, pero la situación habría sido demasiado para la diseñadora de moda. La relación se rompió durante la grabación del disco; convivir con una estrella del rock dispuesta a estar ausente durante largos períodos no era lo que la estadounidense esperaba. Parte de esto se relataría en «I Could Die For You» o «Midnight». «Quería moverme en la dirección de una familia, lo cual para mí es fácil porque me he encontrado a mí mismo y he encontrado lo que quiero hacer, mientras que ella está en el proceso de descubrir quién es y tratando de dejar su huella creativamente hablando. Así que estábamos en diferentes puntos de nuestras vidas, desafortunadamente», explicaría al reconocer que su relación había terminado, sirviendo de motor para muchas de sus letras. Por su cuenta, su padre, Blackie Dammet declararía que «por suerte las canciones ya no son sobre drogas».

La banda también había sufrido la pérdida de Gloria Scott, una mujer de Venice Beach que había ayudado a Anthony a lidiar con sus adicciones. Cuando los Chili Peppers descubrieron que estaba enferma de cáncer, le rindieron un concierto recaudatorio en marzo de 2001. «Venice Queen», incluida en el álbum, sería el tributo creativo a la memoria de la mujer con una sentida letra por parte de Anthony. El productor Rick Rubin destacaría sobre esto que «siempre encontré interesantes las letras de Anthony, pero parece que han pasado de interesantes y abstractas a personales y sinceras. Creo que es porque no está contando una historia sobre sexo, sino transmitiendo una experiencia emocional real». Al margen de la música contenida en el álbum, Anthony parecía haber dado el mayor paso adelante en la evolución de la banda. Influenciado por Frusciante, dedicaría también una canción al amor universal y el espíritu de Dios en «Don't Forget Me».

En palabras del grupo, «La música en este álbum ha expandido nuestro espacio y nos ha hecho más grandes». Chad definiría el disco como «honesto, crudo, emotivo… dinámico, rico y exuberante. Probablemente la mejor colección de canciones que hemos publicado». La prensa reaccionaría positivamente, y para los que veían esta evolución como una pérdida de su identidad, Anthony tenía la respuesta: «No es necesario que toquemos nada de lo que ya hemos tocado. Creo que lo sabemos de una forma innata e intuitiva. Es como sentir que no quieres dar marcha atrás cuando conduces a algún lugar, incluso si olvidaste las llaves». Por su parte, Warner se había preparado para el lanzamiento del disco publicando digitalmente una canción al día, dieciséis días antes del lanzamiento oficial del álbum. Los principales portales de internet, así como las principales emisoras de radio, participaron en la retransmisión. La siguiente decisión que tomó la discográfica fue mantener el precio de salida en los diez dólares. En su primera semana, *By the Way* había vendido casi dos millones de copias en todo el mundo, alcanzando el número 1 en una docena de países. La posterior gira de dieciocho meses de duración sería todo un éxito, capturado en el DVD *Live at Slane Castle.*

LIVE AT SLANE CASTLE, GREATEST HITS, LIVE AT HYDE PARK...

Con *By the Way* siguiendo las cifras de ventas de *Californication* y *BloodSugar-SexMagik*, los Chili Peppers pasaban a ser oro en estado puro para Warner. La compañía aprovechó para publicar *Live at Slane Castle,* una actuación en vivo del grupo del día 23 de agosto de 2003. Antes habrían actuado Morcheeba, Feeder, PJ Harvey, Queens of the Stone Age y los Foo Fighters, quienes también abrieron para los Chili Peppers en la gira del año 2000, cuando publicaron el DVD en vivo *Off the Map. Live at Slane Castle* contenía un directo ante ochenta mil sudorosas almas, salvo por «Soul to Squeeze», donde Frusciante rompería una cuerda de su guitarra. A la publicación del DVD le acompañaría la compilación de grandes éxitos, conteniendo canciones principalmente de *BloodSugar-SexMagik, Californication* y *By the Way*. Navarro y su *One Hot Minute* únicamente aparecerían representados con «My Friends». La compilación incluía también «Higher Ground» de la época con EMI y las inéditas «Fortune Faded» y «Save the Population». En paralelo, se publicaría un DVD con la compilación de videoclips de la banda. Lejos de terminar, cuando el By the Way Tour hubo llegado a su fin en octubre de 2003, los Chili Peppers decidieron visitar el Reino Unido en junio de 2004 dentro de su breve Roll on the Red Tour. Ofrecieron tres actuaciones en el Hyde Park de Londres, los días 19, 20 y 25 de junio para celebrar el vigésimo aniversario del grupo con James Brown abriendo las veladas. Entre las tres citas acudieron cerca de trescientas mil personas. La síntesis de las noches se compiló en el doble álbum en directo *Live in Hyde Park*.

John Frusciante demostraría encontrarse en el momento más creativo de su vida publicando *Shadows Collide With People* en febrero de 2004, además de otros seis discos de estudio en el lapso de un año, hasta febrero de 2005, algunos de ellos junto a su amigo Josh Klinghoffer. También en 2004, Anthony empezó la redacción de su autobiografía de la mano del escritor Larry Sloman. «Ojalá podamos mirar hacia atrás y reírnos de lo tontos que éramos. No me arrepiento ni me avergüenzo, ni me siento culpable por lo que éramos en ese momento, porque así es como se suponía que debíamos ser; algo que tienes que

Chad Smith, el mejor escudero posible.

experimentar y esperar que no lastimes a demasiadas personas por el camino», declararía. Lejos de aposentarse, la productividad creativa de Frusciante y del resto de la banda continuaría, declarando a lo largo de la promoción de su *Greatest Hits* que había grabaciones nuevas en camino, producidas de nuevo por Rick Rubin. Y es que la grabación del noveno álbum de los Chili Peppers había empezado en 2004.

STADIUM ARCADIUM

A diferencia de cómo se habían grabado los dos discos anteriores, los Chili Peppers decidieron regresar a la mansión en la que grabaron su éxito de 1991, *BloodSugarSexMagik*. La relación entre Frusciante y Flea se había reparado, con el primero reeducando su actitud para dejar de imponer sus ideas. La intención inicial sería un regreso a la forma, grabar alrededor de doce canciones que sonaran a los orígenes de la banda. Sin embargo, la creatividad fluyó mejor que nunca, con Frusciante habiendo alcanzado el cenit de su habilidad con el instrumento al tiempo que las limitaciones de Anthony con su voz tenían muy poco que ver con las de sus inicios. Precisamente, Anthony declararía que durante la grabación de *Stadium Arcadium* «todo el mundo estaba de buen humor. Había muy poca tensión, muy poca ansiedad y muy pocas rarezas... todos nos sentimos más cómodos que nunca aportando nuestras ideas». Anthony continuaría afirmando que «la química entre nosotros, cuando se trata de componer, es mejor que nunca. Siempre hubo una lucha por dominar la creatividad, pero ahora tenemos suficiente confianza en quiénes somos, por lo que todos nos sentimos más cómodos contribuyendo con más y más material, valioso y de calidad».

Lo que en un origen se había concebido como un regreso a la forma, corto y conciso, terminaría por pensarse como un triple álbum publicado en lapsos de seis meses. Finalmente, tanto el grupo como la discográfica, que no compraba la idea del triple álbum, acordaron publicar un único álbum doble con las mejores ventiocho canciones que el grupo habría grabado de entre un total de treinta y ocho. Frusciante insistiría en la idea de que la casa estaba encantada y que eran fuerzas superiores las que le indicaban qué tocar: «había seres de inteligencia superior controlando lo que estaba haciendo, no sabría cómo explicarlo… estaba muy claro para mí que la música venía de otro lugar que no era yo». Finalmente, *Stadium Arcadium* se publicaría el 5 de mayo de 2006 y sería el primer álbum de los Chili Peppers en debutar directamente en el número 1 de las listas de EE.UU. «Dani California», el primer adelanto, también se situaría en el número 1 de las listas, seguido por los siguientes «Tell Me Baby» y «Snow (Hey Oh)». La canción devolvía a los Chili Peppers a la escena del rock alternativo, con un videoclip de acompañamiento en el que Anthony, Flea, Chad y Frusciante encarnaban a glorias de la historia de la música como los Beatles, los Sex Pistols o Nirvana.

En mayo del mismo año 2006 arrancaba el Stadium Arcadium Tour con un pequeño *show* en el Guggenheim de Bilbao ante quinientos asistentes. En la gira les acompañaría el multiinstrumentista y amigo de Frusciante, Josh Klinghoffer. La banda permanecería en gira hasta la segunda mitad de 2007, arrancando en Barcelona y terminando en Leeds Festival. Al trasladar la música del disco al directo, Frusciante se sintió frustrado porque había grabado múltiples pistas, algo que no hacía desde *Mother's Milk*, haciendo que en vivo algunas canciones sonaran vacías. Con todo, el guitarrista había dado un paso adelante, tomando el liderazgo y situándose en el primer plano del sonido, con algunos de sus mejores trabajos con la guitarra. Anthony lo explicaría de la siguiente forma: «John siempre ha confiado poco en sí mismo, pero ahora le gusta sonar alto, y parte de eso provino de juntarse con los

Los Chili Peppers en el benéfico Live Earth, en Londres, 2007.

chicos de The Mars Volta. Omar Rodríguez-López es tan rockero que John decidió que había llegado el momento de sacarlo todo fuera; ir a por la guitarra alta y abrasadora en toda la cara. John siempre ha sido capaz de eso, pero él no lo sentía así. Ahora lo siente». Desde su lanzamiento, el álbum ha vendido más de diez millones de copias alrededor del mundo. Les valió para alzar cinco premios Grammy, incluyendo Mejor Álbum Rock, Mejor Canción Rock, Mejor Actuación Rock, Mejor Edición Limitada y Mejor Productor. Los Chili Peppers encadenaban triunfo tras triunfo demostrando que no tenían límite.

SEGUNDA SALIDA DE FRUSCIANTE

Mientras la crítica se rendía a *Stadium Arcadium,* la banda ofrecía los mejores directos de su carrera con sus miembros en estado pletórico, lo que culminó en agosto de 2007 en el Leeds Festival. Pronto se cumplirían diez años sin descanso tras el triunfal regreso de Frusciante al grupo, encadenando los tres discos más exitosos de su carrera. Parecía un buen momento para tomarse un respiro. El acuerdo entre la banda sería el de no hacer nada relacionado con los Chili Peppers durante un año, según explicaría Anthony a la revista *Rolling Stone*. Anthony, que acababa de ser padre, quería dedicarse al cuidado de su hijo además de desarrollar el guion para una posible serie televisiva sobre su vida. Chad emprendió varios proyectos en paralelo, como Chickenfoot junto a Joe Satriani, Sammy Hagar y Michael Anthony, además de su propio proyecto en solitario, Chad Smith's Bombastic Meatbats. Flea, que había sido padre por segunda vez en 2005, decidió dedicarse al estudio de teoría musical, tomando clases de piano, además de emprender junto a Thom Yorke el proyecto Atoms for Peace. Pronto, el bajista confesaría que sería mejor tomarse dos años de descanso en lugar de uno. Sin embargo, esto no parecía apropiado para un Frusciante que, pese a terminar la gira extasiado, pensaba que la banda no se detendría en su mayor momento creativo. Se dedicó a seguir haciendo música que publicaría bajo su nombre. Su álbum en solitario *The Empyrean* se publicó en enero de 2009, y lo convenció de que a lo mejor había llegado el momento de seguir haciendo esto por su cuenta. Cuando en verano del 2009 la banda decidió ponerse en contacto para recuperar a los Chili Peppers, Frusciante había tomado una decisión que no haría pública hasta diciembre del mismo año. En su cuenta de MySpace explicaría que dejaba los Chili Peppers, otra vez. Pero ahora sin sensación de malestar, sino que simplemente quería centrarse en su música en solitario. Se confirmaba así una salida que Chad ya había dejado entrever en unas declaraciones anteriores: «Estamos planeando reencontrarnos a finales de septiembre u octubre. Hacemos música cuando sentimos que es un buen momento, no puedes forzar a alguien para que haga algo. Si no lo estás sintiendo, ¿para qué hacerlo?», y continuaría: «No puedes obligar a tus compañeros a quedarse o a tocar si realmente no quieren hacerlo... por lo menos no en nuestra banda». Años después, preguntando por su salida del grupo tras el paréntesis de dos años, Frusciante explicaría que le sorprendió «un poco porque pensé que estábamos pasando por un buen momento creativo y que había que seguir con eso. Pero después de que Flea me dijera que quería parar por dos años, empecé a pensar a qué me dedicaría si tuviera dos años para hacer lo que quisiera... y cuatro meses después estaba tan convencido con la idea de dejar la banda que ni siquiera tenía ganas de que fuera sólo por dos años». Frusciante continuaría añadiendo que «no hubo drama ni ira involucrada, y los otros muchachos fueron muy comprensivos. Me apoyan para que haga lo que sea que me haga feliz y eso funciona en ambos sentidos».

Chickenfoot, un supergrupo con Chad Smith y Joe Satriani.

Antes de finalizar 2009 la revista *Rolling Stone* declaraba a Frusciante como mejor guitarrista de los últimos treinta años, justo mientras se seguía dando vueltas a su salida. Flea explicaría sobre su amigo que «simplemente ya no quería seguir haciendo lo que hacemos. Realmente quería hacer lo que sentía, por su cuenta, sin tener que lidiar con la dinámica de la banda». Anthony se mostraría igualmente comprensivo, explicando que la idea de que los Chili Peppers se separaran definitivamente habría pasado tanto por su cabeza como por la del bajista: «teníamos este sentimiento intuitivo de que realmente no habíamos terminado como banda. Queríamos mantener a los Red Hot Chili Peppers vivos». Flea añadiría que «para mí, lo más importante durante este tiempo, lo que realmente me hizo querer continuar con la banda después de que John decidiera que no quería continuar, fue que me di cuenta de que Anthony es mi hermano, lo amo mucho y comenzamos esta banda cuando éramos niños. Quería mantener esto en marcha, nunca querré dejarlo ir». No pararían de salir nombres sobre quién lo sustituiría en el seno de la banda. Se recuperó a Dave Navarro, quien rápidamente negó que aquello fuera una posibilidad real. Finalmente, el grupo decidió continuar con Josh Klinghoffer, a quien ya conocían y quien los había acompañado durante la última gira como músico adicional.

JOSH KLINGHOFFER

K linghoffer nació el 3 octubre de 1979 en Los Ángeles, California. Su primer instrumento fue la batería, que aprendió a tocar con nueve años. Más tarde, sería autodidacto con la guitarra y el piano. A los quince años abandonó sus estudios para dedicarse enteramente a la música. En cierto modo era otro chico introspectivo, otro pequeño genio creativo, como lo hubiera sido Frusciante años atrás. Con apenas diecisiete años empezó a tocar con Bob Forrest de Thelonious Monster en su proyecto The Bycicle Thief. Sobre él, Anthony explicaría que «Bob siempre ha demostrado tener mucha sensibilidad para encontrar a gente extremadamente talentosa y terrenal, que sólo quiere meterse en la cocina para componer una canción». Fue durante la grabación del álbum debut *You Come and Go Like a Pop Song,* cuando Klinghoffer conoció a Frusciante, que colaboró con un solo de guitarra. Ambos conectaron y se hicieron amigos, frecuentándose a menudo para escuchar música.

Klinghoffer empezaría a colaborar en los álbumes en solitario de Frusciante desde 2002, a partir de *Shadows Collide with People,* que se publicó en 2004. En los siguientes seis discos se mantuvo la colaboración, con Klinghoffer participando principalmente con la batería, pero también aportando líneas de bajo, guitarra, piano y segundas voces. La colaboración se extendió al proyecto paralelo Ataxia, donde Klinghoffer tocaría principalmente la batería con Frusciante a la guitarra y junto a Joe Lally, bajista de Fugazi. Ataxia se prolongaría durante dos álbumes de estudio. Frusciante declararía sobre Klinghoffer que «es simplemente una persona muy talentosa y ha sido un amigo muy cercano durante los últimos cuatro años. Es una de las pocas personas con las que realmente me gusta pasar mucho tiempo y con quien puedo hablar sinceramente de cualquier cosa. Su opinión es muy importante para mí y lo valoro mucho».

Klinghoffer estaba adquiriendo experiencia como músico de sesión, lo que lo llevaría a participar en la grabación de discos de Thelonious Monsters, Golden Shoulders y Gnarls Barkley, participando también en sus giras. En 2006 y 2007 salió también de gira como miembro de los Chili Peppers con la total confianza de Frusciante y del resto de la banda, cuyo fin aprovechó para formar su propio proyecto en 2008, Dot Hacker, donde es el compositor principal además de guitarrista. An-

The Empyrean, publicado en 2009, sería el último disco con guitarras de Frusciante.

tes de que Dot Hacker realizara su debut discográfico, participaría en *The Empyrean* de Frusciante, que se publicó en enero de 2009. A finales del mismo año estaba recibiendo la propuesta por parte de los Chili Peppers para convertirse en miembro fijo del grupo ante la salida de Frusciante. Sobre su entrada en la banda, Chad explicaría que «lo conocemos desde hace mucho tiempo. Es supertalentoso, inteligente y guapo. Encaja perfectamente en el grupo, lo cual es algo bueno. No podríamos haber pedido una mejor persona con quien tocar música». Por su parte, Klinghoffer explicó haberse sentido siempre atraído por la idea de formar parte de una banda muy unida, tanto como una familia o una hermandad, y que desde sus primeros recuerdos, los Chili Peppers siempre se habían mostrado de este modo.

DE VUELTA AL TRABAJO

El primer ensayo de Klinghoffer junto al resto de los Chili Peppers se produjo el 12 de octubre de 2009, el mismo día que el amigo del grupo y autobiógrafo Brendan Mullen falleció. El nuevo guitarrista declararía que «fue un "hola" triste, todos habían perdido a un buen amigo». El debut de la nueva formación se produjo en enero de 2010, en un homenaje a Neil Young, tan sólo un mes después del anuncio oficial de la inclusión de Klinghoffer. Poco después la banda confirmó estar trabajando en un nuevo disco. Flea comentaría sobre Klinghoffer que «con el tiempo se está revelando a sí mismo como la mejor persona que podíamos tener. John Frusciante es un músico tan poderoso que dejó una gran huella en nuestra banda y nos dio tanto como compositor, como músico, que nadie podría reemplazarle. Nadie podría hacer lo que hacía John. Pero Josh entró y hace lo que hace Josh, y lo hace de una manera hermosa». Por su parte, Anthony y Chad confirmarían que se trataba de un nuevo comienzo para la banda, con el batería explicando que «hacemos lo mismo, pero somos una nueva banda».

Se iniciaba un período de ensayo y composición que iría desde octubre de 2009 hasta agosto de 2010. Flea explicaría que la banda compuso entre sesenta y setenta canciones antes de entrar en el estudio. Para la producción contarían de nuevo con Rick Rubin, algo que ni siquiera se debatió, pues según Chad, «tenemos una excelente relación con él. Ha trabajado con nosotros por los últimos veinte años. Lo percibimos como el quinto Chili Pepper. Es alguien a quien amamos y en quien confiamos». En los estudios de Malibú, Shangri La, propiedad de Rubin, pasó por sus cabezas la idea de publicar otro álbum doble, pero finalmente se desestimó en favor de quedarse con las mejores doce canciones, que resultarían ser catorce por falta de acuerdo. Sobre Josh, el productor diría que «es fantástico. Tocó con John Frusciante durante muchos, muchos años, y salió de gira con los Chili Peppers, así que es parte de la familia extendida. Estilísticamente está muy cerca de John, pero tiene su propio sonido. Suena a los Red Hot Chili Peppers, pero como nunca los has escuchado antes».

En esta ocasión, la composición correría principalmente a cargo de Flea, que estaba sacando provecho de sus adquiridos conocimientos sobre teoría musical. Muchas de las canciones las compuso el bajista con el piano, rompiendo con el habitual estilo del grupo de trabajar sobre improvisaciones

Brendan Mullen, biógrafo de los Chili Peppers, falleció el mismo día que el primer ensayo con Klinghoffer.

en vivo. Klinghoffer también hizo muchas aportaciones desde el piano, lo que contribuyó a una reinterpretación del grupo totalmente nueva y fresca. Paralelamente a la composición del nuevo material, los Chili Peppers recibieron la propuesta de aportar música a la serie de televisión Glee. El grupo lo rechazó, asegurando que esta ficción televisiva estaba totalmente alejada de los sentimientos de la banda. Anthony, Flea, Klinghoffer, así como Frusciante y Jack Irons sí participaron en el documental sobre Bob Forrest, para el cual Klinghoffer compuso la mayor parte de la música.

I'M WITH YOU

E n junio de 2011, la página web del grupo hacía oficial la fecha del lanzamiento del nuevo álbum de los Chili Peppers, que sería en agosto de 2011 bajo el título *I'm With You*. Coincidiendo con la salida del álbum, los Chili Peppers interpretaron el disco íntegro salvo por una canción en Colonia, Alemania; esta interpretación sería retransmitida vía satélite en cines y teatros alrededor de Europa y EE.UU. Ese mismo mes anunciaron el I'm With You World Tour, que arrancaría en América Latina en septiembre del mismo año hasta bien entrado 2013. La fecha prevista para la publicación de su adelanto sería el 18 de julio, pero se filtró tres días antes por lo que Warner reaccionó anticipándolo. El sencillo elegido era «The Adventures of Rain Dance Maggie» que iba a contar en primera instancia con un videoclip rodado a cargo de la rapera Kreayshawn. Finalmente éste se descartó, e hicieron visible una segunda versión rodada en una azotea en Venice Beach a cargo de Marc Klasfeld. El adelanto se situó en los primeros puestos de las listas en 18 países.

Los Chili Peppers están contigo… a lo largo y ancho del planeta.

I'm with you es el primer disco desde *Mother's Milk* cuyo nombre no es compartido con el de ninguna canción. Anthony pretendía que no fuera así, pero Rubin le hizo cambiar de idea sugiriendo que podía entenderse que la banda estaba falta de creatividad. Ante una fecha límite para la que dar con un título, Klinghoffer escribió «I'm with you» en un trozo de papel y se lo enseñó sutilmente a los miembros de la banda. Es también un álbum que trata mayormente sobre la vida y la muerte, así como el inicio de relaciones románticas, el abandono del consumo de drogas y el carácter fugaz de los deseos y sueños. Flea, que había estado escuchando recurrentemente a los Rolling Stones durante el proceso de composición del disco, reconocería que una de las principales influencias para el disco fue la música africana: «siempre hemos amado la música africana. A lo largo de nuestra carrera hemos interpretado algunos pasajes o ritmos, pero nunca lo capturamos bien. Josh y yo viajamos por Etiopía con un grupo llamado África Express, que organizaba Damon Albarn. Escuchamos a músicos locales cada noche e improvisamos con ellos. Etiopía es un país precioso. Así que hay algunos pasajes que suenan a música africana a lo largo del álbum». En su explicación, el bajista continuaría diciendo que «Did I Let You Know» y «Ethiopia» eran las que estaban especialmente influenciadas por esta música local, además de agradecer expresamente a Damon el haberlos incluido en la salida.

La crítica tuvo reacciones enfrentadas ante la nueva colección de canciones de los Chili Peppers. Muchos medios especializados destacaron cómo la ausencia de Frusciante había afectado al sonido del grupo. Se echaba en falta el funk, que parecía haber sido sustituido por el piano, aunque se le reconocía la voluntad de experimentación y evolución, así como la inclusión de pasajes bailables. «Brendan's Death Song», la primera canción compuesta para el álbum, se llevaría múltiples alabanzas y, por supuesto, se colocaba a Josh Klinghoffer en el punto de mira, resaltando cómo el instrumento de la guitarra se había situado en un segundo plano en favor de sus texturas y atmósferas, a diferencia de lo ocurrido en *Stadium Arcadium* donde se escuchaba una guitarra protagonista a cargo de un *guitar-hero*. La MTV también los nominaría como Mejor Banda de Rock y Mejor Artista en Vivo en los siguientes MTV Europe Music Awards, pero los Chili Peppers no se llevarían ninguno de los premios. También serían nominados al Mejor Álbum Rock en los Premios Grammy de 2012, sin recibir el premio. El álbum vendería un total de cuatro millones de copias alrededor del mundo, lo que se vería como un fracaso teniendo en cuenta las cifras de sus anteriores trabajos. Antes de terminar 2011, la banda recibía la noticia de la inclusión en el Rock and Roll Hall of Fame, que se culminaría con la ceremonia celebrada en abril de 2012.

EL ROCK AND ROLL HALL OF FAME

E l 14 de abril de 2012 en Cleveland, Ohio, se celebraba la ceremonia del Rock & Roll Hall of Fame. En ella se honraba especialmente a los Red Hot Chili Peppers, junto a sus antiguos contrarios los Guns N' Roses y los Beastie Boys entre otros. Por parte de los Chili Peppers, se invitó a Anthony Kiedis, Flea, Chad Smith, Hillel Slovak, Jack Irons, Cliff Martínez, Josh Klinghoffer y John Frusciante. Sorprendentemente, la organización había decidido no incluir a Dave Navarro ni a Jack Sherman, ambos compositores en distintos momentos del grupo. En la ceremonia, los invitados suelen actuar juntos, pero John Frusciante decidió no participar en el evento. Chad lo justificó explicando que Frusciante «no se sentía cómodo viniendo, lo cual respetamos totalmente. Se lo propusimos y nos dijo que no se sentía cómodo del todo con ello, pero que nos deseaba buena suerte y que gracias por invitarlo. Fue todo bien. Es ese tipo de tío que una vez acaba con algo simplemente pasa a una siguiente fase de su vida. Los Chili Peppers no están en su punto de mira ahora mismo».

Jack Irons, Anthony Kiedis, Chad Smith y Flea en el Rock and Roll Hall of Fame.

Los Chili Peppers fueron la última banda en salir a escena en una ceremonia que duró alrededor de cinco horas. Chris Rock fue el responsable de presentarlos y manifestó que en su juventud asistió por casualidad a un concierto del grupo en el que no pudo entender ni una palabra y sólo notó que llevaban calcetines «en sus partes». El cómico añadiría que «Si George Clinton y Brian Wilson tuvieran un hijo, sería feo, pero sería un Red Hot Chili Pepper». Tras el discurso introductor, Chad se acordó de su madre por tolerar que tocara la batería siendo niño y agradeció a los miembros ausentes por formar parte «del viaje de la banda». Chad se acordaba así de Frusciante y de su buen amigo Dave Navarro, además de Hillel, representado por su hermano. Flea se acordó también de Hillel, agradeciéndole que le hubiera enseñado a tocar el bajo, así como a su madre presente en la ceremonia y a su maestro del funk, George Clinton. Flea dedicó también palabras a los Beastie Boys y a los Guns N' Roses, en especial a Slash y Steven Adler, con quienes había compartido travesuras de infancia. Anthony habló sobre la amistad, «el principal elemento que ha mantenido a esta banda unida durante tantos años» y cómo sus compañeros le han apoyado incondicionalmente en sus momentos más bajos. Se acordó de la vez que le prometió a Flea que «iba a ser el James Brown de los ochenta» cuando éste lo encontró totalmente colocado y dispuesto a abandonar el grupo.

Tras los discursos, la banda subió al escenario para interpretar «Give it Away», «The Adventures of Rain Dance Maggie» y «By the way», seguidas por una larga improvisación de «Higher Ground», acompañados por Slash, Billie Joe Armstrong de Green Day, George Clinton y Ronnie Wood entre otros. Antes de la ceremonia, Anthony habría dicho a la prensa: «¿Cómo podemos detenernos a recibir un premio, cuando en realidad estamos a medio camino de nuestro destino? Aunque es agradable estar en el mejor momento de nuestra vida junto a personas con las que pasamos algunos años increíbles escribiendo canciones y tocando en pequeños y acalorados clubs de travestis», con lo que daba a entender que el camino de los Chili Peppers estaba lejos de terminar. Para celebrar la inclusión en el Rock & Roll Hall of Fame, el grupo publicó un EP digital de seis canciones, todas ellas versiones de bandas que habían influido en ellos, cuatro de las cuales jamás se habían publicado digitalmente.

I'M WITH YOU SESSIONS/I'M BESIDE YOU

En mayo de 2012, Chad anunció que una colección de rarezas y caras B de las sesiones de *I'm With You* vería la luz en algún momento a lo largo de los siguientes seis meses. Flea, algunos días después, aportaría más información: serían un total de dieciocho canciones, además de añadir que la banda ya se encontraba componiendo material para un nuevo disco de estudio. Esta colección de canciones producidas por Rick Rubin, se editaría en forma de nueve sencillos de dos caras, aunque finalmente se publicaría una edición especial en formato doble elepé con el título *I'm Beside You*. Sobre esta colección de canciones, Chad explicaría que «queríamos que salieran porque realmente nos gustan. No queríamos que se perdieran, así que las sacaremos principalmente para nuestros fans», y añadió: «Me alegro de que vayan a ver la luz porque son una parte importante de la banda y de lo que estábamos haciendo en ese momento», y confirmó a su vez que el grupo efectivamente se encontraba trabajando en nuevo material.

Por su parte, Rick explicaría que «es siempre difícil, pero somos muy democráticos y las canciones con más votos son siempre la columna vertebral de los álbumes», justificando esta colección de caras B. El productor aseguraba que siempre hay canciones favoritas de cada uno que no se abren camino hasta el disco, por lo que valía la pena recuperarlas en una compilación de este estilo. Mientras tanto, la gira por *I'm With You* continuaba y Klinghoffer se rompía el pie durante una actuación en agosto de 2012, por lo que tuvo que utilizar silla de ruedas en algunos de los directos posteriores. Chad bromearía diciendo que no habría que posponer ninguna fecha puesto que «toca mejor desde que se lesionó el pie». Durante ese mismo verano las canciones del *One Hot Minute* regresaron paulatinamente a los *setlist* de la banda. En octubre de 2012 Chad explicaba que el grupo se sentía más cómodo respecto a Klinghoffer, que estaba mucho más acoplado e integrado en el estilo musical de la banda.

Con 30 años de trayectoria, los Chili Peppers eran un fenómeno global.

Ese mismo mes de octubre, Flea cumpliría cincuenta años. Para ello realizó un evento en el patio de su casa con el fin de recaudar fondos para su escuela de música. Los Chili Peppers realizaron un set acústico acompañados de bandas como Rancid y Ben Harper. A finales del mismo mes de octubre de 2012, la banda participó en el programa del miembro de Radiohead, Nigel Godrich, *From the Basement,* interpretando la práctica totalidad de *I'm With You* en vivo. A principios de 2013 la gira continuó por Nueva Zelanda y Australia, donde añadieron imágenes de ballenas en las pantallas de sus espectáculos, dedicando estos *shows* a un colectivo no gubernamental en contra de las cazas de las ballenas, con quienes también se instalaron *stands* en los recintos de los conciertos. La gira continuó por Sudáfrica y América central. Entre abril y septiembre dieron conciertos en varias ciudades de EE.UU., entre ellos uno en el Festival Coachella Valley de música y arte. En noviembre de 2013, la gira terminaba en Brasil, donde la banda confirmó que estaban trabajando en nueva música.

DE RICK RUBIN A DANGER MOUSE

2014 arrancaba con los Chili Peppers ofreciendo una actuación en el descanso de la Super Bowl junto a Bruno Mars. La interpretación de «Give it Away» levantó ampollas al descubrir que lo único que se estaba transmitiendo en directo era la voz de Anthony. Flea tuvo que emitir un comunicado explicando que esto era debido a cuestiones técnicas de la NFL y que aceptaron hacerlo porque era una oportunidad única para participar en este evento deportivo. No se equivocaría, pues la actuación batió récord de espectadores, con 115.3 millones de personas enganchadas al televisor. Durante los siguientes meses de marzo y abril, la banda participaría en las ediciones latinoamericanas de Lolla-

palooza y actuaría en Chile, Argentina, Colombia y Puerto Rico, además de en el festival Isle of Wight. Tras esta breve gira, arrancó la producción del siguiente álbum de los Chili Peppers.

Cuando la banda tenía cerca de treinta canciones nuevas, Flea se rompió el brazo practicando *snowboard*. La producción se detuvo en picado y aprovechando la recuperación del bajista, se puso sobre la mesa la posibilidad de un cambio de productor. Por primera vez en veinte años, la banda decidiría no contar con Rick Rubin. Tiempo después, Chad justificaría en una entrevis-

Los Chili Peppers «tocando» junto a Bruno Mars en el descanso de la Super Bowl.

ta esta decisión: «queremos a Rick pero queríamos trabajar con alguien diferente esta vez; es importante cambiar de productor e inspirarte de otra manera». Todavía más adelante en el tiempo, saldría a la luz que a Klinghoffer le había costado encajar creativa y personalmente con Rubin durante la grabación de *I'm With You* y esto habría motivado la decisión del cambio: «la razón por la que no quise trabajar con Rick por segunda vez fue porque sentí que entre ellos cuatro ya había una relación y me sentí un hombre extraño. Yo estaba tratando de integrarme y se hacía difícil tener voz cuando tenían una relación de hace más de veinticinco años. Era como si nadie me escuchara, obviamente escuchaban a las personas con las que ya habían colaborado con éxito durante años».

«Cuando Flea se rompió el brazo repensamos todo y luego no teníamos un productor y estábamos como perdidos en el espacio con todas estas canciones. Y he aquí cómo estaba destinado a ser que, cuando todo el polvo se asentó, Danger Mouse apareció y dijo "¡Hagamos un disco". Le dijimos "¡Genial, tenemos todas estas canciones" y él dijo "Dejadlas ahí, vamos a escribir nuevas canciones en el estudio"», explicaría Anthony. Añadiría que el grupo se sentía vinculado al nuevo material pero fue un trabajo de confianza en Brian Burton, también conocido como Danger Mouse, y en lo que el grupo podía lograr trabajando con él desde cero: «Si esto va a funcionar, tenemos que tirarnos por el precipicio y ver qué pasa». La banda pretendía publicar el álbum en 2015 pero la lesión de Flea retrasó la producción durante ocho meses. El undécimo álbum de los Chili Peppers vería la luz en junio de 2016. Antes, en el mes de febrero, se filtraría en internet «Circle of the Noose», grabada con Dave Navarro en las sesiones del álbum que iba a suceder a *One Hot Minute* antes del despido del guitarrista.

THE GETAWAY

«**D**ark Necessities» fue el primer *single* del nuevo álbum, lanzado el 5 de mayo, al tiempo que la banda anunciaba que el título del disco sería *The Getaway*. Los Chili Peppers anunciaron también una gira mundial que arrancaría en junio en Europa y terminaría en octubre de 2017. Para la portada, la banda quiso utilizar una pintura del artista Kevin Peterson, sobre la cual Anthony explicaría que «es extremadamente cálida y humana; a pesar de ser de animales, es humana. Y también somos nosotros. Chad es el oso, Josh es la niña, Flea es el mapache y yo soy el pequeño y divertido cuervo». «Go Robot» sería el segundo adelanto escogido por el grupo, descrita por Flea como «una improvisación funky, divertida y animada, inspirada en "Controversy" de Prince». Durante las siguientes entrevistas la banda fue facilitando más información, como que Klinghoffer tocaba el bajo en «The Hunter» con un estilo similar a Paul McCartney, y confirmando la noticia de que el piano aparecido en «Sick Love» era obra de Elton John.

Anthony explicaría en una entrevista concedida a la BBC que líricamente se había influenciado en una tortuosa relación romántica de dos años que terminó «como una bomba nuclear». El contenido lírico del álbum es más profundo que en el anterior, recuperando temáticas como el consumo de drogas y el daño que éstas pueden causar en la juventud. Se tratan las peleas internas y personales, de tipo mental, que son ajenas a las personas de nuestro alrededor. Hay un nuevo homenaje a Hillel Slovak en «Feasting on the Flowers», donde Anthony se desahoga explicando por qué no asistió al funeral de su amigo fallecido por sobredosis. Por contra, Anthony explicaría que «Encore» es un canto victorioso tras caer en el mundo de la drogadicción y lograr salir airoso de él, y que «The Hunter» es una oda dedicada a su padre, ahora envejecido.

Los Chili Peppers se sumaban a las fiestas Holi para el interior del álbum *The Getaway*.

The Getaway debutó en el número 2 de la Billboard 200 de EE.UU. y entre las diez primeras posiciones en multitud de países. Sin embargo, en su segunda semana ya estaba cayendo al número 9 de la lista norteamericana. La prensa, tanto generalista como especializada, le dedicó alabanzas destacando sobre todo el papel de Danger Mouse. El sonido de los Chili Peppers parecía acercarse a las producciones del siglo XXI, mucho más nítido y bailable. A su favor se destacaba la expresividad y sutileza de algunas canciones, y sobre todo se enaltecía la capacidad de los Chili Peppers para seguir reinventándose. Se resaltaba a Klinghoffer, advirtiendo que había logrado encontrar su espacio con mayor expresividad que en el anterior trabajo. Los Chili Peppers seguían demostrando músculo y la gira mundial en la que se embarcaban estaba dispuesta a compensar las tímidas ventas del disco en época de retroceso de la música en formato físico.

THE GETAWAY TOUR

En una entrevista concedida el 5 de mayo de 2016, Anthony explicaría tener muy buenas sensaciones sobre la gira: «Éste es nuestro segundo disco con Josh, se siente mucho más gratificante. Siempre es genial tener trabajo como músico. Es genial estar en esta banda. Nos encanta ver mundo, pero tener todas estas canciones nuevas a nuestra disposición para los conciertos hace que se sienta como que tenemos una misión. Haces algo increíble en el estudio, luego lo practicas y ensayas y te aseguras de que puedes tocarlo en vivo y entonces viajas por el mundo, desde Asia hasta América del Sur, Europa occidental, Europa del Este, el Medio Oriente y África. Le das vida a esta música, para personas muy, muy lejanas, para las que significa algo y tenéis esta experiencia todos juntos. Y cuando simplemente no aguantas más porque estás agotado, regresas a casa y reúnes una nueva experiencia de vida sobre la que escribir. Flea se sienta al piano y dice "oye, tengo estos acordes, ¿qué te parecen?" y tú encuentras una melodía ahí dentro y empieza todo de nuevo». Sin embargo, pocos días después la banda se vio obligada a cancelar varios compromisos en vivo cuando Anthony fue trasladado de urgencia al hospital antes de una actuación por un fuerte dolor estomacal, lo cual hizo que Flea, Chad y Klinghoffer lo anunciaran al público sobre el escenario. Poco después se confirmó que Anthony sufría de gripe intestinal. Tras su recuperación, explicó que su enfermedad la causó una «inflamación en mis entrañas», complicada por un virus estomacal y una reciente operación de hernia que requirieron un lavado de estómago: «Es una situación increíblemente dolorosa en la que tienes fiebre y te desmayas. Es triste cancelar conciertos, no solemos hacerlo. Prefiero salir y tocar estando enfermo que no hacerlo en absoluto, pero en esta ocasión estaba empezando a desmayarme y tuve que correr al hospital».

El 4 de junio de 2016 arrancaba el Getaway Tour por festivales europeos. Apenas diez días después la banda hacía una aparición televisiva, pregrabada, en la sección Carpool Karaoke del programa The Late Late Show de James Corden. Durante la grabación de la sección, Anthony le salvó la vida a un recién nacido: «Una mujer salió de su casa con un niño en brazos, diciendo que éste no podía respirar. Todos cruzamos la calle corriendo. La mujer puso al niño en mis brazos. Vi que no podía respirar y pensé en tratar de conseguirle algo de aire. Intenté abrirle la boca pero no podía así que comencé a frotar su barriga. Salieron burbujas de su boca, sus ojos volvieron en sí y entonces apareció la ambulancia y les entregué al bebé, que ahora respiraba. La pequeña Nina no dejó de mirarme todo el tiempo».

Los Chili Peppers seguían recorriendo el mundo, recaudando cifras espectaculares en *shows* cuyas entradas se habían vendido con el reclamo del regalo del CD. En agosto, Flea declararía sobre hacer giras y tocar las mismas canciones noche tras noche durante décadas: «¿Ha habido alguna vez en la que haya sentido que si toco "Give it Away" otra vez se me va a caer la polla? Por supuesto que sí. Hay días difíciles, en los que cuesta encontrar la esencia y el espíritu de la canción, pero al final se trata de la gente, de conectar con el público. Trato de mantenerme en un lugar desinteresado y hacer todo lo posible para usar cada canción, ya sea una que he tocado un millón de veces o una nueva, como vehículo para conectar con la gente y hacer que se sientan menos solos en el mundo».

En septiembre actuaron en Los Angeles Memorial Coliseum, interpretando dos canciones antes del inicio del partido de la NFL de Los Angeles Rams, celebrando que el equipo regresaba a Los Ángeles tras pasar los últimos veintidós años en St. Louis. Flea explicaría que «desde que era niño he disfrutado de los Rams. Cuando me mudé a Los Ángeles en 1972 estaba abandonando mi hogar y pensé que si allá donde me mudaba estaban los Rams, todo iba a salir bien». Los Chili Peppers mantenían así su compromiso con dos de los deportes norteamericanos más televisivos. El mismo mes, realizarían otra actuación en el Silverlake Conservatory of Music de Flea. A lo largo de 2017 los Chili Peppers recorrerían EE.UU., Europa por segunda vez y América Latina, y volverían a su país a cumplir con las nuevas fechas de los compromisos pospuestos por el malestar de Anthony. En octubre de 2017, la segunda y última gira con Klinghoffer llegaba a su final.

EL SEGUNDO REGRESO DE FRUSCIANTE

2018 sería una año sin mucho movimiento en el sistema Chili Pepper. La prensa especialista se hizo eco del reencuentro entre Flea y Frusciante, que asistieron juntos a un combate de boxeo. La relación entre ambos se había enfriado tras la salida de Frusciante del grupo. El hecho de que los vieran juntos después de tanto tiempo plantó la semilla de la ilusión en la mente de muchos seguidores del grupo. Otra relación que no se había enfriado sino roto por completo era entre

Frusciante y Klinghoffer. Los que habían sido prácticamente amigos inseparables terminaron su relación de forma abrupta cuando Klinghoffer ingresó oficialmente en los Chili Peppers. Josh explicaría en varias entrevistas que su relación con John había sido inexistente en los últimos diez años, dando a entender cierta animosidad en el exguitarrista respecto a la decisión del grupo de continuar con su amigo en sustitución: «John sabía que me uniría a la banda si él se iba. Hablaron de eso antes de que me uniera porque Flea me lo había pedido. Hubo mucha discusión al respecto durante el verano de 2009, pero en realidad no tocamos juntos hasta octubre. Así que de julio a octubre yo estuve en contacto con John y él estuvo en contacto con el grupo. John tenía dificultades con el hecho de que la banda pudiera plantearse continuar sin él».

Los Chili Peppers tenían planes para empezar a trabajar en el duodécimo álbum del grupo, pero se vieron retrasados por los incendios que afectaron a California a partir de noviembre. En enero de 2019 realizaron una actuación en beneficio de los afectados por los incendios. En marzo un recital de la banda se convertía en uno de los pocos espectáculos realizados entre las pirámides de Egipto, ofreciendo una actuación que fue retransmitida en directo vía internet. Durante el resto del año, el grupo estuvo trabajando en canciones nuevas mientras Warner daba vueltas a la posibilidad de editar el concierto de Egipto. Sin embargo, Flea y Anthony no estaban del todo satisfechos con el nuevo material y Klinghoffer descubrió que Frusciante y Flea continuaban frecuentándose a lo largo de 2019, esta vez con instrumentos: «No es que fuera una relación monógama. Flea y John habían estado viéndose y tocando juntos. Estaban fomentando esa relación de nuevo. Y yo no lo sabía. Era una especie de secreto». Esto hizo que cuando Klinghoffer fue invitado a casa de Flea a finales de 2019, la noticia no le cogiera por sorpresa.

«Monté en mi bicicleta hasta la casa de Flea. Allí simplemente me dijeron "iremos directos al grano, hemos pedido a John que vuelva a la banda". Me senté en silencio por un segundo y les dije que no me sorprendía. Lo único que se me ocurrió decir fue que ojalá hubiera podido hacer algo musicalmente con ellos que hubiera hecho que fuera imposible que esto sucediera», explicaría Klinghoffer, y añadió que «no podría estar más agradecido por todas las experiencias que he tenido con ellos. Lo único que lamento es no haber hecho más música juntos». Y es que Klinghoffer describiría en varias ocasiones cómo había grabado junto a los Chili Peppers suficiente material para un tercer álbum, del que opina que se desestimará y olvidará para siempre.

En sus propias palabras, Flea explicaría su acercamiento a Frusciante: «Una noche vino a cenar a casa. Estábamos hablando y escuchando música, pasando el rato como amigos. En un momento mi esposa y su novia se fueron a otra habitación y estábamos ahí sentados, los dos solos y dije "John, a veces extraño mucho tocar contigo". Y así como lo dije empecé a llorar sintiendo un gran pozo de emoción». La historia continuaba con Flea añadiendo que «me respondió que él también echaba mucho de menos tocar conmigo. Y esta conexión, es algo de lo que realmente no puedes hablar ni describir». Flea explicaría que ambos habían permanecido en contacto pese a la distancia y sin instrumentos, añadiendo que no se lo había dicho antes por respeto a sus sentimientos y a lo que Frusciante estaba haciendo en ese momento –varios discos de música electrónica bajo su propio nombre y el seudónimo de Trickfinger–. «John fue siempre muy respetuoso con los que estábamos haciendo los Chili Peppers sin él, aunque puedo imaginar que no fue siempre fácil de llevar para él.»

Sobre la invitación a salir de Klinghoffer y el regreso de Frusciante, Anthony declaró que «fue desgarrador despedirnos de Josh, pero también nos abrió el corazón tener a John de vuelta». El 15 de diciembre de 2019 los Chili Peppers hacían oficial la noticia en sus redes sociales con el siguiente mensaje: «Los Red Hot Chili Peppers anuncian que nos separamos de nuestro guitarrista de los últimos diez años, Josh Klinghoffer. Josh es un hermoso músico al que respetamos y queremos. Estamos profundamente agradecidos por el tiempo que pasamos con él y los innumerables regalos que compartió con nosotros. También anunciamos con gran emoción y todo el corazón, que John Frusciante se reincorpora a nuestro grupo. Gracias». Se cumplía el sueño de muchos fans de los Chili Peppers, tanto de aquellos que los habían seguido durante años y habían dejado de sorprenderse con los últimos lanzamientos de la banda sin Frusciante, como de los más jóvenes que nunca habían tenido la oportunidad de ver a la mejor formación de los Chili Peppers en vivo.

EL AMOR ILIMITADO

Enero de 2020 arrancaba con Klinghoffer haciendo declaraciones en entrevistas, sobre su salida del grupo y el regreso de Frusciante: «Es absolutamente el lugar de John estar en esa banda. Por eso estoy feliz por él, estoy feliz de que haya vuelto con ellos», y añadiría que «John y Flea tienen un lenguaje musical propio. Nunca podría rivalizar con la historia que él y Flea tienen». Sin embargo, la relación entre Klinghoffer y Frusciante, quienes habían sido amigos con una tan larga y fructífera relación creativa, parecía rota definitivamente. Mientras, se hacían públicas algunas fechas en grandes festivales, Chad admitía que los Chili

Peppers estaban emocionados de empezar a trabajar en un nuevo álbum. Poco después, estas primeras fechas se suspendieron como lo hicieron los ensayos por el efecto de la covid-19.

La primera aparición de Frusciante con el resto de los Chili Peppers, salvo por Chad, sería de carácter conmemorativo. La Fundación Tony Hawk había organizado un *show* en honor al fallecido productor de cine Andrew Burkle. Era la primera actuación del guitarrista junto a su antigua banda en los últimos trece años. En ella se produjo una imagen tan comentada como celebrada, la del guitarrista tocando junto a Dave Navarro. Esto despertaría toda clase de rumores, sobre si los Chili Peppers con Frusciante se abrirían a incluir canciones de *One Hot Minute*. Aunque estos rumores quedarían en nada más que eso, Navarro había explicado dos años atrás cómo Frusciante y él mismo habían compartido un bonito momento juntos: «Hace años, cuando yo estaba en los Chili Peppers, John acabó en la misma clínica de rehabilitación a la que fui yo. Me llamó y me pidió que le dejara una guitarra porque no tenía ninguna para tocar allí dentro». Navarro continuaba explicando que tenía una Les Paul de cuando estuvo considerando unirse a Guns N' Roses, y que al desestimarlo y no utilizar la guitarra, se la dejó: «Le llevé la Les Paul, hablamos un poco y nunca volví a verlo. Creo que salió de la clínica y quién sabe lo que pasaría entonces». Navarro no volvió a ver al guitarrista, ni a la guitarra. «Diez años después, John me llama y me dice "Oye, ¿puedo ir a tu casa?" Le dije que por supuesto. Le di la dirección, llamó al timbre y lleva el estuche de una guitarra. No es inusual que un guitarrista lleve una guitarra a casa de otro guitarrista. Entonces la abre y es una Les Paul de color negro. Me dice: "Sólo quería darte esto. Hace años, me diste una Les Paul y la vendí para comprar drogas. Ahora quiero arreglarlo". Navarro no podía ni creer lo que estaba sucediendo: «Nos sentamos y hablamos durante un par de horas. Fue un momento genial. Esa Les Paul sigue en mi casa. Me encanta que tratara de enmendar eso. De una extraña manera, esa Les Paul significa para mí mucho más que la original».

Al reanudar los ensayos y las improvisaciones para reactivar a los Chili Peppers de la mano de Frusciante,

Dave Navarro y John Frusciante por fin tocando juntos… ¡en 2020!

el grupo decidió visitar clásicos de los años sesenta como los Kinks, New York Dolls, Johnny 'Guitar' Watson… Además, tocaron canciones de sus tres primeros álbumes, a petición de Frusciante, para reenamorarse de lo que era el grupo originalmente. Recuperaron también el contacto con Rick Rubin, quien afirmaría que «fue muy emocionante ver a este grupo de personas de nuevo juntas, porque hicieron música tan buena durante tanto tiempo, que realmente me impactó de una manera emocional». El grupo empezó a grabar pistas en Shangri-La, el estudio de Rubin en Malibú. Acudieron allí con cien canciones en las que trabajar, de las que terminarían grabando alrededor de cincuenta.

En agosto del mismo año fallecía a los 64 años el antiguo Chili Pepper Jack Sherman, sobre quien la banda rompió su silencio por «todos los momentos compartidos, los buenos, los malos y los de en medio». Por su parte, días después, Flea, quien había publicado el primer volumen de sus memorias a finales de 2019, rompió su particular silencio personal sobre su turbulenta relación con el guitarrista que participó en el álbum debut de la banda: «Me tomó un par de semanas procesar la muerte de Jack Sherman. Nuestra relación fue complicada, dejamos de tocar música juntos en 1985 y las cosas a menudo fueron tensas en los escasos momentos en que nos comunicamos desde entonces. A veces lo sentía irrazonable y estoy seguro de que otras me comporté como un idiota desagradable con él. Esta mañana, al reflexionar sobre él, me inundó una ola de emoción, que es realmente la única verdad del asunto». El bajista continuaba reconociendo que Jack lo introdujo en el funk de George Clinton y que dominaba el género como pocos. También le adjudicaba el mérito de haberlo introducido en la alimentación saludable y en la conciencia de su cuerpo: «Veníamos de entornos muy diferentes, teníamos diferentes visiones del mundo y era difícil para nosotros el relacionarnos. Pero la emoción que compartíamos hacia la música y los momentos buenos durarán para siempre. Descansa en paz, Sherm. Te amo».

En mayo de 2021, el mismo mes en que fallecía Blackie Dammet, saltó la noticia de que los Chili Peppers vendían su catálogo musical a Hipgnosis Songs Fund, un grupo de inversión musical, por 150 millones de dólares, siguiendo los pasos de compositores como Neil Young o Bob Dylan. En estas transacciones, los vendedores aceptan un pago inmediato en lugar de futuras ganancias, mientras que el comprador confía en recuperar la inversión colocando las canciones en anuncios de televisión, películas, videojuegos u otras oportunidades publicitarias. Apenas un año después, la banda recibía una estrella en el Paseo de la Fama de Hollywood, donde pronunciaron agradecidos discursos entre los que destacaría el de Chad acordándose del recientemente fallecido baterista de los Foo Fighters, Taylor Hawkins, y el de Anthony explicando qué hace de los Chili Peppers una banda especial: «Amo a Chad, amo a Flea, amo mucho a John. Tienen un talento increíble. Flea es un bajista único, John es mi guitarrista favorito de todos los tiempos y Chad es el mejor baterista del país. Pero, cuando nos juntamos ocurre algo que es mucho más grande que las partes individuales. Con la suma total de nuestras partes es cómo hemos sido capaces de encontrar algo que nos gusta hacer y comunicarnos con el mundo entero».

UNLIMITED LOVE

En septiembre de 2021, los Chili Peppers anunciaron que se embarcarían en una gira por estadios a lo largo de 2022. Lo hicieron vistiéndose de presentadores de telenoticias ficticios, en un vídeo publicado en YouTube, donde Anthony representaba a John Hammerswaddle, Flea a Todd la Ardilla y Chad al hombre del tiempo, Randy Raindrops. Por su parte, Frusciante ejercía de artista invitado y los demás miembros de la banda lo entrevistaban sin mediar palabra. En un vídeo secuela, emitido en octubre, anunciarían las fechas del Global Stadium Tour, que empezaría el 4 de junio en Sevilla y continuaría recorriendo Europa y América del Norte.

En enero de 2022 los Chili Peppers publicaron un breve avance de lo que sería el primer adelanto de su esperado disco con el regreso de Frusciante. El 4 de febrero se lanzaba «Black Summer» al tiempo que confirmaban que el 1 de abril de 2022 se publicaría el álbum bajo el título *Unlimited Love*. «Poster Child» sería el segundo adelanto, lanzado el 4 de marzo. Pocas semanas después se anticipaba «Not the One» y «These Are the Ways». A la salida del álbum le acompañaría un primer concierto en el Teatro Fonda, seguido por actuaciones televisivas, *streaming* y radiofónicas en la era del podcast y los canales de YouTube. Ese mismo día, se iniciaba la retransmisión del canal Whole Lotta Red Hot, de la mano de la empresa de radiodifusión SiriusXM. Por su parte, el álbum debutaría en el número 1 de las listas en dieciséis países, incluyendo EE.UU. y el Reino Unido.

Musicalmente, *Unlimited Love* se vería como un regreso a la forma del funk-rock de *Stadium Arcadium*, incluyendo elementos del grunge a diferencia de los sonidos hard-rock de aquél. La principal alabanza por parte de la prensa especializada recaería sobre el regreso de Frusciante, destacando lo que ya había anunciado Anthony, y es que ocurre «algo especial cuando se juntan estos cuatro músicos». El sonido del álbum resulta familiar sin ser previsible ni aburrido, y repartido por todas sus canciones está el polvo del amor, la unión y la amistad entre los cuatro integrantes de la banda, entrados prácticamente en los cuarenta años de recorrido. El videoclip de «Black Summer» se alzaba con el Premio al

Mejor Vídeo Rock en los MTV Video Music Awards de 2022 en agosto. Un mes antes, la banda sorprendía anunciando un nuevo álbum doble grabado en las mismas sesiones que *Unlimited Love; Return of the Dream Canteen* vería la luz el 14 de octubre de 2022.

John Hammerswaddle, Todd la Ardilla y Randy Raindrops, ¡reciben a John Frusciante!

RETURN OF THE DREAM CANTEEN

Cuando los Chili Peppers planearon su regreso discográfico, propusieron a Warner lanzar alrededor de cuarenta canciones repartidas en siete discos físicos. Warner se negó a esta estrategia y las partes alcanzaron un acuerdo en el punto medio: lanzarían treinta y cuatro canciones en dos álbumes dobles, separados en seis meses. La segunda mitad de este lanzamiento era el inesperado *Return of the Dream Canteen*. Chad lo explicaría del siguiente modo: «Compusimos mucha música y escribimos y escribimos sin limitación de tiempo para terminar grabando todas estas canciones. Siempre grabamos más de las que salen en un disco, pero a menudo muchas se quedan en el trastero. Esta vez las terminamos todas y sentimos que eran demasiado buenas para no sacar otro álbum». Chad añadiría que la banda había secuenciado junto a Rubin de forma consciente los dos lanzamientos, de modo que pudieran escucharse como dos álbumes dobles, pero totalmente independientes.

El primer adelanto del último doble álbum sería «Tippa My Tongue», lanzado junto a su videoclip el 19 de agosto de 2022. Le seguirían «Eddie», dedicada al guitarrista Eddie Van Halen y «The Drummer», publicada junto al lanzamiento

Eddie Van Halen, homenajeado por los Chili Peppers en «Eddie».

del álbum en octubre, el mismo mes en el que fallecería el antiguo baterista del grupo, D.H. Peligro, a los sesenta y tres años en un accidente doméstico. Flea reaccionaría a su fallecimiento dedicándole unas palabras en su cuenta de Instagram: «Mi querido amigo, mi hermano, te extraño mucho. Hoy estoy devastado, soy un río de lágrimas, pero toda mi vida atesoraré cada segundo compartido. La primera vez que te vi tocando con los Dead Kennedys en 1981 me volaste la cabeza. El poder, el alma, la temeridad. Te convertiste en mi amado amigo, tantas veces de tantas formas». Flea continuaba su homenaje explicado que «compartimos tanta diversión, tanta alegría, cuidándonos las espaldas. Te quiero con todo mi corazón. Eres el rockero más auténtico y una parte crucial de la historia de los RHCP». Flea terminaría con un sentido «descansa en paz y libre de todo lo que te restringía». En diciembre de 2022, nacería el tercer hijo de Flea junto a la diseñadora de moda estadounidense, Melody Ehsani.

«ENFRENTAMIENTOS» PARA LA PAZ

En Broken Record Podcast, conducido por Rick Rubin, Frusciante explica junto al productor un sistema de trabajo que utilizan los Chili Peppers cuando sufren algún tipo de bloqueo creativo. En concreto, Flea y el guitarrista, cuando se trata de encontrar una nueva parte para una canción. Rubin explica que durante la grabación de las canciones que compondrían *Unlimited Love* y *Return of the Dream Canteen* se producirían varios *face-offs*, término que podríamos traducir como «enfrentamientos». En ellos, Flea y Frusciante acercan sus rostros para situarse cara a cara, con sus frentes tocándose y enseñarse los dientes como lo harían dos contrincantes en los instantes previos a un combate de boxeo, o dos luchadores de sumo. Tras este ejercicio de intimidación, ambos se retiran a distintas habitaciones para reencontrarse cinco, diez minutos después y presentar ante el resto de la banda, incluido el productor, su propuesta de parte nueva. Entonces es el resto de los jugadores del equipo los que deciden qué propuesta se lleva la parte, aunque a menudo ambas permanecen en la canción como distintas partes.

Frusciante explica a Rubin que en realidad la dupla ha utilizado esta técnica de motivación desde los tiempos previos a *Mother's Milk,* incluso con D.H. Peligro aún en la batería antes de la llegada de Chad Smith. En el programa, Frusciante pregunta a Anthony si antes ya utilizaban este método con Hillel Slovak, y éste lo niega. Frusciante continúa explicando que al principio Flea siempre ganaba los «combates», porque él se aproximaba al ejercicio desde su ego, tratando de impresionar a los demás. Pero reconoce que en tiempos de *BloodSugarSexMagik* mejoró porque empezó a pensar en qué motivaría a Anthony para una melodía de voz, o qué gustaría a Flea o Chad para acompañar con sus instrumentos. Frusciante lo explica de esta forma: «Hemos estado improvisando y tenemos un buen verso que se nos ocurrió, pero necesitamos otra sección. Entonces ponemos literalmente nuestras frentes una contra la otra y soltamos una especie de mirada agresiva. Luego íbamos a habitaciones separadas, yo escribía una parte y Flea otra. Los dos intentábamos escribir un estribillo, un puente, lo que fuera. Luego volvíamos a la habitación y cada uno presentaba su parte y una de las dos entraba en la canción. A veces, ambas entraban en la canción». Anthony, en una entrevista al programa 60 Minutes explica que lo que más le gusta de estos momentos, es la humildad presente.

El Global Stadium Tour está previsto que continúe –al menos– hasta julio de 2023. Después de dos álbumes dobles lanzados el mismo año, quién sabe lo que vendrá después. La última vez que Frusciante regresó al grupo, lanzaron tres discos consecutivos (uno de ellos doble) que se convertirían en la etapa más exitosa de la banda. Por augurios, ni siquiera se puede asegurar que Frusciante no vuelva a abandonar a los Chili Peppers en un arrebato de "inspiración", pues el refrán dice que no hay dos sin tres. Sí parece que, unidos o cada uno por su lado, el amor, la amistad, la hermandad y la fraternidad, se ha acabado imponiendo en este grupo de cuatros seres humanos capaces de hacer grandes cosas cuando están juntos. Si se atreven a permanecer unidos, no habrá diferencia ni bloqueo que no puedan arreglar con buen humor. Y con un *face-off.*

El amor no tiene límites dentro de los Chili Peppers.

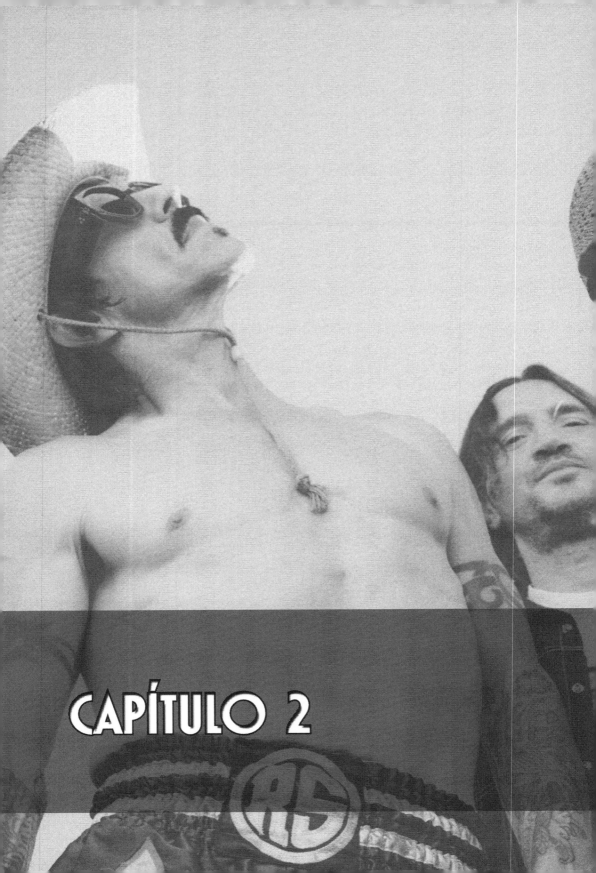

CAPÍTULO 2

DIEZ CANCIONES IMPRESCINDIBLES
(Y LA HISTORIA QUE HAY DETRÁS)

UNDER THE BRIDGE

Sometimes I feel like I don't have a partner

A veces siento que no tengo un compañero

Sometimes I feel like my only friend

A veces me siento como si mi único amigo

Is the city I live in, the city of angels

Es la ciudad en la que vivo, la ciudad de los ángeles

Lonely as I am, together we cry

Solo como estoy, juntos lloramos

I drive on her streets 'cause she's my companion

Conduzco por sus calles porque ella es mi compañera

I walk through her hills 'cause she knows who I am

Camino por sus colinas porque ella sabe quién soy

She sees my good deeds and she kisses me windy

Ella ve mis buenas acciones y me besa con viento

Well, I never worry, now that is a lie

Bueno, nunca me preocupo, ahora eso es mentira

I don't ever wanna feel

No me quiero volver a sentir

Like I did that day

Como me sentí aquel día

Take me to the place I love

Llévame al lugar que amo

Take me all the way

Llévame hasta el final

I don't ever wanna feel

No me quiero volver a sentir

Like I did that day
Como me sentí aquel día
Take me to the place I love
Llévame al lugar que amo
Take me all the way
Llévame hasta el final

It's hard to believe that there's nobody out there
Es difícil creer que no hay nadie ahí fuera
It's hard to believe that I'm all alone
Es difícil creer que estoy solo
At least I have her love, the city, she loves me
Al menos tengo su amor, la ciudad, ella me ama
Lonely as I am, together we cry
Solo como estoy, juntos lloramos

I don't ever wanna feel
No me quiero volver a sentir
Like I did that day
Como me sentí aquel día
Take me to the place I love
Llévame al lugar que amo
Take me all the way
Llévame hasta el final
I don't ever wanna feel
No me quiero volver a sentir
Like I did that day
Como me sentí aquel día
Take me to the place I love
Llévame al lugar que amo
Take me all the way
Llévame hasta el final

Yeah, yeah, yeah
Sí, sí, sí
Oh, no, no-no, yeah, yeah
Oh, no, no-no, sí, sí

Love me, I say, yeah yeah
Quiéreme, digo, sí, sí
One time
Una vez

(Under the bridge downtown)
(Debajo del puente en el centro)
Is where I drew some blood
Es donde me saqué un poco de sangre
(Under the bridge downtown)
(Debajo del puente en el centro)
I could not get enough
No pude tener suficiente
(Under the bridge downtown)
(Debajo del puente en el centro)
Forgot about my love
Me olvidé de mi amor
(Under the bridge downtown)
(Debajo del puente en el centro)
I gave my life away
Entregué mi vida
Yeah, yeah
Sí, sí
Oh, no, no-no-no, yeah, yeah
Oh, no, no-no-no, sí, sí
Oh, no, I said, oh, yeah, yeah
Oh, no, dije, oh, sí, sí
Where I stay
Donde me quedo

E stamos en la primavera de 1991. Anthony Kiedis tiene 29 años y los Red Hot Chili Peppers ya han publicado cuatro álbumes de estudio. Sin haberse convertido en estrellas del rock con ninguno de ellos, su anterior *Mother's Milk*, publicado en 1989, los ha hecho obtener la suficiente notoriedad como para ser reconocidos por la calle, más allá de la escena *underground* musical de Los Ángeles. Ahora se encuentran componiendo y grabando su quinto álbum, el primero con Warner. Por primera vez, parece que hay expectación por sus nuevas canciones. Los Chili Peppers están viviendo su momento: Anthony lleva dos años limpio, y John y Chad se han destapado como el reemplazo ideal tras la trágica pérdida de Hillel Slovak y el abandono de Jack Irons. Sin embargo, no todo era sencillo a su alrededor. Con Chad viviendo fuera de la mansión donde se estaba grabando el álbum, la convivencia se producía mayormente entre Anthony, Flea y Frusciante. Anthony era un exadicto, pero Flea y John vivían un momento vital muy distinto. Todavía querían colocarse, y sentían que no podían hacerlo con Anthony a su alrededor. Cuando Flea y John querían fumar hierba, lo cual sucedía bastante a menudo, sentían que debían hacerlo a escondidas del cantante. Entre Flea y Frusciante evitándolo, y Chad viviendo en su propia casa –además de que tenía una personalidad muy distinta que todavía marcaba distancias con el resto del grupo–, Anthony se sentía solo.

Un día de aquella primavera de 1991, Anthony llegó a la mansión-estudio para encontrarse con Flea y Frusciante, ambos muy colocados. Estaban en una –probablemente inconsciente– actitud o estado mental del tipo «vamos a ignorar al cantante». Al menos Anthony lo percibió de este modo, y se sintió devastado. De regreso a casa, le invadió un enorme sentimiento de soledad, y mientras conducía le vinieron a la cabeza unos versos: «Sometimes I feel like I don't have a partner / Sometimes I feel like my only friend / Is the city I live in, the city of angels». Los cantó para sí, y nada más llegar a casa tomó papel y boli y desarrolló esta idea de la ciudad como su único amigo/a. «I drive on her streets 'cause she's my companion / I walk through her hills 'cause she knows who I am» hace referencia a su afición por recorrer Hollywood Hills, y continúa explicando que siente que la ciudad es la única que ve su lado bueno, confesando que le pesa esta soledad… Anthony lo explica en su autobiografía: «Sentía que había desperdiciado mucho tiempo de mi vida, pero también que existía un vínculo tácito entre mi ciudad y yo. Había pasado tanto tiempo deambulando por las calles de Los Ángeles y caminando por las colinas de Hollywood, que la sentía como una entidad no humana, tal vez un espíritu que me cuidaba. Incluso si era un solitario en mi propia banda, al menos sentía la presencia de la ciudad en la que vivía».

Cuando en el estribillo canta «I don't ever wanna feel / Like I did that day / Take me to the place I love / Take me all the way», Anthony se acuerda de aquella vez en que visitó el peligroso túnel bajo un puente en la autopista junto a un conocido de nombre, Mario. Aquél era territorio de una banda de exconvictos mexicanos que no permitían la entrada a gringos. Anthony pudo acceder al lugar por su conexión con Mario, que lo presentó como el novio de su hermana. Gracias a esta mentira, los dos colegas pudieron comprar droga y derramar su sangre en un pinchazo más de heroína mientras su novia se estaba preguntando, preocupada, dónde estaba («Under the bridge downtown / Is where I drew my blood / I could not get enough / Forgot about my love»). Anthony recuerda aquello como uno de los puntos más bajos de su vida, y un lugar –y sentimiento– al que definitivamente no quiere regresar. Al otro lado está el lugar que ama, que es estar con la banda, escribiendo música junto a sus amigos. Habiendo desahogado su malestar en la libreta en forma de poema, se olvidaría de aquello hasta que Rick Rubin encontró su cuaderno un mes después y le animó a enseñárselo al resto de la banda para convertirlo en la canción más popular de los Chili Peppers.

GIVE IT AWAY

What I got, you got to give it to your mama
Lo que tengo, tienes que dárselo a tu mamá
What I got, you've got to give it to your papa
Lo que tengo, tienes que dárselo a tu papá
What I got, you got to give it to your daughter
Lo que tengo, tienes que dárselo a tu hija
You do a little dance and then you drink a little water
Haces un pequeño baile y luego bebes un poco de agua
What I got, you gotta get it put it in you
Lo que tengo, tienes que conseguir meterlo en ti
What I got, you gotta get it put it in you
Lo que tengo, tienes que conseguir meterlo en ti
What I got, you gotta get it put it in you
Lo que tengo, tienes que conseguir meterlo en ti
Reeling with the feeling, don't stop, continue
Vibrando con el sentimiento, no te detengas, continúa
I realize I don't wanna be a miser
Me doy cuenta de que no quiero ser un avaro
Confide with sly you'll be the wiser
Confía con astucia y serás el más sabio
Young blood is the lovin' upriser
La sangre joven es el revolucionario del amor

How come everybody wanna keep it like the Kaiser?
¿Cómo es que todos quieren quedárselo como el káiser?

Give it away, give it away, give it away now
Regálalo, regálalo, regálalo ahora
Give it away, give it away, give it away now
Regálalo, regálalo, regálalo ahora
Give it away, give it away, give it away now
Regálalo, regálalo, regálalo ahora
I can't tell if I'm a kingpin or a pauper
Ni siquiera yo sé si soy un capo o un pobre

Greedy little people in a sea of distress
Pequeñas personas codiciosas en un mar de angustia
Keep your more to receive your less
Mantén tu más para recibir tu menos
Unimpressed by material excess
No me impresiona la abundancia material
Love is free, love me, say, «Hell yes»
El amor es gratis, ámame, di, «Claro que sí»
Low brow but I rock a little know how
Tengo poca cultura pero sé algo de la vida
No time for the piggies or the hoosegow
No hay tiempo para la poli ni la trena
Get smart, get down with the pow wow
Espabila, ponte manos a la obra con el Pow wow
Never been a better time than right now
Nunca ha habido un mejor momento que ahora
Bob Marley, poet and a prophet
Bob Marley, poeta y profeta
Bob Marley, taught me how to off it
Bob Marley, me enseñó a hacerlo fácil
Bob Marley walkin' like he talk it
Bob Marley caminando como hablaba
Goodness me, can't you see I'm gonna cough it?
Dios mío, ¿no ves que voy a toserlo?

Give it away, give it away, give it away now
Regálalo, regálalo, regálalo ahora
Give it away, give it away, give it away now
Regálalo, regálalo, regálalo ahora
Give it away, give it away, give it away now
Regálalo, regálalo, regálalo ahora
Oh, oh yeah
Oh, oh sí

Give it away, give it away, give it away now
Regálalo, regálalo, regálalo ahora
Give it away, give it away, give it away now
Regálalo, regálalo, regálalo ahora
Give it away, give it away, give it away now
Regálalo, regálalo, regálalo ahora
I can't tell if I'm a kingpin or a pauper
Ni siquiera yo sé si soy un capo o un pobre

Lucky me swimmin' in my ability
Suerte de mí nadando en mi habilidad
Dancin' down on life with agility
Bailando sobre la vida con agilidad
Come and drink it up from my fertility
Ven y bébetelo de mi fertilidad
Blessed with a bucket of lucky mobility
Bendecido con un cubo de afortunada movilidad
My mom, I love her 'cause she love me
Mi mamá, la amo porque ella me ama
Long gone are the times when she scrub me
Atrás quedaron los tiempos en que ella me bañaba
Feelin' good, my brother gonna hug me
Me siento bien, mi hermano me va a abrazar
Drinkin' my juice, young love chug-a-lug me
Bebiendo mi zumo, amor joven, trágame a saco
Ah, there's a river born to be a giver
Ah, hay un río nacido para dar
Keep you warm won't let you shiver
Te mantendrá caliente no te dejará temblar

His heart is never gonna wither
Su corazón nunca se marchitará
Come on, everybody, time to deliver
Vamos, todos, hora de entregar

Give it away, give it away, give it away now
Regálalo, regálalo, regálalo ahora
Give it away, give it away, give it away now
Regálalo, regálalo, regálalo ahora
Give it away, give it away, give it away now
Regálalo, regálalo, regálalo ahora
I can't tell if I'm a kingpin or a pauper
Ni siquiera yo sé si soy un capo o un pobre

What I got, you got to give it to your mama
Lo que tengo, tienes que dárselo a tu mamá
What I got, you've got to give it to your papa
Lo que tengo, tienes que dárselo a tu papá
What I got, you got to give it to your daughter
Lo que tengo, tienes que dárselo a tu hija
You do a little dance and then you drink a little water
Haces un pequeño baile y luego bebes un poco de agua
What I got, you gotta get it put it in you
Lo que tengo, tienes que conseguir meterlo en ti
What I got, you gotta get it put it in you
Lo que tengo, tienes que conseguir meterlo en ti
What I got, you gotta get it put it in you
Lo que tengo, tienes que conseguir meterlo en ti
Reeling with the feeling, don't stop, continue
Vibrando con el sentimiento, no te detengas, continúa
I realize I don't wanna be a miser
Me doy cuenta de que no quiero ser un avaro
Confide with sly you'll be the wiser
Confía con astucia y serás el más sabio
Young blood is the lovin' upriser
La sangre joven es el revolucionario del amor
How come everybody wanna keep it like the Kaiser?
¿Cómo es que todos quieren quedárselo como el káiser?

Give it away, give it away, give it away now
Regálalo, regálalo, regálalo ahora
Give it away, give it away, give it away now
Regálalo, regálalo, regálalo ahora
Give it away, give it away, give it away now
Regálalo, regálalo, regálalo ahora
Give it away, give it away, give it away now
Regálalo, regálalo, regálalo ahora

Detrás de esta letra sin aparente sentido, se esconde la lección que Anthony aprendió de una breve relación que mantuvo en 1983 con la actriz y cantante de punk rock alemana Nina Hagen. Anthony se refiere al recuerdo de su relación con Nina, siete años mayor que él, afirmando que «Se dio cuenta de lo joven e inexperto que yo era entonces, por lo que siempre me estaba dando pequeñas píldoras, lecciones de vida. No de un modo pretencioso o de sermón, sino sólo aprovechando las oportunidades que surgían».

Un día, durante el tiempo que duró la relación, Anthony se encontraba removiendo ropa dentro del armario de Nina, cuando dio con una cazadora que le gustó. Le dijo a Nina que aquella prenda era «realmente genial», a lo que ella respondió inmediatamente y de forma totalmente espontánea y natural, que se la quedara. Aquella reacción tan generosa y desinteresada sorprendió a Anthony, frente a lo que la cantante punk le explicó que «Si tienes un armario lleno de ropa y tratas de guardarla toda, tu vida se hará muy pequeña. Pero si tienes un armario lleno de ropa y alguien encuentra algo que le gusta, y tú se lo das en un acto de desinteresada generosidad, el mundo se convierte en un lugar mejor». Esta idea sobre cómo regalar cosas genera buena energía, marcó a Anthony profundamente hasta el punto de plasmarla en el estribillo y tema central de una canción casi diez años después.

A lo largo de su infancia, Anthony aprendió multitud de cosas de su padre Blackie, pero nunca había entrado en contacto con una ideología profunda y esclarecedora sobre el sentido de la vida, el crecimiento personal y espiritual, y concretamente en este caso, sobre una sociedad materialista y consumista. Más allá de su padre, la propia ciudad de Los Ángeles y su estilo de vida le habían influenciado de una forma muy diferente a cómo había crecido Nina. Lejos de la generosidad desinteresada, y por muy alejado que estuviera del sistema, siendo un *outsider*, perteneciente al *underground* angelino, tenía muy integrando en su subconsciente el modelo de vida estadounidense, en el que uno tiene éxito para ganar dinero y comprarse así una casa, un coche, etc. «Fue una epifanía tan grande el hecho de que alguien quisiera darme su prenda favorita. Eso se quedó conmigo para siempre. Cada vez que pensaba que tenía que conservar algo, recordaba que no, tenía que regalar algo en su lugar. Cuando empecé a visitar con regularidad las reuniones grupales en los centros de desintoxicación, uno de los principios que aprendí era que la forma de mantener tu propia sobriedad es dándosela a otro adicto que sufre. Cada ve que vacías tu vaso de esa carga, entra a raudales la energía nueva y fresca».

Pero hay más a «Give It Away», cuyas estrofas se alejan de esta idea para centrarse en otras de sus obsesiones habituales. Más allá de las referencias lujuriosas y sexuales («Lucky me swimmin' in my ability / Dancin' down on life with agility / Come and drink it up from my fertility / Blessed with a bucket of lucky mobility»), Anthony aprovecha para rendir homenaje a dos personas que admira, ambas por su profunda ideología. Bob Marley es el primer nombre propio en este sentido, cuyos versos «Bob Marley, poet and a prophet / Bob Marley, taught me how

to off it / Bob Marley, walkin' like he talk it» demuestran su admiración a quien considera poeta, profeta y sobre todo, de palabras y actos consecuentes.

Sin embargo, mucho más cercano es el segundo protagonista al que se refiere de forma metafórica. Como Frusciante y Flea, Anthony compartía amistad con el actor River Phoenix, que fallecería por sobredosis dos años después, en 1993. Para River, cuyo nombre se traduce como «Río», son los versos «There's a river born to be a giver / Keep you warm, don't let you shiver / His heart is never gonna wither / Come on, everybody, time to deliver». En ellos, Anthony destaca la entrañable personalidad de River, cuya actitud entregada, cariñosa y optimista, hacía que todo el mundo quisiera estar cerca de él.

SCAR TISSUE

Scar tissue that I wish you saw
Tejido cicatricial que desearía que vieras
Sarcastic mister know-it-all
Señor sarcástico sabelotodo
Close your eyes and I'll kiss you, 'cause
Cierra los ojos y te besaré, porque
With the birds I'll share
Con los pájaros lo compartiré

With the birds I'll share this lonely viewin'
Con los pájaros compartiré esta vista solitaria
With the birds I'll share this lonely viewin'
Con los pájaros compartiré esta vista solitaria

Push me up against the wall
Empújame contra la pared
Young Kentucky girl in a push-up bra
Chica joven de Kentucky en un sostén push-up
Fallin' all over myself
Cayendo sobre mí mismo
To lick your heart and taste your health 'cause
Para lamer tu corazón y probar tu salud porque

With the birds I'll share this lonely viewin'
Con los pájaros compartiré esta vista solitaria
With the birds I'll share this lonely viewin'
Con los pájaros compartiré esta vista solitaria
With the birds I'll share this lonely view
Con los pájaros compartiré esta vista solitaria

Blood loss in a bathroom stall
Pérdida de sangre en un baño público
A southern girl with a scarlet drawl
Una chica sureña con un acento escarlata
I wave goodbye to ma and pa
Me despido de mamá y papá
'Cause with the birds I'll share
Porque con los pájaros lo compartiré

With the birds I'll share this lonely viewin'
Con los pájaros compartiré esta vista solitaria
With the birds I'll share this lonely viewin'
Con los pájaros compartiré esta vista solitaria

Soft spoken with a broken jaw
De voz suave con la mandíbula rota
Step outside but not to brawl and
Salgo pero no para pelear y
Autumn's sweet, we call it fall
El otoño es dulce, lo llamamos caída
I'll make it to the moon if I have to crawl and
Llegaré a la luna si tengo que arrastrarme y

With the birds I'll share this lonely viewin'
Con los pájaros compartiré esta vista solitaria
With the birds I'll share this lonely viewin'
Con los pájaros compartiré esta vista solitaria
With the birds I'll share this lonely view
Con los pájaros compartiré esta vista solitaria

Scar tissue that I wish you saw
Tejido cicatricial que desearía que vieras
Sarcastic mister know-it-all
Señor sarcástico sabelotodo
Close your eyes and I'll kiss you, 'cause
Cierra los ojos y te besaré, porque
With the birds I'll share
Con los pájaros lo compartiré

With the birds I'll share this lonely viewin'
Con los pájaros compartiré esta vista solitaria
With the birds I'll share this lonely viewin'
Con los pájaros compartiré esta vista solitaria
With the birds I'll share this lonely view
Con los pájaros compartiré esta vista solitaria

Si hay una canción que supuso el regreso triunfal de los Chili Peppers en 1999, su renacimiento, ésa es «Scar Tissue». Fue también el primer senci-llo que produjo el disco y el título que Anthony escogió para sus memorias. Precisamente, en el libro se refiere al corte explicando: «Fue otra canción en la que abres la parte superior de tu cabeza y allí aterriza desde el espacio exterior. Rick Rubin y yo habíamos estado hablando mucho sobre el sarcasmo. Rick había leído una teoría que afirmaba que el sarcasmo era una forma de humor increí-blemente perjudicial, que deprime el espíritu de sus defensores. Habíamos sido tan sarcásticos en el pasado, que nos prometimos tratar de ser divertidos sin usarlo como muleta. Supongo que también estaba pensando en Dave Navarro, que era el rey del sarcasmo, más rápido y agudo que el sarcástico promedio». Así, cuando en el primer verso Anthony hace referencia a las cicatrices que lleva dentro, invisibles a los ojos («Scar tissue that I wish you saw»), se acuerda tam-bién de su amigo y exguitarrista en el verso «Sarcastic mister know-it-all». El siguiente verso «Close your eyes and I'll kiss you» podría hacer alusión al recuer-do del beso entre ambos al final del videoclip de «Warped» o tratarse de una declaración del amor y estima que tiene a su amigo, pese a su habitual actitud sarcástica.

En *Scar Tissue*, Anthony continúa explicando: «Todas esas ideas estaban en el aire cuando John empezó a tocar este *riff* de guitarra, e inmediatamente supe de qué trataba la canción. Tenía una *vibra* de feliz-de-estar-vivo, de ave Fénix re-

surgiendo de sus cenizas. Así que corrí afuera, con mi grabadora de mano, y con la música de fondo empecé a cantar el estribillo de la canción. Nunca olvidaré mirar hacia el cielo sobre el garaje donde ensayábamos, en dirección a Griffith Park, y ver a los pájaros volando por encima, para recibir una buena dosis de Juan Salvador Gaviota. Realmente sentí el punto de vista de aquellos pájaros, sintiéndome como un eterno extraño». En otras declaraciones, Anthony cuenta cómo se sentía en comunión con los pájaros, que eran los únicos que observaban la magnífica vista que ofrecían sus tres amigos reunidos tocando esta hermosa pieza de música. De aquí surgió el estribillo «With the birds I'll share this lonely viewin'».

Pero más allá de la partida de Navarro o el regreso de Frusciante, Anthony vuelve a su tema recurrente, que son los riesgos de sus habituales recaídas y el miedo que le dan. La drogadicción vuelve a estar presente, pues es la principal causa de sus cicatrices emocionales, que en este caso también podrían ser físicas por la marca que dejan los pinchazos. La canción contiene referencias a vivir un estilo de vida degenerativo, el propio de un adicto a las drogas, incluyendo inyecciones en los baños («Bloodloss in a bathroom stall») o encuentros sexuales arriesgados («A southern girl with a scarlet drawl»), simbolizando todo ello la pérdida de la inocencia en «I wave goodbye to ma and pa». Además, los adictos a menudo sufren de varias recaídas antes de limpiarse definitivamente. Éste era el caso de Anthony, que en 1999 ya sabía lo que era estar limpio durante años, pero también recaer en un momento de debilidad, que todo quedara en nada y volver a la casilla de salida. A menudo, es el punto más bajo el que se encuentra antes del éxito definitivo: «I'll make it to the moon if I have to crawl».

CALIFORNICATION

Psychic spies from China try to steal your mind's elation
Espías psíquicos de China intentan robar la euforia de tu mente
And little girls from Sweden dream of silver screen quotation
Y las niñas de Suecia sueñan con una cita en la pantalla grande
And if you want these kind of dreams it's Californication
Y si quieres este tipo de sueños es Californication

It's the edge of the world and all of Western civilization
Es el borde del mundo y de toda la civilización occidental
The sun may rise in the East at least it's settled in a final location
El sol puede salir en el este, al menos se asienta en una ubicación final
It's understood that Hollywood sells Californication
Se entiende que Hollywood vende Californication

Pay your surgeon very well to break the spell of aging
Paga muy bien a tu cirujano para romper el hechizo del envejecimiento
Celebrity skin, is this your chin, or is that war you're waging?
Piel de celebridad, ¿es ésta tu barbilla o es la guerra que estás librando?
First born unicorn
Unicornio primogénito
Hardcore soft porn
Suave porno duro

Dream of Californication
Sueña con Californication
Dream of Californication
Sueña con Californication

Dream of Californication
Sueña con Californication
Dream of Californication
Sueña con Californication

Marry me, girl, be my fairy to the world, be my very own constellation
Cásate conmigo, niña, sé mi hada para el mundo, sé mi constelación
A teenage bride with a baby inside getting high on information
Una novia adolescente con un bebé dentro drogándose con información
And buy me a star on the boulevard, it's Californication
Y cómprame una estrella en el bulevar, es Californication

Space may be the final frontier but it's made in a Hollywood basement
El espacio puede ser la frontera final pero está hecho en un sótano de Hollywood
And Cobain can you hear the spheres
singing songs off Station To Station?
Y Cobain, ¿puedes oír las esferas cantando canciones de Station to Station?
And Alderaan's not far away, it's Californication
Y Alderaan no está lejos, es Californication

Born and raised by those who praise control of population
Nacido y criado por aquellos que elogian el control de la población
Well, everybody's been there and I don't mean on vacation
Bueno, todo el mundo ha estado allí y no me refiero de vacaciones
First born unicorn
Unicornio primogénito
Hardcore soft porn
Suave porno duro

Dream of Californication
Sueña con Californication
Dream of Californication
Sueña con Californication
Dream of Californication
Sueña con Californication
Dream of Californication
Sueña con Californication

Destruction leads to a very rough road but it also breeds creation
La destrucción lleva a un camino muy áspero pero también engendra creación
And earthquakes are to a girl's guitar,
they're just another good vibration
Y los terremotos son para la guitarra de una chica, son sólo otra buena vibración
And tidal waves couldn't save the world from Californication
Y los maremotos no pudieron salvar el mundo de Californication

Pay your surgeon very well to break the spell of aging
Paga muy bien a tu cirujano para romper el hechizo del envejecimiento
Sicker than the rest, there is no test, but this is what you're craving?
Más enfermo que el resto, no hay prueba, pero ¿esto es lo que ansías?
First born unicorn
Unicornio primogénito
Hardcore soft porn
Suave porno duro

Dream of Californication
Sueña con Californication
Dream of Californication
Sueña con Californication
Dream of Californication
Sueña con Californication
Dream of Californication
Sueña con Californication

El estado de California, el más notorio de los cincuenta miembros del país, es el protagonista de la siguiente canción. Junto a la ciudad de Nueva York, es la imagen de EE.UU. más vendida en todo el planeta. Ya sea a través de sus surfistas, sus actores o músicos, del puente de San Francisco o de la ciudad de Los Ángeles y –por supuesto– de su cartel de Hollywood. Sin embargo, la canción «Californication», más que rendirle homenaje, destapa sus vergüenzas. Y es que la balada principal de su homónimo álbum es una crítica sobre el deterioro de su sociedad, sobre cómo de superficial y plasticoso se está volviendo un mundo que compra todo lo que produce California y la industria de Hollywood. Tratándose de su hogar, los Red Hot Chili Peppers saben de qué hablan. Como banda, pero también sus integrantes por separado, han vivido la positiva experiencia de vivir en California, de ver sus sueños cumplidos; pero también conocen la otra cara, su lado oscuro y superficial. De esta arma de doble filo que es el sueño americano y las promesas del estado de California, Anthony da con la palabra «Californication», un mote inventado que refleja la enfermedad cultural sobre la que se cimienta la sociedad occidental. Combina «California» con «fornicación», que en el diccionario se define como el acto sexual entre dos personas no casadas. Pero en este caso, no tiene clara relación con el sexo. En palabras de Flea, en una entrevista a la MTV «No es una referencia sexual, es realmente sólo el acto del mundo siendo afectado y saturado por el arte y la cultura que se crea en California. Viajando por el mundo, no importa lo lejos que vayas, ves el efecto que California tiene en el planeta. El positivo, pero también el negativo». El despectivo mote resultado de esta mezcla se utiliza entonces para definir la negativa influencia que tiene Hollywood y la ciudad de Los Ángeles sobre la cultura mundial.

El primer verso, «Psychic spies from China try to steal your mind's elation», parte de un encuentro personal que tuvo Anthony con una mujer en la calle, convencida de que estaba siendo espiada por el gobierno chino, capaz de leer la mente de los habitantes de Estados Unidos. Refleja la paranoia habitual de parte de la población del país, sobre todo respecto al gigante asiático. No sería extraño encontrar profetas y defensores de este tipo de teorías de la conspiración en California, pese a tratarse de uno de los estados más progresistas de los EE.UU. El verso «And little girls from Sweden dream of silver screen quotation» hace hincapié en cómo la gente ve y consume el cine producido en California y sueña de forma ingenua en formar parte de la industria, mayormente por la fama, sin contemplar los problemas y aspectos negativos con los que se enfrentan desde dentro. Finalmente, refiere que «And if you want these kind of dreams it's Californication», donde California («Californication») es el lugar para cumplir este tipo de sueños.

En la siguiente estrofa, define California como el fin del mundo para la civilización occidental. Así sería si recuperamos a los profetas de una tierra plana. Pero si vamos más allá, obtenemos una metáfora en la que es en California donde se pone el sol, lo cual simboliza el final de la claridad, y la consiguiente llegada de la oscuridad y la decadencia. Por contra, cuando continúa diciendo que pudiera el sol salir en el este, al menos así se asentaría en una ubicación final, reconoce el valor espiritual de la filosofía oriental. Finalmente, sentencia que «It's understood that Hollywood sells Californication», donde la «californicación» es la paradoja entre un deseo inocente de fama y reconocimiento, que es el escondite del miedo irracional, la decadencia y oscuridad.

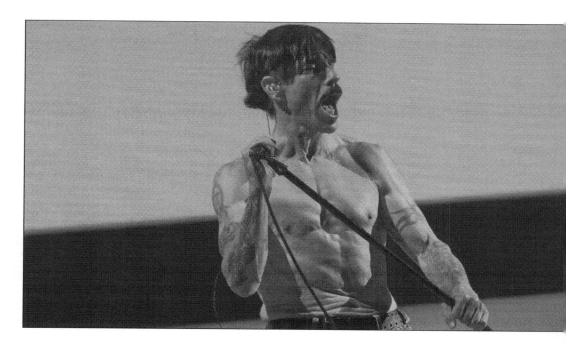

Las siguientes «Pay your surgeon very well to break the spell of aging / Cele-brity skin, is this your chin, or is that war you're waging?» atacan directamente la superficialidad y la obsesión por la apariencia, la imagen y el físico. Cuando llega a «Firstborn unicorn / Hardcore softporn», la figura del unicornio pudiera ser aquella promesa irreal, como el acto de vender humo, mientras resalta la indus-tria pornográfica de California, donde hasta el porno más duro se ha convertido en suave por la tolerancia que ha generado. Sin embargo, hay una teoría de que en este verso, Anthony se está refiriendo a la chica Playboy, Dorothy Stratten, quien fue Miss Agosto en 1979 y chica Playboy del año en 1980. Dorothy, que fue asesinada por su exmarido Paul Snider en agosto de 1980, protagonizaría el libro sobre su vida titulado *The Killing of the Unicorn*. Dado que ella era la primo-génita de su familia, podría tratarse del «unicornio primogénito» relacionado con la industria del porno, al que se refiere Anthony. En tal caso, sería ésta la pri-mera referencia cultural a la que hace mención de entre las que están por venir.

En la siguiente estrofa encontramos la frase definitoria, «And buy me a star on the boulevard, it's Californication», que evidencia la creencia no escrita de que en Hollywood la fama se compra con dinero. La canción continúa con refe-rencia al crédito inicial de *Star Trek*, «el espacio, la última frontera» («Space may be the final frontier but it's made in a Hollywood basement»). Continúa refirién-dose al álbum *Station to Station* de David Bowie tras hablar de –Kurt– Cobain, siendo éste otra víctima de la industria caníbal de la cultura, además de haber sido el último músico en versionar notoriamente una canción del británico, que es su «The Man Who Sold the World» en el *MTV Unplugged*: «And Cobain can you hear the spheres singing songs off Station To Station?». Finalmente, explica que Alderaan, el planeta del que es originaria la princesa Leia y que fue destruido por El Imperio en el Episodio IV de *La Guerra de las Galaxias*, no está tan lejos de «Californication». Pues, de modo simbólico, California y su devastadora maquinaria, es capaz de destruir planetas.

También hay espacio para la introspección y la autocrítica, donde «Born and raised by those who praise control of population / Well, everybody's been there and I don't mean on vacation» hace referencia a la necesidad innata del individuo de sentir que tiene control sobre acontecimientos, e incluso sobre personas, lo que siempre trasciende en un error del que admite no estar exento. En la última estrofa, «Destruction leads to a very rough road but it also breeds creation / And earthquakes are to a girl's guitar, they're just another good vibration / And tidal waves couldn't save the world from Californication», Anthony explica cómo pese al poder nocivo que tiene California, su industria del entretenimiento y su sociedad, es también una fuente de inspiración creativa, donde los desastres de la naturaleza pueden ser inspiración para una chica creativa. El último verso recuerda al arca de Noé: una inundación salvaría al mundo permitiéndole volver a empezar, esta California que Anthony nos retrata, no tendría ni con qué empezar para salvarse. Con todo, Anthony deja claro que la «Californication» de los Chili Peppers no es la soleada California que imaginábamos.

OTHERSIDE

How long, how long will I slide?
¿Cuánto tiempo, por cuánto tiempo voy a recaer?
Separate my side, I don't
Separar mi lado, yo no
I don't believe it's bad
Yo no creo que sea malo
Slit my throat, it's all I ever
Cortarme la garganta, es todo lo que siempre

I heard your voice through a photograph

Escuché tu voz a través de una fotografía

I thought it up and brought up the past

Lo pensé y traje de vuelta el pasado

Once you know you can never go back

Una vez que sabes que nunca puedes volver

I gotta take it on the other side

Tengo que tomarlo en el otro lado

Well, centuries are what it meant to me

Bueno, siglos es lo que significó para mí

A cemetery where I marry the sea

Un cementerio donde me casé con el mar

A stranger thing could never change my mind

Una cosa más extraña nunca podría cambiar mi mente

I gotta take it on the other side

Tengo que tomarlo en el otro lado

Take it on the other side

Tomarlo en el otro lado

Take it on, take it on

Tomarlo, tomarlo

How long, how long will I slide?

¿Cuánto tiempo, por cuánto tiempo voy a recaer?

Separate my side, I don't

Separar mi lado, yo no

I don't believe it's bad

Yo no creo que sea malo

Slit my throat, it's all I ever

Cortarme la garganta, es todo lo que siempre

Pour my life into a paper cup

Verter mi vida en un vaso de papel

The ashtray's full and I'm spillin' my guts

El cenicero está lleno y estoy derramando mis tripas

She wanna know am I still a slut?

Ella quiere saber si sigo siendo una puta

a music video by
Jonathan Dayton and Valerie Faris

OTHERSIDE

How long how long will I slide Separate
my side I don't I don't believe it's bad
Slit my throat It's all I ever

I heard your voice through a photograph I
thought it up and brought up the past Once
you've gone you can never go back I've got
to take it on the other side

Centuries are what it meant to me A
cemetery where I marry the sea
Stranger things could never change my
mind I've got to take it on the other side
Take it on Take it on

How long how long will I slide Separate my
side I don't I don't believe it's bad Slit my
throat It's all I ever

Pour my life into a paper cup The
ashtray's full and I'm spilling my guts She
wants to know am I still a slut I've got to
take it on the other side

Scarlet starlet and she's in my bed A candidate for
a soulmate bled Push the trigger and pull the
thread I've got to take it on the other side Take it
on the other side Take it on Take it on

How long how long will I slide Separate my
side I don't I don't believe it's bad Slit my
throat It's all I ever

Turn me on take me for a hard ride Burn me out
leave me on the other side I yell and tell it that it's
not a friend I tear it down I tear it down And then
it's born again

How long how long will I slide Separate my
side I don't I don't believe it's bad Slit my
throat It's all I ever

How long I don't believe it's bad Slit my throat It's
all I ever

Red Hot Chili Peppers

I've got to take it on the other side

Tengo que tomarlo en el otro lado

A scarlet starlet and she's in my bed

Una estrella escarlata y ella está en mi cama

A candidate for the soulmate bled

Un candidato para el alma gemela sangró

Push the trigger and pull the thread

Presiona el gatillo y tira del hilo

I gotta take it on the other side

Tengo que tomarlo en el otro lado

Take it on the other side

Tomarlo en el otro lado

Take it on, take it on

Tomarlo, tomarlo

How long, how long will I slide?

¿Por cuánto tiempo, cuánto tiempo me voy a deslizar?

Separate my side, I don't

Separa mi lado, yo no

I don't believe it's bad

No creo que sea malo

Slit my throat, it's all I ever

Cortarme la garganta, es todo lo que siempre

Turn me on, take me for a hard ride

Enciéndeme, llévame a dar un paseo difícil

Burn me out, leave me on the other side

Quémame, déjame en el otro lado

I yell and tell it that it's not my friend

Grito y le digo que no es mi amiga

I tear it down, I tear it down and then it's born again

La derribo, la derribo y luego vuelve a nacer

How long, how long will I slide?

¿Por cuánto tiempo, cuánto tiempo me voy a deslizar?

Separate my side, I don't
Separa mi lado, yo no
I don't believe it's bad
No creo que sea malo
Slit my throat, it's all I ever had
Cortarme la garganta, es todo lo que he tenido
(How long) I don't
(Cuánto tiempo) Yo no
I don't believe it's bad
No creo que sea malo
Slit my throat, it's all I ever
Cortarme la garganta, es todo lo que siempre

Una vez que has sufrido de adicción a las drogas, no hay verdadera vuelta atrás. Puedes dejar de consumir, cambiar radicalmente tu estilo de vida. Pero el deseo y el recuerdo de lo que considerabas buenos momentos durante el consumo, jamás desaparece. Lugares, personas, fotografías… disparan en tu memoria el ansia de regresar a donde ya estuviste, de revivir lo que ya viviste. Así se convierte tu vida en una lucha constante para permanecer en el «lado» sobrio de la vida, de tu vida. El lado de la luz de tu persona.

A este lado sombrío que se encuentra en todo exadicto a la heroína se refiere Anthony en «Otherside», una canción que trata sobre su adicción a las drogas, algo que le ha acompañado durante la mayor parte de su vida. Tanto, que ya no cree que sea malo («I don't believe it's bad»). La inmersión en este recurrente tema para el cantante aparece tras ver una antigua fotografía, que podría ser de su amigo Hillel Slovak («I heard your voice through a photograph / I thought it up and brought up the past»). Los versos «Once you know you can never go back / I gotta take it on the otherside» hacen referencia a este conocimiento de que nunca hay una vuelta atrás cuando se ha sido un adicto, a la vez que es consciente de que aquel estilo de vida puede ser mortal y no debe regresar a él.

Anthony insiste en la muerte de Hillel, a quien recuerda en los versos «Well, centuries are what it meant to me», donde se refiere a los años compartidos junto a él, que pudieran haber sido pocos por la temprana edad a la que falleció su amigo, pero que sin embargo significaron siglos para él. Recuerda también en el segundo verso que no acudió a su funeral por huir a México para consumir y evadirse del trauma, pero que sin embargo, en su visita posterior al cementerio, se derrumbó en tantas lágrimas que fue como casarse con el mar. Anthony y Hillel compartieron banda, amistad y adicción, con fatal desenlace para el segundo. Fue la muerte de Hillel lo único que hizo a Anthony reaccionar, haciéndole cambiar de idea respecto a las drogas y conectar con el deseo de desintoxicarse para llevar un estilo de vida saludable, como dice en «A stranger thing could never change my mind».

Tras la muerte de Hillel, Anthony se desintoxicó de las drogas para sufrir una fatal recaída en 1994. La inyección de Valium en una clínica dental para calmarle el dolor producido durante la extracción de una muela del juicio le hizo despertar el deseo de volver a viejas costumbres. Los siguientes años los pasaría en idas y venidas continuas, sin alcanzar la definitiva sobriedad hasta el año 2000. Si recordamos que *Californication* se escribió durante la segunda mitad de 1998 para publicarse a mediados de 1999, es de suponer que Anthony estaba de lleno en aquella espiral. El deseo de mantenerse limpio se enfrentaba al de consumir, al miedo a recaer, a no ser lo suficientemente fuerte. En la siguiente estrofa, «Pour my life into a paper cup / The ashtray's full and I'm spillin' my guts / She wanna know am I still a slut? / I've got to take it on the other side», Anthony retrata una escena de consumo, donde vierte la sustancia en un vaso de papel, que es como verter su vida en un recipiente muy endeble. El cenicero está lleno –pues alguien colocado nunca es consciente de lo que está fumando– y derrama sus tripas –pues el consumo de tóxicos provoca descomposición–, donde «ella» es la «heroína», que quiere ponerle a prueba, saber si sigue siendo su «puta». La siguiente estrofa continúa cantando, «A scarlet starlet and she's in my bed / A candidate for the soulmate bled / Push the trigger and pull the thread / I gotta take it on the other side», donde el «candidato para el alma gemela sangró» es una referencia directa a Hillel, su mejor amigo en la época, y «presiona el gatillo», una alusión al acto de inyectarse.

Cuando la canción llega al puente, Anthony se debate en una férrea lucha contra ese monstruo gris que es la heroína. Un monstruo gris es también lo que aparece en este momento del videoclip, cuando su protagonista pelea contra una criatura así en el interior de un hospital (¿o clínica de desintoxicación?). «Turn me on, take me for a hard ride / Burn me out, leave me on the other side / I yell and tell it that it's not my friend / I tear it down, I tear it down and then it's born again» es una petición de auxilio al espíritu o recuerdo de Hillel, a quien Anthony le pide que le ayude en este duro viaje por mantenerse limpio. Que lo acompañe hasta el otro lado, el lado de la luz. Pues por sí mismo, se grita y se dice que la adicción no es su amiga, y una y otra vez que la derriba y la vence, en el momento más inesperado, ésta vuelve a nacer como lo hace el deseo –y el riesgo– de recaer.

DANI CALIFORNIA

Getting born in the state of Mississippi
Nacer en el estado de Misisipi
Papa was a copper, and her mama was a hippy
Papá era un poli, y su mamá era una hippy
In Alabama she would swing a hammer
En Alabama ella blandía un martillo
Price you got to pay when you break the panorama
Precio que tienes que pagar cuando rompes el panorama

She never knew that there was anything more than poor
Ella nunca supo que había algo más que ser pobre
What in the world does your company take me for?
¿Por qué diablos me toma tu empresa?

Black bandanna, sweet Louisiana
Pañuelo negro, dulce Luisiana
Robbing on a bank in the state of Indiana
Robando un banco en el estado de Indiana
She's a runner, rebel, and a stunner
Ella es una fugitiva, rebelde y maravillosa
On her merry way saying baby, watcha gonna?
A su alegre manera diciendo, nene, ¿qué vas a hacer?

Looking down the barrel of a hot metal forty-five
Mirando por el cañón de un metálico y caliente cuarenta-y-cinco
Just another way to survive
Sólo otra forma de sobrevivir

California, rest in peace
California, descansa en paz
Simultaneous release
Liberación simultánea
California, show your teeth
California, enseña tus dientes

She's my priestess, I'm your priest

Ella es mi sacerdotisa, yo soy tu sacerdote

Yeah, yeah

Sí, sí

She's a lover, baby, and a fighter

Ella es una amante, nena, y una luchadora

Should've seen it coming when I got a little brighter

Debería haberlo visto venir cuando me iluminé

With a name like Dani California

Con un nombre como Dani California

Day was gonna come when I was gonna mourn ya

Iba a llegar el día en que te lloraría

A little loaded, she was stealing another breath

Un poco colocada, ella estaba robando otro respiro

I love my baby to death

Quiero a mi bebé hasta la muerte

California, rest in peace

California, descansa en paz

Simultaneous release

Liberación simultánea

California, show your teeth

California, enseña tus dientes

She's my priestess, I'm your priest

Ella es mi sacerdotisa, yo soy tu sacerdote

Yeah, yeah

Sí, sí

Who knew the other side of you?

¿Quién conocía el otro lado de ti?

Who knew that others died to prove?

¿Quién sabía que otros murieron para demostrarlo?

Too true to say goodbye to you

Demasiado cierto para decirte adiós

Too true to say, say, say

Demasiado cierto para decir, decir, decir

Pushed the fader, gifted animator
Empujó el fader, animador dotado
One for the now, and eleven for the later
Una para el ahora, once para el más tarde
Never made it up to Minnesota
Nunca llegó a Minesota
North Dakota man wasn't gunnin' for the quota
El hombre de Dakota del Norte no estaba disparando por la cuota

Down in the Badlands she was saving the best for last
Abajo en las tierras yermas ella estaba guardando lo mejor para el final
It only hurts when I laugh
Solo duele cuando me río
Gone too fast
Se fue muy rápido

California, rest in peace
California, descansa en paz
Simultaneous release
Liberación simultánea
California, show your teeth
California, enseña tus dientes
She's my priestess, I'm your priest
Ella es mi sacerdotisa, yo soy tu sacerdote
Yeah, yeah

California, rest in peace
California, descansa en paz
Simultaneous release
Liberación simultánea
California, show your teeth
California, enseña tus dientes
She's my priestess, I'm your priest
Ella es mi sacerdotisa, yo soy tu sacerdote
Yeah, yeah

Anthony explica en el DVD que acompañó a algunas ediciones de *Stadium Arcadium,* que cuando este *groove* funk apareció, sintió que era el pasaje perfecto para contar una historia. En ocasiones siente que es mejor introducir una trama y dejarla abierta, sin un final cerrado, para que cada oyente la continúe en su cabeza como lo sienta. Sin embargo, en «Dani California» optó por contar la historia entera. Empezó a escribir sobre una chica y comprendió que se trataba de la misma que aparecía en el estribillo de «By the Way», cuando canta «Dani the girl is singing songs to me beneath the Marquee oversold» («Dani, la chica está cantándome canciones bajo el sobrevendido Marquee»). Después se dio cuenta de que la «Dani» de «By the Way», era la misma que apareció en «Californication», en el verso «The teenage bride with a baby inside getting high on information» («Una novia adolescente con un bebé dentro drogándose con información»). Pero ¿quién es Dani California? ¿Se trata acaso de una persona real, o es únicamente un personaje ficticio? En una entrevista a la BBC, Anthony explicaría que Dani California es en realidad una combinación de todas las mujeres que ha amado y perdido a lo largo de su vida, dejando una imborrable marca en su persona.

La historia empieza con la primera estrofa explicándonos que Dani California nació y se crio en una familia pobre, sureña del estado de Misisipi. Cuenta que su padre era policía, donde «copper» es una expresión vulgar para definir a los policías, propia de lugares pequeños y rurales, alejados de las grandes ciudades como Nueva York. Se complementa con la descripción de su madre, definida como *hippie.* Huelga decir que en los sesenta, los *hippies* eran propensos a poner primeros o segundos nombres como «California», pues probablemente su madre soñaba con vivir en este soleado estado, cuna de progresistas. Pronto se inicia el viaje de Dani, contando que en Alabama «she would swing a hammer», en alusión a un hecho real de 1995, cuando una prisión de Alabama recuperó la actividad de presos rompiendo rocas con picos y martillos. Probablemente, a una pronta edad Dani entró en esta prisión y participó de esta actividad. El motivo por el cual ingresaría en el centro vendría explicado en el verso siguiente, pues «Price you got to pay when you break the panorama» haría referencia a que Dani tenía ideas diferentes a las de la mayoría, una visión única, a contracorriente, que estaría mal vista por la sociedad –y las leyes– de aquella zona. El hecho de «romper el panorama» de esta forma, conllevaba problemas con la justicia y un probable ingreso en prisión por haber participado en protestas o manifestaciones, o por tratar de salir de la pobreza a través del delito. Continúa en el preestribillo que Dani nunca había conocido una vida diferente a la de ser pobre, por lo que no conoce otros medios para salir de la pobreza

más allá de robar, del mismo modo que quien nace rico no puede ponerse en la piel de quien no tiene dinero. El último verso del preestribillo, «What in the world does your company take me for?», haría referencia a la creencia de que quien se enriquece en el mundo corporativo vende de algún modo su alma al diablo o lo hace de forma ilícita y corrupta, haciéndolos indirectamente responsables de la pobreza de gente como ella.

Las vivencias de Dani continúan en Louisiana, donde llega portando un pañuelo negro, señal habitual de pertenencia a bandas de delincuentes y ladrones. Además, es también un método de ocultar su rostro al llevar a cabo actividades criminales. Y es que en el segundo verso describe el atraco a un banco en el estado de Indiana. Dani se habría convertido por completo a un estilo de vida criminal para salir adelante, nómada, sin dejar de desplazarse en huida constante de la justicia. Precisamente la define como «She's a runner, rebel and a stunner», situándola en el lado esquivo y oscuro de la vida, pero con una naturaleza propia que la hace brillar, convirtiéndola en una persona auténtica y maravillosa. Pero para Anthony, esta actitud violenta y peligrosa está ligada al espíritu rebelde e inconformista. «On her merry way saying baby, watcha gonna?» explica la actitud chulesca con la que se enfrenta a sus víctimas, sintiéndose intocable y desafiante. En el siguiente preestribillo, «Looking down the barrel of a hot metal forty-five», desarrolla su estilo de vida, siempre en búsqueda y captura por la policía u otras bandas, de modo que cualquier día puede ser el último de su vida, que es precisamente la que ha elegido llevar. «Hot metal forty-five» es una pistola Colt M1911, popularmente conocida como Colt. 45, a través de cuya mirilla vigila siempre, apuntando a su siguiente víctima. Éste es «sólo un modo más de sobrevivir».

El estribillo empieza con «California, rest in peace». Esto bien podría ser un adelanto del fatal desenlace de la historia de la chica, refiriéndose a ella a través de su segundo nombre. También puede tratarse de una advertencia al estado de California, lugar al que se dirige Dani persiguiendo la tierra de ensueño que tanto admiraba su madre *hippie*. Así sería una advertencia al estado, diciéndole a California que debe vigilar, porque la chica, Dani, se dirige hacia allí. Dani California es tan peligrosa, que incluso el estado de California, el que lo ha visto y vivido todo, debería vigilar con ella. La siguiente frase «Simultaneous release» podría hacer referencia de nuevo al desenlace de Dani, que con su muerte, se da una liberación a su sufrimiento interior por su estilo de vida, pero también una liberación al estado de California, que puede «respirar» tranquilo, bajando la guardia que se anticipa en el verso anterior. En «California, show your teeth», se vuelve a disponer de una doble interpretación: en la primera, se invita a la chica, Dani, a enseñar sus dientes en un acto de mantener viva su pelea personal; en la segunda, se sugiere al estado de California a enseñar sus dientes contra la peligrosa Dani para defenderse. La última «She's my priestess, I'm your priest» muestra una interconexión entre Dani y Anthony. El detalle de referirse a ella en tercera persona, y utilizar una segunda persona en la siguiente parte de la oración, puede llevar a confusión. Si un sacerdote o sacerdotisa es alguien que dedica su vida a una causa superior, Anthony describe aquí cómo él y la chica Dani, pero también California, están interconectados los unos con los otros. Donde Dani es su sacerdotisa, por el estilo de vida temerario y peligroso, él es a su vez sacerdote de California, pues goza de notoriedad ante un público global para difundir la palabra –la cultura– del estado progresista y también la historia personal de ella.

La siguiente estrofa sirve para que Anthony exprese su sentimiento hacia Dani California a medida que avanza en el conocimiento de ella –y en la escritura de la canción–. La define como «lover, baby and a fighter» y añade que debería haberlo visto venir cuando empezó a enterarse, a conocer a este personaje con mayor profundidad, idea que desarrolla en los siguientes dos versos. «With a name like Dani California / Day was gonna come when I was gonna mourn ya», sirve para que Anthony diga directamente que "Dani California" es un nombre para ser recordada; el de un personaje que ya apareció en los dos álbumes anteriores, en los que se «iluminó», para alcanzar el éxito con su banda. Siendo tan «notoria», iba a llegar el día en que lloraría su pérdida, pues aquí explica su historia con fatal desenlace, por lo que se despide expresando su admiración y agradecimiento. Cuando en el preestribillo añade «A little loaded, she was stealing another breath / I love my baby to death», podría referirse a que ella estaba robando otro aliento, matando a otra persona, o robando el aliento de Anthony, que sería robarle un «suspiro». La frase final sería dicha por Dani, defendiendo a su bebé, como última voluntad, o dicha por el cantante para reconocerle su amor incondicional «hasta la muerte», anticipando que la historia de Dani está cerca del final.

John Frusciante canta el puente: «Who knew the other side of you? / Who knew that others died to prove? / Too true to say goodbye to you / Too true to say, say, say». En éste, Anthony habla del otro lado de Dani, pues de ella sabemos que delinque y amenaza a punta de pistola, pero intuimos que es así porque no ha tenido una vida fácil. En el siguiente verso descubrimos que además de amenazar, asesina. En la letra, Anthony insiste en despedirse, y en cómo le está costando tras tantos años manteniendo vivo su personaje. Finalmente, «Demasiado cierto para decir, decir, decir» podría culminar con «adiós».

Cerca del final, Anthony canta: «Push the fader, gifted animator / One for the now, and eleven for the later», donde el «fader» es el dispositivo que utilizan los «animadores dotados», que son los DJ, mezcladores o productores, para disminuir gradualmente el volumen de una canción. De este modo, Anthony anticipa que la vida de Dani se está acabando, como se acerca el final de la canción. El siguiente verso, «One for the now and eleven for the later» podría hacer referencia al número de balas en la recámara del hombre responsable de la muerte de Dani, a quien conoceremos en los siguientes versos. «Never made it up to Minnesota», donde Minesota era el siguiente objetivo en el camino de Dani, destino al que nunca llegará, por un hombre de Dakota del Norte que no disparaba por la cuota. Así, Anthony retrata que un hombre de este estado, presumiblemente un policía, pues dispara por su deber con la justicia, acaba con la vida de Dani.

El último preestribillo reza «Down in the Badlands she was saving the best for last / It only hurts when I laugh / Gone too fast». Dani podría haber recibido el disparo en el torso, siendo tan dura que afirma sólo sentir dolor cuando se ríe, como tan dura es que se ríe ante la muerte. Y es que Dani, que se guardaba lo mejor para el final, terminó yéndose demasiado pronto; el precio a pagar por una vida de desenfreno y delincuencia. Al final de la historia, algunas interpretaciones afirman que en el último estribillo, Frusciante acompaña a Anthony cantando «Do svidaniya», que en ruso significaría «adiós».

CAN'T STOP

Can't stop, addicted to the shindig
No puedo parar, adicto a la fiesta
Chop Top, he says I'm gonna win big
Chop Top dice que voy a ganar a lo grande
Choose not a life of imitation
No escojas una vida de imitación
Distant cousin to the reservation
Primo lejano a la reserva
Defunkt the pistol that you pay for
Defunkt la pistola por la que pagas
This punk, the feeling that you stay for
Este punk, el sentimiento por el que te quedas
In time, I want to be your best friend
Con el tiempo, quiero ser tu mejor amigo
East Side love is living on the West End
El amor del East Side está viviendo en el West End
Knocked out, but boy, you better come to
Noqueado, pero, chico, será mejor que despiertes
Don't die, you know, the truth is some do
No te mueras, ya sabes, lo cierto es que algunos lo hacen
Go write your message on the pavement
Ve a escribir tu mensaje en el pavimento
Burn so bright, I wonder what the wave meant
Arde tan brillante, me pregunto qué significaba la ola
White heat is screaming in the jungle
El calor blanco está gritando en la jungla
Complete the motion if you stumble
Completa el movimiento si tropiezas
Go ask the dust for any answers
Ve y pregúntale al polvo por cualquier respuesta
Come back strong with 50 belly dancers
Regresa fuerte con 50 bailarinas del vientre

The world I love, the tears I drop

El mundo que amo, las lágrimas que derramo

To be part of the wave, can't stop

Para ser parte de la ola, no puedo parar

Ever wonder if it's all for you?

¿Te has preguntado alguna vez si es todo por ti?

The world I love, the tears I drop

El mundo que amo, las lágrimas que derramo

To be part of the wave, can't stop

Para ser parte de la ola, no puedo parar

Come and tell me when it's time to

Ven y dime cuándo es hora de

Sweetheart is bleeding in the snow cone

Cariño está sangrando en el granizado

So smart, she's leading me to ozone

Tan lista, ella me está llevando al ozono

Music the great communicator

La música la gran comunicadora

Use two sticks to make it in the nature

Usa dos palos para hacerlo en la naturaleza

I'll get you into penetration

Te meteré en la penetración

The gender of a generation

El género de una generación

The birth of every other nation

El nacimiento de todas las demás naciones

Worth your weight, the gold of meditation

Vale tu peso, el oro de la meditación

This chapter's going to be a close one

Este capítulo va a ser uno cercano

Smoke rings, I know you're going to blow one

Anillos de humo, sé que vas a soplar uno

All on a spaceship, persevering

Todos en una nave espacial, perseverando

Use my hands for everything but steering

Uso mis manos para todo menos para conducir

Can't stop the spirits when they need you

No puedes detener a los espíritus cuando te necesitan

Mop Tops are happy when they feed you

Los Mop Tops están felices cuando te alimentan

J. Butterfly is in the treetop

J. Butterfly está en la copa del árbol

Birds that blow the meaning into bebop

Aves que soplan el significado en el bebop

The world I love, the tears I drop

El mundo que amo, las lágrimas que derramo

To be part of the wave, can't stop

Para ser parte de la ola, no puedo parar

Ever wonder if it's all for you?

¿Te has preguntado alguna vez si es todo por ti?

The world I love, the tears I drop

El mundo que amo, las lágrimas que derramo

To be part of the wave, can't stop

Para ser parte de la ola, no puedo parar

Come and tell me when it's time to

Ven y dime cuándo es hora de

Wait a minute, I'm passing out, win or lose

Espera un minuto, me estoy desmayando, gane o pierda

Just like you

Igual que tú

Far more shocking than anything I ever knew

Mucho más impactante que cualquier cosa que haya conocido

How about you?

¿Qué tal tú?

Ten more reasons why I need somebody new

Diez razones más por las que necesito a alguien nuevo

Just like you

Justo como tú

Far more shocking than anything I ever knew

Mucho más impactante que cualquier cosa que haya conocido

Right on cue

Justo en el clavo

Can't stop, addicted to the shindig

No puedo parar, adicto a la fiesta

Chop Top, he says I'm gonna win big

Chop Top dice que voy a ganar a lo grande

Choose not a life of imitation

No escojas una vida de imitación

Distant cousin to the reservation

Primo lejano a la reserva

Defunkt the pistol that you pay for

Defunkt la pistola por la que pagas

This punk, the feeling that you stay for

Este punk, el sentimiento por el que te quedas

In time, I want to be your best friend

Con el tiempo, quiero ser tu mejor amigo

East Side love is living on the West End

El amor del East Side está viviendo en el West End

Knocked out, but boy, you better come to

Noqueado, pero, chico, será mejor que despiertes

Don't die, you know, the truth is some do

No te mueras, ya sabes, lo cierto es que algunos lo hacen

Go write your message on the pavement

Ve a escribir tu mensaje en el pavimento

Burn so bright, I wonder what the wave meant

Arde tan brillante, me pregunto qué significaba la ola

Kick-start the golden generator

Pon en marcha el generador dorado

Sweet talk but don't intimidate her

Dile cosas bonitas pero no la intimides

Can't stop the gods from engineering

No se puede detener a los dioses de la ingeniería

Feel no need for any interfering

No sientas la necesidad de interferir

Your image in the dictionary

Tu imagen en el diccionario

This life is more than ordinary

Esta vida es más que ordinaria

Can I get two, maybe even three of these?

¿Puedo tomar dos, tal vez tres de éstos?

Come from space to teach you of the Pleiades
Vengo del espacio para iinstruirte sobre las pléyades
Can't stop the spirits when they need you
No puedes detener a los espíritus cuando te necesitan
This life is more than just a read-through
Esta vida es más que una atenta lectura

«Can't Stop» nació a partir del *riff* de guitarra de Frusciante, con Anthony creando una letra para reforzar el ritmo principal. En ella destaca el predominante tema de nutrir o alimentar una energía interna, personal y espiritual, para crecer o prosperar. Además, como ya hiciera en «Give It Away», referencia algunas figuras a las que admira y en las que se inspira, como los habituales Defunkt, pero también la activista ambiental Julia Butterfly o el músico Charlie Parker.

En el primer verso de la canción, Anthony juega a confesar su adicción a la fama y la fiesta, y en el siguiente verso añade que «Chop-Top dice que voy a ganar a lo grande», donde Chop-Top es el personaje de ficción que aporta mayor dosis de humor negro en *La matanza de Texas 2*. Continúa recomendando «no vivir una vida de imitación», sino optar por ser uno mismo, por ser auténtico y original. Reconoce a los Defunkt, la banda de los años setenta y ochenta, como una influencia, definiéndolos como «the pistol that you pay for», donde «pistola» quiere decir que su música es letal como un revólver, y es en lo que los fans de los Chili Peppers se gastan su dinero. Crea una conexión así entre la música original de su banda y la de sus referentes Defunkt décadas atrás. Además, el funk de «Can't Stop» es similar al de canciones de aquella banda.

Más adelante, afirma que «East Side love is living on the West End», pues tal vez el amor que uno busca se encuentra en el lugar opuesto a donde espera encontrarlo. No puedes detener tu vida esperando, debes vivirla desde el presente y tomar lo que ella te brinda a cada paso. Frusciante le acompaña en la tercera parte de la estrofa, donde Anthony incita a «escribir tu mensaje en el pavimento». Más allá del acto explícito es también una invitación a dejar tu marca en el mundo. El siguiente verso continúa en este sentido con la idea de que si uno brilla con tanta intensidad su brillo perdurará por encima de las modas y las tendencias. Más o menos, lo que les sucedió a los Chili Peppers desde la autenticidad de su música y de su estilo, sobreviviendo durante décadas con su propia identidad.

Las líneas «White heat is screaming in the jungle / Complete the motion if you stumble» podrían ser una referencia a la cocaína, sustancia blanca que se vende en las calles de la jungla, como se refiere a las grandes ciudades como Los Ángeles. En caso de caer en sus garras, en su adicción, uno debe completar el movimiento de la caída para volver a levantarse después. Esta idea se refuerza con el último verso, «Come back strong with fifty belly dancers», pues la caída en la adicción –o la vida– brinda la oportunidad de regresar más fuerte, además de con mayor conocimiento sobre uno mismo. Antes, ha añadido una referencia al escritor John Fante y su obra *Pregúntale al polvo*, donde su protagonista Arturo Bandini es guionista y escritor que vive pobre hasta que consigue ganar dinero con sus escritos. En su obra, el protagonista convive con la lucha habitual de encontrar sentido a su existencia. Fante recuerda al polvo del desierto, que ya estaba allí, sigue y seguirá estando, sobreviviendo a civilizaciones y momentos históricos. Anthony le rinde homenaje instando a observar más allá de la fugacidad de la vida y buscar longevidad a partir de lo que perdura en el planeta y la existencia. Continúa en el estribillo, donde se refiere al mundo que ama y las lágrimas que derrama. No puede dejar de formar parte de una ola a la que dedica su vida, que en este caso es la música. El verso definitivo «Come and tell me when it's time to», pediría a una fuerza superior –la música en este caso– que le diga cuándo es el momento de dejarlo, un momento que él ni siquiera intuye que pueda llegar.

La segunda estrofa arranca con «Sweetheart is bleeding in the snow cone / So smart, she's leading me to ozone» es una alusión a la enfermera Sat Hari, que le inyectaba ozono intravenoso tanto a él como a Flea, y a quien hace referencia en su autobiografía *Scar Tissue*, publicada apenas dos años después del lanzamiento de esta canción. Sobre ella, Anthony dice: «Una de mis principales almas gemelas es Sat Hari. Flea la trajo de gira para administrarle ozonoterapia intravenosa. Sat Hari es una enfermera sij estadounidense, una joven muy dulce y protectora que usa turbante. Es cálida y cariñosa, sin pretensiones, una verdadera bocanada de aire fresco y energía femenina. Para mí, ella es como una hermana y madre, cuidadora, enfermera, todo en uno. Sat Hari se hace de querer por todos en la banda y el equipo, y se ha convertido en la madre de toda la organización».

En «Music the great communicator», Anthony expresa su adoración a la música, pues ésta aporta el sentido que busca a su existencia. La música es en definitiva una vía de expresión que ha acompañado a la humanidad desde el origen, pudiéndose realizar de forma tribal con algo tan simple como «dos palos en la naturaleza». En las siguientes líneas hace referencia a otro acto tan natural en la humanidad como el de la «penetración», que es el origen de cualquier «nación», para terminar con la epifanía «Worth your weight, the gold of meditation». La meditación es un modo de relajación, pero también de desbloquear la paz interior a través del autoconocimiento. Es un modo de liberarse del peso de la existencia, de la energía negativa y del pensamiento redundante, haciendo que te sientas ligero. Éste es el «oro» de la meditación, que te permite convertirte en quien realmente eres, alguien único y valioso.

En los siguientes versos, Anthony se refiere a su banda, donde están todos en el mismo barco o «nave espacial», para continuar haciendo aquello que aman. Pues ése es el propósito de su existencia, comandada por los «espíritus» que los reclaman. Se refiere a los Beatles como a los «Mop Tops», que era una forma coloquial con la que se llamaba a sus peinados de media melena a principios de los años sesenta. Los Beatles, pero también el resto de las influencias musicales de aquella época que tiene Anthony y el resto de la banda, están felices cuando sienten que su obra los está influenciando para crear la suya propia. Finalmente, añade a la activista *hippie*, Julia Butterfly, indicando que está en lo alto del árbol, pues a su modo también es otra inspiración, por ser idealista y luchadora y estar conectada con la naturaleza. «Birds that blow the meaning into bebop» hace referencia a Charlie Parker, conocido como «Bird», el saxofonista que ayudó a la creación del género bebop.

En el puente, Anthony se humaniza, quitándose importancia y méritos. Por mucho que haya encontrado sentido a su existencia a través de la creatividad y la música, al final del día se tiene que ir a dormir, exactamente igual que cualquier otro ser humano. Esto es lo más impactante de la lección que aprende, que no importa lo notoria que sea la existencia de cada uno, si al final somos todos iguales, y continúa preguntando «¿qué tal tú?» para hacer hincapié en que se puede aprender algo de cualquier persona. Por eso le sobran diez razones más para seguir conociendo gente nueva y seguir ampliando su conocimiento sobre la existencia.

Finalmente, Anthony retoma la primera estrofa para iniciar la que será la última de la canción, donde varía al añadir que no se puede detener a los dioses, ingenieros de la vida, en su calculado albedrío del devenir de las cosas. Invita a «no sentir la necesidad por intervenir» pues es imposible tener el control sobre todo; no está en nuestras manos, sino en las de un ente superior. «Your image in the dictionary» hace referencia al hecho de pasar a formar parte de la historia a través de tu existencia. Como los Chili Peppers, que encontraron su propósito en crear música y su imagen forma parte de los diccionarios y las enciclopedias, también el día en que ya no estén. Pues su vida «es más que ordinaria». Añade que es un honor vivir esta vida que vive, como mensajero de estos entes superiores que lo utilizan para transmitir sus mensajes. «Come from space to teach you of the Pleiades», donde las pléyades eran las siete bellas hermanas que, divinizadas en la mitología griega, se convirtieron en las siete estrellas más bonitas del cielo en invierno. En este sentido, refiriéndose a sí mismo como mensajero y no como emisor, recupera la alusión a los espíritus que lo requieren, para terminar diciendo que «This life is more than just a read-through», el valor de crear, más allá de consumir.

ME AND MY FRIENDS

Me and my, me and my, me and my, me and my, me and my friends
Yo y mis, yo y mis, yo y mis, yo y mis, yo y mis amigos
Me and my, me and my, me and my, me and my, me and my friends
Yo y mis, yo y mis, yo y mis, yo y mis, yo y mis amigos
Me and my, me and my, me and my, me and my, me and my friends
Yo y mis, yo y mis, yo y mis, yo y mis, yo y mis amigos
Me and my, me and my, me and my, me and my, me and my friends
Yo y mis, yo y mis, yo y mis, yo y mis, yo y mis amigos

Like two sweet peas in an even sweeter pod
Como dos guisantes dulces en una vaina aún más dulce
That's my friend and my friend's named Bob
Ése es mi amigo y mi amigo se llama Bob
Like the devil knows hell I know Bob well
Como el diablo conoce el infierno, conozco bien a Bob
Well enough to tell you 'bout his '67 smells
Lo suficientemente bien como para hablarte sobre sus olores del '67
Well enough to tell you he's a hell-a-swell fellow
Lo suficientemente bien como para contarte que es un tipo increíble

Well enough to tell you that we know each other better

Lo suficientemente bien como para decirte que nos conocemos el uno al otro mejor

Than we know our selves like freaks of a feather

De lo que nos conocemos a nosotros mismos, como freaks de una pluma

We rock together I know Bob well

Rockeamos juntos, conozco bien a Bob

But I think he knows me better

Pero creo que él me conoce a mí mejor

Me and my, me and my, me and my, me and my, me and my friends

Yo y mis, yo y mis, yo y mis, yo y mis, yo y mis amigos

Me and my, me and my, me and my, me and my, me and my friends

Yo y mis, yo y mis, yo y mis, yo y mis, yo y mis amigos

Me and my, me and my, me and my, me and my, me and my friends

Yo y mis, yo y mis, yo y mis, yo y mis, yo y mis amigos

Me and my, me and my, me and my, me and my, me and my friends

Yo y mis, yo y mis, yo y mis, yo y mis, yo y mis amigos

He's as close to me as a friend can be

Es tan cercano a mí como un amigo puede serlo

I'll be standin' by my buddy he'll be standin' by me

Estaré al lado de mi amigo, el estará al lado mío

Just another half of the two headed freak

Sólo otra mitad de un monstruo de dos cabezas

But I need him like my heart needs to beat

Pero le necesito como mi corazón necesita latir

At this point in this friendly verse

En este punto en este verso amistoso

I've got to sing a little something that

I haven't rehearsed it's about my man

Tengo que cantar algo que no he ensayado, se trata de mi hombre

And his name is Hillel for who my love is soul

brother sacred take it huckleberry

Y su nombre es Hillel, para quien mi amor es hermano del alma sagrado, tómalo, huckleberry

Slim boy take it

Slim boy, tómalo

Me and my, me and my, me and my, me and my, me and my friends
Yo y mis, yo y mis, yo y mis, yo y mis, yo y mis amigos
Me and my, me and my, me and my, me and my, me and my friends
Yo y mis, yo y mis, yo y mis, yo y mis, yo y mis amigos

Jacky's eyes are closed but he's right on course
Los ojos de Jacky están cerrados pero está en el rumbo correcto
Because he's guided by the invisible force
Porque está guiado por la fuerza invisible
He drives a kooky green Chrysler bad as anybody's Porsche
Conduce un Chrysler verde chiflado, mal como el Porsche de cualquiera
He's a working class drummer he's as strong as a horse
Es un baterista de clase trabajadora, es tan fuerte como un caballo

Me and my, me and my, me and my, me and my, me and my friends
Yo y mis, yo y mis, yo y mis, yo y mis, yo y mis amigos
Me and my, me and my, me and my, me and my, me and my friends
Yo y mis, yo y mis, yo y mis, yo y mis, yo y mis amigos
Me and my, me and my, me and my, me and my, me and my friends
Yo y mis, yo y mis, yo y mis, yo y mis, yo y mis amigos
Me and my, me and my, me and my, me and my, me and my friends
Yo y mis, yo y mis, yo y mis, yo y mis, yo y mis amigos

Una de las canciones más antiguas todavía presentes en los conciertos de los Chili Peppers, original del álbum *The Uplift Mofo Party Plan*, publicado en 1987. En su autobiografía, Anthony cuenta que la escribió tras un viaje en coche con su amigo Joe Walters, de regreso desde San Francisco. Tras la conversación con Joe, Anthony estuvo dándole vueltas al valor de la amistad y cómo sus amigos se habían convertido en personas extremadamente importantes para él. A quienes conocía más –y le conocían más a él– que a miembros de su familia. A ellos en general dedica la línea del estribillo, «Yo y mis amigos», y a tres en concreto, las tres estrofas de la canción.

La primera estrofa habla sobre su amigo «Bob», tratándose de Bob Forrest, el líder de Thelonious Monster, a quien Anthony proclama conocer tanto «como el diablo conoce el infierno». Aún más allá, afirma que ambos se conocen el uno al otro mejor de lo que se conocen a sí mismos, siendo éste –el conocerse a uno mismo– un tema recurrente para Anthony en adelante. La frase «We rock toge-

DIEZ CANCIONES IMPRESCINDIBLES (Y LA HISTORIA QUE HAY DETRÁS)

ther» confirmaría que se trata de
Bob Forrest, pues además de compartir vivencias nocturnas, ambos
estaban en la escena musical *underground* de Los Ángeles en la época.

La segunda estrofa va dedicada
a Hillel Slovak, el mejor amigo de
Anthony, su «alma gemela» a quien
llama «Slim» por ser «delgado». Se
refiere a Hillel como a una «persona
cercana a él como un amigo lo pue-
de ser», añadiendo que uno permanece de pie al lado del otro, como ambos
estaban siempre el uno junto al otro sobre el escenario. Después de todo, Hillel
era ese guitarrista y amigo que le transmitía seguridad sobre las tablas, el que
era capaz de compartir con él el protagonismo lanzando solos de guitarra que
atrajeran las miradas del público y dieran un descanso al cantante («But I need
him like my heart needs to beat», «Pero lo necesito como mi corazón necesita
latir»). Estamos en 1987, el momento en que Anthony fue expulsado del grupo
por su adicción que le hacía faltar a conciertos pero también a las sesiones de
grabación de *Uplift*. Finalmente, invita a Hillel a tomar el control de la acción en
su inminente solo de guitarra.

Uplift era también el primer álbum en que Anthony celebraba disponer de la
formación original de los Chili Peppers al completo. Jack Irons había regresado a
la banda para tocar la batería en sustitución de Cliff Martínez, y es a Irons a quien
Anthony dedica la última estrofa de la canción, celebrando este esperado regreso. Empieza describiéndolo en su forma de tocar, sintiendo el ritmo con los ojos
cerrados: «Jacky's eyes are closed but he's right on course». Continúa diciendo
que es «guiado por una fuerza invisible», que es el ritmo de la canción. Se acuerda de su coche, un Chrysler verde que conduce con orgullo como un Porsche,
pues es un «baterista de clase trabajadora, tan fuerte como un caballo», su particular forma de cerrar este homenaje a su grupo de amigos reunido para la causa.

El hecho de que más de tres décadas después, los Chili Peppers continúen interpretando esta canción de forma habitual en vivo, expresa el incalculable valor
que todavía tiene para sus miembros, especialmente para Anthony y Flea. Pues
es la única que hace alusión a los dos ausentes, Hillel Slovak y Jack Irons, presentes en la formación original, y sin los cuales la banda no hubiera progresado
para evolucionar hasta lo que se ha convertido hoy en día; valor que por su parte
también le reconocen los actuales miembros, John Frusciante y Chad Smith.

KNOCK ME DOWN

Never too soon to be through

Nunca es demasiado pronto para terminar

Being cool too much too soon

Ser demasiado guay demasiado pronto

Too much for me, too much for you

Demasiado para mí, demasiado para ti

You're gonna lose in time

Vas a perder con el tiempo

Don't be afraid to show your friends

No tengas miedo de mostrar a tus amigos

That you hurt inside, inside

Que te duele por dentro, por dentro

Pain's part of life, don't hide behind your false pride

El dolor es parte de la vida, no te escondas detrás de tu falso orgullo

It's a lie, your lie

Es una mentira, tu mentira

If you see me getting mighty

Si me ves poniéndome poderoso

If you see me getting high

Si me ves drogándome

Knock me down

Noquéame

I'm not bigger than life

No soy más grande que la vida

I'm tired of being untouchable

Estoy cansado de ser intocable

I'm not above the love

No estoy por encima del amor

I'm part of you and you're part of me

Yo soy parte de ti y tú eres parte de mí

Why did you go away?

¿Por qué te fuiste?

Finding what you're looking for

Encontrar lo que estás buscando

Can end up being, being such a bore

Puede terminar siendo, siendo tan aburrido

I pray for you most every day

Rezo por ti casi todos los días

My love's with you

Mi amor está contigo

Now fly away

Ahora vuela lejos

If you see me getting mighty

Si me ves poniéndome poderoso

If you see me getting high

Si me ves drogándome

Knock me down

Noquéame

I'm not bigger than life

No soy más grande que la vida

If you see me getting mighty (ooh)

Si me ves poniéndome poderoso (ooh)

If you see me getting high

Si me ves drogándome

Knock me down (knock me down)

Noquéame (noquéame)

I'm not bigger than life

No soy más grande que la vida

If you see me getting mighty (see me)

Si me ves poniéndome poderoso (me ves)

If you see me getting high (getting mighty)

Si me ves drogándome (poniéndome poderoso)

Knock me down (knock me down)

Noquéame (noquéame)

I'm not bigger than life

No soy más grande que la vida

It's so lonely when you don't even know yourself (Oh, so lonely)

Es tan solitario cuando ni siquiera te conoces a ti mismo (Oh, tan solo)

It's so lonely (yeah)

Es tan solitario (sí)

It's so lonely when you don't even know yourself (oh)

Es tan solitario cuando ni siquiera te conoces a ti mismo (oh)

It's so lonely (oh yeah)

Es tan solitario (oh sí)

Fue el primer *hit* original –no una versión– de los Chili Peppers. Aunque fuera compuesta ya en la era Frusciante, quien reemplazó a Hillel Slovak tras su muerte, la idea de esta canción se le apareció a Anthony en mayo de 1988, cuando la banda, con Hillel en sus filas, se encontraba de gira en Inglaterra. Anthony cuenta que «Hillel tenía una mala adicción a las drogas ya cuando salimos de Los Ángeles. Y cuando llegamos a Europa, empezó a experimentar la abstinencia. Estaba realmente enfermo, pero al mismo tiempo, no parecía tener compasión por su vida ni considerar que no estaba más allá de la vida o la muerte, o incluso de la humillación a causa de las drogas. Me di cuenta de que se encontraba de frente con la miseria, pero no estaba listo para admitir que las drogas estaban disminuyendo su calidad de vida y belleza». Esta canción trata precisamente de la necesidad de apoyarte en las amistades para mantenerte limpio cuando eres o has sido un drogadicto, antes de que la droga te arrebate la vida. «Así que se me ocurrió la idea de "derribarle", como si alguien tuviera que derribarlo antes de que muriera. Porque él mismo no era más grande que la vida. Luego regresamos a Los Ángeles, e inmediatamente los dos volvimos a consumir y luego murió poco después, porque estaba solo. Realmente no había tratado de contactarlo durante la última semana. Podría haberlo salvado: conozco la reanimación pulmonar y he traído de vuelta a un par de amigos que murieron temporalmente a causa de una sobredosis».

La primera mitad de la primera estrofa, «Never too soon to be through / Being cool too much too soon / Too much for me, too much for you / You're gonna lose in time», expresa la preocupación de Anthony por su amigo, pero también por cualquiera en su situación, pues al final cualquier persona adicta a las drogas está destinada a salir perdiendo, o bien contrayendo una enfermedad o sufriendo una sobredosis. Nunca es demasiado pronto –ni demasiado tarde– para dejar las drogas y buscar ayuda, aunque la presión de la audiencia, cuando formas parte de algo tan «genial» como una banda del *underground* de

Los Ángeles, pueda pesar. Anthony reconoce ser consciente de ello e intuye que su amigo Hillel no lo es, y le advierte de que de seguir así va a acabar perdiendo la partida. Continúa con «Don't be afraid to show your friends / That you hurt inside, inside / Pain's part of life, don't hide behind your false pride / It's a lie, your lie», donde destaca la negativa de Hillel a afrontar la realidad, el dolor que se estaba infligiendo. Y es esta negativa la que le hace continuar viviendo una mentira, que a estas alturas ya nadie cree más que él mismo.

Es el estribillo precisamente esa cura de humildad que Anthony reclama para su amigo, pero en este caso dedicándosela a sí mismo al tratarlo en primera persona. «If you see me getting mighty / If you see me getting high / Knock me down / I'm not bigger than life» es una oda a la sobriedad, pidiendo ayuda a sus amigos para que lo derriben y lo devuelvan a la tierra si se endiosa por culpa del consumo de drogas. Alguien que consume se siente poderoso, intocable, pero

la muerte de Hillel le demostró que esto no es así, nada más lejos. Anthony lo recordaría diciendo que «Se trataba de una canción que describe cómo era el ser un drogadicto, tener ese ego y pensar que eres impenetrable e impermeable a las fuerzas de la naturaleza y la vida».

Reforzando esta idea es cómo empieza la siguiente estrofa, donde dice «no estar por encima del amor». Es este amor el que cimienta la amistad entre Anthony y Hillel, afirmando que el uno forma parte de la vida del otro, y actuar con egoísmo sobre la vida propia, afecta a la vida de los demás, tus seres queridos. Le pregunta «Why did you go away?» y se despide diciéndole que reza por él a diario. Sobre la pérdida de Hillel y en la línea de esta canción, Flea explicaría que «La muerte de Hillel es lo más triste que podría haber pasado. Lo que me hizo sentir peor, fue que durante el tiempo en el que él realmente necesitaba nuestra ayuda, amistad y amor, yo estaba muy enfadado con él. Realmente lo echo de menos, el crecer juntos. Lo amaba mucho».

OUT IN L.A.

We're all a bunch of brothers livin' in a cool way

Somos todos un grupo de hermanos viviendo de una manera guay

Along with six million others in this place called L.A.

Junto a otros seis millones en este lugar llamado L.A.

L.A. is the place, sets my mind ablaze

L.A. es el lugar, pone en llamas mi mente

For me, it's a race through a cotton pickin' maze

Para mí es una carrera a través de un maldito laberinto

The town makes me jump, it's got a bunch of bad chicks

La ciudad me hace saltar, tiene un montón de chicas malas

Well sure, it's got some chumps but I still get my kicks

Bueno, seguro tiene algunos tontos, pero aun así me lo paso de puta madre

My body loves to scrump when I lick the ripe pick

A mi cuerpo le encanta encogerse cuando lamo la púa madura

Like a come on a thumb

Como una corrida en un pulgar

Poppin' hump, hump, hump, pop out

Poppin' hump, hump, hump, ¡salta!

The action never stops, I'm as wild as can be

La acción nunca se detiene, soy tan salvaje como puedo serlo

'Cos I'm shooting for the top with my best friend the Flea

Porque estoy apuntando a la cima con mi mejor amigo Flea

Oom Chucka Willy knew the balls to pop

Oom Chucka Willy se sabía las pelotas a punto de explotar

But he never met the Tree so he never be-bopped out hop!

Pero nunca conoció a Tree, ¡así que nunca explotó!

Antwan the Swan, from the pretty fish pond

Antwan el Cisne, del hermoso estanque de peces

Was a bad mother jumper, you could tell he was strong

Era un mal asalta madres, podías decir que era fuerte

He war a cold paisley jacket and a hellified hat

Vestía una chaqueta fresca de cachemir y un sombrero infernal

And between his legs was a sweat young lass

Y entre sus piernas había una dulce joven muchacha

He threw a hundred women up against the wall

Arrojó a cien mujeres contra la pared

And he swore to fear that he'd love 'em all

Y juró temer que las amaría a todas

By the time he got to ninety nine, he had to stop

En el momento en que llegó a noventa y nueve tuvo que parar

Because that's when he thought that he heard a fop

Porque entonces pensó que escuchó un petimetre

Last night and the night before, I heard a

Anoche y la noche anterior, escuché un

Fop outside, then I came in doors

Petimetre fuera, luego entré adentro

Rock out!

¡Rockea!

Now that I told you a little something about the Flea

Ahora que te he contado algo sobre Flea

A little something about the Tree, a little something about me

Algo sobre Tree, algo sobre mí

I can't leave you hangin' but my man Shermzy

No puedo dejarte colgado sobre mi hombre Shermzy

He swings the yang, he bangs the yang

Él balancea el yang, golpea el yang

**And now, it's time to hear him do his thang,
you better be burning Sherman!**

Y ahora es hora de escucharlo hacer sus cosas, ¡más te vale estar ardiendo Sherman!

We're all a bunch of brothers livin' in a cool way

Somos todos un grupo de hermanos viviendo de una manera guay

Along with six million others in this place called L.A.

Junto a otros seis millones en este lugar llamado L.A.

Step out!

¡Salid!

E sta versión de «Out in L.A.» fue la primera canción que Anthony escribió para los Chili Peppers. Se trata de la versión aparecida en su álbum debut, que nace de la que apareció en la grabación de la demo, la que escribieron cuando todavía se hacían llamar Tony Flow and the Miraculously Majestic Masters of Mayhem. Es una oda u homenaje a la ciudad que los vio crecer, Los Ángeles, con una población de seis millones de habitantes. Los Ángeles es la ciudad que excita su mente, una carrera a través de un laberinto, cual campo de algodón. Continúa enalteciendo algunas de sus virtudes, que le producen excitación y lo hacen saltar de alegría, como son sus «chicas malas». Añade que, por supuesto, hay algunos «capullos» pero aun así encuentra la forma de pasárselo genial. Aparece la referencia a su «mejor amigo, Flea», con quien deambula por las calles en busca de travesuras. Continúa con «Tree», que es su amigo Keith Barry, con este sobrenombre. Antes, aparece la referencia a «Oom Chucka Willy», protagonista de una rima popular coloquial, extremadamente explícita, vulgar e irrespetuosa con el género femenino. La estrofa protagonizada por «Antwan the Swan», que es él mismo, mantiene rima, forma y estructura de una de estas canciones populares protagonizadas por Chucka Willy. Sin embargo, no llega a reinterpretar la canción completa, pues al final añade la estrofa «Last night and

the night before, I heard a / Fop outside, then I came in doors», que es un verso original de la canción «Fopp» de los Ohio Players, banda que había representado el también manager de los Chili Peppers, Lindy Goetz.

En la estrofa final recupera la referencia a Flea y a Keith Barry («Tree») como a sí mismo, para continuar ahora hablándole a «Shermzy», que es Jack Sherman, el guitarrista que grabó el primer álbum de la banda, invitándole a «arder» en el inminente solo de guitarra. Esta alusión no existía antes de que Sherman ingresara en los Chili Peppers, sumándose a tantas otras diferencias con la letra original de la primera versión de la canción, la que apareció en la demo grabada por Spit Stix… de incalculable valor por tratarse de la primera jamás compuesta por los Red Hot Chili Peppers, que dice así:

Aw, L.A. is the place, sets my mind ablaze
Oh, L.A. es el lugar, pone en llamas mi mente
For me, it's a race through a cotton pickin' maze
Para mí es una carrera a través de un maldito laberinto
For you it's a chase, but I lose you in the haze
Para ti es una persecución, pero te pierdo en la bruma
Now you spend your days catching rain in your chase, go out
Ahora pasas tus días atrapando la lluvia en tu persecución, ¡lárgate!

The town makes me jump, it's got a bunch of bad chicks
La ciudad me hace saltar, tiene un montón de chicas malas
Well sure, it's got some chumps but I still get my kicks
Bueno, seguro tiene algunos tontos, pero aun así me lo paso de puta madre
My body loves to scrump when I lick the ripe pick
A mi cuerpo le encanta encogerse cuando lamo la púa madura
Like a come on a thumb
Como una corrida en un pulgar
Poppin' hump, hump, hump, pop out
Poppin' hump, hump, hump, ¡salta!

The action never stops, I'm as wild as can be
La acción nunca se detiene, soy tan salvaje como puedo serlo
'Cos I'm shooting for the top with my best friend the Flea
Porque estoy apuntando a la cima con mi mejor amigo Flea
Oom Chucka Willy knew the balls to pop
Oom Chucka Willy se sabía las pelotas a punto de explotar

But he never met the Tree so he never be-bopped out hop!
Pero nunca conoció a Tree ¡así que nunca explotó!

Antwan the Swan, from the pretty fish pond
Antwan el Cisne, del hermoso estanque de peces
Was a bad mother jumper, you could tell he was strong
Era un mal asalta madres, podías decir que era fuerte
He war a cold paisley jacket and a hellified hat
Vestía una chaqueta fresca de cachemir y un sombrero infernal
And between his legs was a cocksucking lass
Y entre sus piernas había una muchacha chupapollas
He threw a hundred women up against the wall
Arrojó a cien mujeres contra la pared
And he swore to fear that he'd fuck 'em all
Y juró temer que se las follaría a todas
By the time he got to ninety nine, he had to stop
En el momento en que llegó a noventa y nueve tuvo que parar
Because that's when he thought that he heard a phone
Porque fue entonces cuando pensó que escuchó un teléfono

Last night and the night before, I heard a
Anoche y la noche anterior, escuché un
Fop outside, then I came in doors
Petimetre fuera, luego entré adentro
Rock out!
¡Rockea!

Now that I told you a little something about the Flea
Ahora que te he contado algo sobre Flea
A little something about the Tree, a little something about me
Algo sobre Tree, algo sobre mí
I can't leave you hangin' bout my man Baby B,
No puedo dejarte colgado sobre mi hombre Baby B,
'Cos he's smooth like a cat
Porque es suave como un gato
Be jamming backstage, screeching the sound
Está tocando detrás del escenario, haciendo chirriar el sonido

Doesn't know where he's at...

No sabe dónde está...

We're all a bunch of brothers livin' in a cool way

Somos todos un grupo de hermanos viviendo de una manera guay

Along with six million others in this place called L.A.

Junto a otros seis millones en este lugar llamado L.A.

Step out!

¡Salid!

CAPÍTULO 3

DISCOGRAFÍA Y FILMOGRAFÍA BÁSICA

DISCOGRAFÍA BÁSICA

DISCOS EN ESTUDIO

THE RED HOT CHILI PEPPERS

10 de agosto de 1984
EMI/Capitol

True Men Don't Kill Coyotes / Baby Appeal / Buckle Down / Get Up and Jump / Why Don't You Love Me / Green Heaven / Mommy, Where's Daddy? / Out in L.A. / Police Helicopter / You Always Sing the Same / Grand Pappy Du Plenty

Bonus tracks de la edición remasterizada de 2003:

Get Up and Jump (demo) / Police Helicopter (demo) / Out in L.A. (demo) / Green Heaven (demo) / What It Is (a.k.a. Nina's Song) (demo)

El álbum debut de los Red Hot Chili Peppers se publicaría el 10 de agosto de 1984 con una banda formada para la ocasión. La ausencia de Hillel Slovak y de Jack Irons, que decidieron continuar con su proyecto paralelo –y más serio–, What Is This, precipitó la llegada de Jack Sherman y Cliff Martínez. Mayor incidencia en el resultado del álbum tendría la elección como productor de Andy Gill, guitarrista de Gang of Four. A diferencia del sonido sucio y crudo, rápido, directo y punk en definitiva, que lograron capturar con la demo de seis canciones grabada un año antes junto a Spit Stix, baterista de Fear, el primer elepé de los Chili Peppers suena metálico y encapsulado. Los desencuentros entre Flea y Anthony con el productor debieron intuirse desde el momento en que la pareja le declaró su amor por *Entertainment!,* el primer disco de Gang Of Four. La sorpresa llegó al descubrir que Andy detestaba ese álbum, y lo que pudo haber sido señal de una difícil relación, se confirmó nada más entrar en los estudios Eldorado de Hollywood. Gill explica que cuando conoció al grupo éste hacía su

libre interpretación de funk semirrapeado, pero también esas canciones punk rock, cortas y rápidas, como tantas otras bandas del momento. Su intención era sacarlos de esa fórmula, para él agotada, bajando las revoluciones de su música y lanzando uno o dos cortes accesibles para las emisoras de radio.

Aquello no empezó bien. Sin embargo, la banda tomó las cuatro canciones originalmente compuestas con Slovak e Irons («Out in L.A.», «Get Up and Jump», «Green Heaven» y «Police Helicopter») y se pusie-

Portada del álbum debut de los Red Hot Chili Peppers, una loca ilustración de Gary Panter.

ron manos a la obra para completar el disco con otras tantas. Pero Sherman no era Slovak, y la falta de química se hizo más que evidente. Él conocía la teoría y tenía cultura musical, algo de lo que Flea y Anthony supieron aprovecharse, pero nunca se sacó de encima la etiqueta de «empollón», una debilidad cuando tratas con dos supervivientes de Los Ángeles. Anthony se reía de cómo mantenía su guitarra, limpiando los restos de sudor del mástil, algo que nunca había visto hacer a Hillel. Para colmo, Sherman a menudo se posicionaba junto al productor en sus enfrentamientos con Anthony y Flea sobre cómo abordar las canciones nuevas. La ruptura definitiva entre Anthony y Flea con Andy llegaría cuando el cantante vio que el productor había escrito en su bloc de notas la palabra *mierda* junto al título de «Police Helicopter», una de sus canciones preferidas. Aquella apreciación tan concreta sentenció su relación: estaban bailando con el enemigo y ni se habían percatado.

The Red Hot Chili Peppers arranca con el bajo de Flea en solitario, siendo éste quizá el momento más representativo del disco a lo largo de los escasos treinta minutos que dura. A continuación, Anthony se estrena con un «Hoo, Lord!» en

«True Men Don't Kill Coyotes», el corte elegido sobre el que se rodó un videoclip para promocionarlo en televisión. Pero la energía del grupo sobre los escenarios quedaría muy contenida en esta canción, pese a ser una de las más emblemáticas del disco. «Baby Appeal» se queda tristemente en una promesa de la brillante y divertida canción que podría haber sido, ahogándose en el sonido distintivo de los ochenta que serviría para bandas como Depeche Mode, pero no para los Chili Peppers. Ocurre lo mismo con «Buckle Down», estropeada por extraños e innecesarios efectos sonoros. «Get Up and Jump», con vientos de Keith Barry, sería el único adelanto que salió del álbum; un corte excelente que se pierde por el camino si se compara con su versión demo. La siguiente «Why Don't You Love Me» es la primera versión registrada por los Chili Peppers en un álbum, con un original de Hank Williams. Para la ocasión, los efectos y vientos aportan el sentido que pierde el uso de la guitarra acústica, pero nada destaca más que la personalidad vocal de Anthony. Todavía en busca de su estilo propio y lejos de cantar, asumía el protagonismo de esta versión que se deja escuchar para cerrar la primera cara del elepé original.

La cara B del disco empieza con «Green Heaven», corte compuesto con Hillel y ejecutado correctamente por Sherman, pese a perder fuerza al reducir sus revoluciones. Sherman luce más en «Mommy Where's Daddy», una de las pocas canciones compuestas expresamente por los cuatro que grabaron el álbum, que responde a la exigencia de Andy por generar cortes lentos, amigables y accesibles, convirtiéndose en una de las favoritas de los miembros originales junto a «True Men». Gwen Dickey, más conocida por el sobrenombre artístico de Rose Norwalt, cantante de Rose Royce, es quien abre para la banda. «Out in L.A.» debería haber sido una de las más destacadas del álbum, al tratarse de la primera canción que compuso la formación original. Sin embargo, aquí la guitarra queda enterrada con mucha separación entre instrumentos y voz, produciendo un sonido estéril que nada tiene que ver con la versión registrada en la demo. «Police Helicopter», una de las más representativas de lo que era la banda en sus inicios recorriendo pequeños clubes y antros de Los Ángeles, se reduce a un entretenido pero redundante minuto con personalidad, pero sonido pobre. «You Always Sing the Same» responde a una broma entre Flea y Anthony de apenas quince segundos. El disco cierra con la instrumental e interesante «Grand Daddy Du Plenty», donde Andy Gill participó en la composición; una canción interesante que poco tiene que ver con lo que habían sido, eran y serían los Chili Peppers.

La tensión durante la grabación se disparó y alcanzó cotas estrambóticas. Mientras Anthony y Flea se preguntaban sin cesar qué habían hecho contratando a Jack Sherman, ambos trataban de hacerle la vida imposible al productor en un ejercicio de supervivencia y rabia por estar cargándose a su bebé. La culminación llegaría cuando Flea se ausentó anunciando que iba a «echar una cagada», a lo que Andy respondería con ironía británica invitándolo a traerle un pedazo de vuelta. El productor no esperaba recibirla pocos minutos después dentro de una caja de pizza, todavía caliente. Lejos de escandalizarse, reaccionaría con la elegancia que se le presupone a un caballero británico, atribuyéndolo a la actitud propia de unos jóvenes inmaduros.

Con todo, el debut discográfico de los Chili Peppers no resultó en el álbum que Anthony y Flea habían imaginado, y se quedaría fuera de las listas, alcanzando el 201 de la Billboard 200. Tanto el bajista como el cantante han afirmado reiteradamente que la demo de seis canciones que grabaron con Spit Stix, en apenas tres horas, fue mucho más representativa de quiénes eran los Red Hot Chili Peppers en la época. Aquella cinta contenía la energía que ni entendió ni supo capturar Andy Gill, además de que la habían grabado con sus «hermanos» Hillel y Jack. Y es que Sherman aportó teoría y conocimiento, pero jamás conectó en el plano personal con el resto de la banda y terminó denunciándolos por abuso emocional. Flea ha declarado muchas veces que le gustaría volver a grabar este disco con Frusciante y Chad, deseo que no parece que vaya a verse realizado. Lejos de verlo como un fracaso, Anthony reaccionó aceptando que éste era el primer disco del grupo y que debían seguir moviéndose adelante.

En las notas de la edición remasterizada del álbum, Flea explica que «solía arrepentirme por no haber hecho el disco que pensaba que podíamos hacer, que podría haber sido un clásico, pero Anthony me ha enseñado que formó parte de nuestro proceso de aprendizaje y que si hubiéramos sido demasiado buenos demasiado rápido, nunca habríamos continuado el largo y rico proceso de crecimiento en el que todavía estamos.»

FREAKY STYLEY

16 de agosto de 1985
EMI

Jungle Man / Hollywood (Africa) / American Ghost Dance / If You Want Me to Stay / Nevermind / Freaky Styley / Blackeyed Blonde / The Brothers Cup / Battleship / Lovin' and Touchin' / Catholic School Girls Rule / Sex Rap / Thirty Dirty Birds / Yertle the Turtle

Bonus tracks de la edición remasterizada de 2003:

Nevermind (demo) / Sex Rap (demo) / Freaky Styley (versión extendida original) / Millionaires Against Hunger

La expectativa dentro de los Chili Peppers para grabar un disco que reflejara la intensidad de sus directos creció con el regreso de Hillel Slovak a la banda. Con el guitarrista original de nuevo en filas, se pusieron manos a la obra para encontrar a un productor que los entendiera mejor que Andy Gill. Irónicamente, la apuesta venía de la mano de Jack Sherman, pues el exguitarrista les había introducido en bandas como Parliament y Funkadelic, creadas por el padrino del funk, George Clinton. Clinton aceptó, pues a su vez estaba necesitado de proyectos que lo devolvieran a escena tras el declive del funk durante los años ochenta. La banda se instaló en su casa cerca de Brooklyn, a una hora de camino de Detroit, para trabajar ideas que resultaran en el disco, aunque al menos tres cuartas partes ya habían sido compuestas todavía con Sherman. El grupo y sus canciones se enriquecieron de su relación y química con el genio del funk, pero Anthony, que ya era adicto a la heroína, sufrió de síndrome de abstinencia. Lidió con su malestar consumiendo grandes cantidades de cocaína y marihuana, al igual que el resto de la banda. Tras la primera de cuatro semanas previstas de convivencia, Clinton los invitaría a instalarse en una casa cercana, poniendo a salvo sus pertenencias de la destrucción y el alboroto de los cuatro angelinos.

El álbum se grabaría durante el mes de mayo de 1985 en medio de un clima festivo en United Sound Studios, Detroit. La banda y Clinton consumieron tal cantidad de cocaína, que para pagar la deuda a su proveedor decidieron incluirlo en los créditos del disco. *Freaky Styley*, que vio la luz finalmente el 16 de agosto de 1985, un año después de su debut, empieza con el clásico instantáneo «Jungle Men». Su base rítmica recuerda a «True Men Don't Kill Coyotes», y no es extraño si tenemos en cuenta que se compuso junto a Sherman. Sin embargo, la ejecución de la mano de Hillel, cuyo estilo al instrumento había evolucionado desde la grabación de la maqueta, contiene tintes psicodélicos propios del rock y no del funk. En la letra, Anthony habla de un medio hombre/medio bestia, nacido en el interior de un volcán en Australia y que utiliza su pulgar para lanzar truenos, refiriéndose así a Flea en esta canción que serviría de primer adelanto del álbum.

«Hollywood (Africa)» es la primera de las dos versiones que aparecen en el álbum, siguiendo el consejo de Clinton, ambas y tantas otras con vientos de los también maestros del funk Maceo Parker y Fred Wesley. La canción original, «Africa», es de los Meters, pero los Chili Peppers hacen una revisión blanca de esta canción de negra vocación, para hablar de su África natal, que es Hollywood. El disco continúa con «American Ghost Dance», otro corte compuesto todavía con Sherman con uno de los estribillos más potentes del álbum, incorporando vientos en su estrofa para hacerlo todavía más funk. «If You Want Me to Stay» rinde homenaje directo a la gloria del funk Sylvester Stewart, más conocido como Sly Stone, líder de Sly and the Family Stone. Los Chili Peppers lo llevan a su terreno con un Anthony que demuestra tanta personalidad como carencia de técnica para cantar.

El primer tema del álbum compuesto por la formación que lo grabó, es «Nevermind», un autohomenaje, carta de presentación que derrocha energía y rabia, donde Anthony se encuentra tan cómodo como el resto de los integrantes originales. Así cierra la cara A de la edición original, y sigue con «Freaky Styley», un corte que flirtea con la psicodelia en un bucle de bajo infinito donde Hillel muestra de fondo indicios de lo que sería capaz de hacer en algunos de sus mejores momentos en el tercer álbum del grupo. «Blackeyed Blonde» ha sido descrita como un encuentro a medio camino entre Aerosmith e Isaac Hayes; es rítmica, efectiva, rápida e inspirada, en la línea de lo que había sido la maqueta del disco, pudiendo pertenecer a aquella colección de canciones, con un puente salvaje y étnico. «The Brothers Cup» es otro autohomenaje, que en esta ocasión hace referencia a la costumbre que compartían Anthony y Flea de colgar tazas de café de los hombros de sus cazadoras de cuero, con el fin de hacerlas chocar en gesto de hermandad. Destacan los vientos y la guitarra funk de Hillel en esta canción compuesta por él junto a sus hermanos de instituto, incluido Jack Irons. En «Battleship» el disco se va poniendo punk sin abandonar el funk de algarabía, rápido y directo, para desembocar en la breve «Lovin' and Touchin'», otra canción que respondería a la necesidad de hacer broma de todo, por parte de Anthony y Flea. «Catholic School Girls Rule» recupera a los Chili Peppers más punk rock, inspirada en un encuentro sexual entre Anthony con una estudiante de un colegio católico en Nueva Orleans, durante la gira de 1984. «Sex Rap» continúa con el tema preferido de Anthony y «Thirty Dirty Birds» es un traga-lenguas con forma de poema. El álbum original termina con «Yertle the Turtle», que incorpora versos

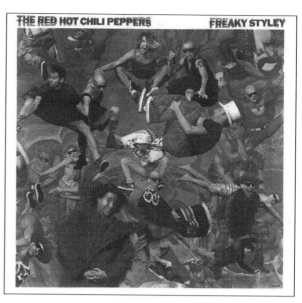

La portada del segundo álbum de los Chili Peppers los captura saltando frente a *El Juicio Final*, de Miguel Ángel.

de la poesía infantil de mismo nombre, escrita por Dr. Seuss. La voz introductoria es la del proveedor de cocaína de Clinton, al que esa actuación le sirve para aparecer en los créditos y cobrar *royalties* por ello.

Freaky Styley tampoco entraría en la lista Billboard 200, pero recibió mejores críticas que su predecesor, principalmente gracias a la producción, más en la línea de lo que representaba la banda. Los Chili Peppers se beneficiaban también del regreso de Hillel Slovak, que con su forma de tocar encajaba en la esencia del grupo y derrochaba química con los demás miembros. En líneas generales, el grupo se siente más relajado que en su debut discográfico, paradójicamente ofreciendo un resultado más salvaje y directo, sin pelos en la lengua. En sus notas personales publicadas en el libreto de la reedición remasterizada, Flea explica su punto de vista: «Sé que la música de este disco era demasiado oscura para ser popular y sonar en la radio, pero para mí se mantiene como una declaración musical definitiva y sustancial. Más que cualquier otro disco que hayamos hecho, es demasiado funk para la radio blanca y demasiado punk para la radio negra». Pese a ello, reconoce que las canciones estaban lejos de sonar pop, y que la falta de éxito o reconocimiento del disco, más allá del circuito de culto, terminaría por no deberse a factores raciales, sino a la propia naturaleza de sus canciones. Los Chili Peppers debían seguir evolucionando y experimentando en busca de un estilo propio que los hiciera populares.

THE UPLIFT MOFO PARTY PLAN

29 de septiembre de 1987
EMI Manhattan

Fight Like a Brave / Funky Crime / Me and My Friends / Backwoods / Skinny Sweaty Man / Behind the Sun / Subterranean Homesick Blues / Party On Your Pussy / No Chump Love Sucker / Walkin' On Down the Road / Love Trilogy / Organic Anti-Beat Box Band

Bonus tracks de la edición remasterizada de 2003:

Behind the Sun (demo instrumental) / Me and My Friends (demo instrumental)

Si en *Freaky Styley* la banda estaba emocionada por el regreso de Hillel Slovak a la guitarra, el tercer asalto Chili Pepper celebraría la reunión de la formación original con el reingreso de Jack Irons. El premio a la perseverancia de Flea y Anthony había llegado, los cuatro chicos de Fairfax se reunían otra vez para grabar el disco que llevaban años soñando y que, tristemente, sería el único en el que participarían todos. A principios de 1986, la banda todavía con Martínez, apostó por Keith Levene para la producción del nuevo álbum. Pero el miembro de Public Image Ltd. y Hillel apartaron dos de los cinco mil dólares que la discográfica había presupuestado para la grabación con el fin de comprar drogas. Esto creó tensión con el resto de los miembros del grupo y paralizó los avances, coincidiendo en el tiempo con el despido de Martínez y su reemplazo por Jack Irons. Las siguientes apuestas tampoco resultaron: Rick Rubin desestimó hacerse con la producción por malas sensaciones y Malcolm McLaren, el hombre que creó y destruyó a los Sex Pistols, no convenció. Mientras Anthony lidiaba con su propia adicción, Michael Beinhorn se puso en contacto con el grupo en busca de trabajo a través de EMI. Tras una primera reunión en un club, la banda cambió de planes y de productor, Beinhorn obtuvo el empleo: «Aunque su música parecía abstracta, definitivamente había emoción en ella. Pensé que necesitaban mucha ayuda con los arreglos. También aprendí rápidamente que los ejecutivos de la discográfica en realidad odiaban a los Chili Peppers, como si los insultaran abiertamente tanto que ni siquiera querían que tuvieran éxito. Era la cosa más extraña».

Grabado en Capitol Studios, Hollywood, el proceso duró más de lo previsto principalmente por las ausencias de Anthony, hundido en recaídas constantes por su consumo de heroína. Participaría poco en la creación de la música y el avance con las letras era muy lento. Anthony fue finalmente despedido y en cuanto los Chili Peppers recogieron el premio a banda del año por parte del LA Weekly sin él, reaccionó ingresando en un centro de desintoxicación en Grand Rapids, Míchigan. Allí se limpió, dejando de consumir toda sustancia por primera vez en once años y escribiendo el que sería el primer y único adelanto del álbum en el avión de regreso a casa, «Fight Like a Brave». De nuevo en Los Ángeles, estaba preparado para volver al grupo. Publicado el 29 de septiembre de 1987, *Uplift* sería menos evidentemente funk que su predecesor, sustituyendo vientos por influencias del heavy metal, hard rock e incluso reggae, animados por el productor Michael Beinhorn, quien insistió en que la banda ampliara miras y motivó a Anthony para que empezara a cantar. Si el anterior *Freaky Styley* había sido el disco más puramente funk de los Chili Peppers, éste sería el más rockero.

The Uplift Mofo Party Plan se inicia con «Fight Like a Brave», un alegato de Anthony a la valentía por enfrentarse a la vida limpio de sustancias y toxicidad. Es un corte de marcha continua donde la banda al completo participa con coros que recuerdan a los de los seguidores de un equipo de fútbol. Transmite unión y fuerza fruto de la química revitalizada tras el regreso de Jack Irons. «Funky Crime» incluye a Hillel utilizando un *talkbox* para crear sonoridades y efectos psicodélicos que hacen de ésta una canción reconocible de entre toda la discografía de los Chili Peppers. La letra reproduce una conversación entre Anthony y George Clinton durante la grabación del álbum anterior. Por su parte, la siguiente «Me and My Friends» es un alegato a la amistad que Anthony escribió tras un viaje en coche con un amigo de infancia. La canción obtendría atención de las emisoras de radio pese a no tratarse de un *single* y se ha convertido todavía hoy en una habitual de los repertorios en vivo de la banda.

La portada de *Uplift* vuelve a ser obra del ilustrador Gary Panter.

«Backwoods» es una oda a la historia del rock donde destaca la técnica de *pop'n'slap* de Flea y el solo de guitarra de Hillel. «Skinny Sweaty Man» es rápida y efervescente, entre el funk, la psicodelia y el hardcore, con letra inspirada por los efectos que el consumo de cocaína tenía sobre Hillel durante las sesiones del álbum anterior. En el ecuador del disco encontramos «Behind the Sun», una canción que debería haber sido single del álbum y que sin embargo tuvo que esperar hasta la futura compilación que lanzaría el sello tras haber perdido al grupo. Es también la primera canción en la que Anthony intenta cantar entonando, acompañando el *riff* de Hillel interpretado con un sitar. La idea inicial surgió en una improvisación de Hillel, que estuvo a punto de desestimar por su estilo pegadizo y accesible, alejado de lo que acostumbraba a hacer la banda. Beinhorn le insistió en que siguiera trabajándolo, viendo potencial en esta línea basada en la melodía. Hillel trabajó en la idea para desarrollar una canción completa, viendo cómo las partes y el resto de los instrumentos se acoplaban con éxito pese a su escepticismo.

Fieles a la tradición, los Chili Peppers incluirían la versión de «Subterranean Homesick Blues», de Bob Dylan. La banda se favorece en esta ocasión de llevarla a su terreno hasta hacerla prácticamente irreconocible respecto a la original. Le sigue la bautizada como «Special Secret Song Inside», que originalmente se iba a llamar «Party On Your Pussy», pero EMI se negó a publicar el álbum si la banda no le cambiaba el título a la canción. «Special» o «Party», como quieran llamarlo, es un corte que destaca por su factura con un excelente solo de guitarra de Hillel y un estribillo pegadizo como pocos (y ofensivo como ninguno). «No Chump Love Sucker» surgió de una ruptura sentimental de Hillel, que se sintió utilizado por una chica materialista que lo reemplazó por alguien con más dinero y drogas. Es uno de los momentos más rockeros del disco, cercano al punk rock con un *riff* de guitarra que incorpora elementos del metal.

Encontramos reposo en «Walkin' On Down the Road», donde destaca el uso de las voces y el bajo de Flea. La penúltima «Love Trilogy» incorpora elementos del reggae para convertirse en un clásico instantáneo de los inicios de los Chili Peppers y en otra de las favoritas de la banda. Junto a «Special» es la canción más explícita y sexual del álbum. Sobre ella, Anthony diría que «durante años, cada vez que alguien cuestionaba nuestras letras, Flea les decía que se leyeran "Love Trilogy" y sabrían de qué tratan las letras reales». El disco termina con «Organic Anti-Beat Box Band», una fiesta improvisada donde cabe toda idea musical que también perduraría en el repertorio en vivo de la banda durante los siguientes años.

Con todo, *Uplift* cosechó mejores críticas que los discos anteriores, la mayoría alabando el trabajo de guitarra de Hillel y destacando que ésta podría ser la formación definitiva de los Chili Peppers. Algunos medios criticaban que los Chili Peppers seguían siendo muy efectivos sobre el escenario pero escasamente acertados en el estudio, pero lo cierto es que Hillel Slovak y Jack Irons, además del productor Michael Beinhorn, aportaron a los Chili Peppers ideas, sonidos y en definitiva, una energía que no habían sido capaces de encapsular en el estudio hasta la fecha. *Uplift* alcanzó el 148 de la Billboard 200, con lo que el grupo entró por primera vez en la lista, pero todavía más importante, el disco sirvió para que se afianzara y creciera su base de seguidores en Los Ángeles. Los siguientes *shows* de la banda serían los mejores y los peores de la época. Los mejores, los que cautivarían a un joven John Frusciante. Los peores, los que se perdería Hillel por su adicción a la heroína fuera de control, la misma que lo llevaría a fallecer de sobredosis y a Jack Irons a abandonar un grupo donde sus amigos se iban muriendo. Pese al fatal desenlace, *The Uplift Mofo Party Plan* es uno de los mejores momentos de la discografía de los Chili Peppers.

MOTHER'S MILK

16 de agosto de 1989
EMI

Good Time Boys / Higher Ground / Subway to Venus / Magic Johnson / Nobody Weird Like Me / Knock Me Down / Taste the Pain / Stone Cold Bush / Fire / Pretty Little Ditty / Punk Rock Classic / Sexy Mexican Maid / Johnny, Kick a Hole in the Sky

Bonus tracks de la edición remasterizada de 2003:

Song That Made Us What We Are Today / Knock Me Down (versión extendida original) / Sexy Mexican Maid (versión extendida original) / Salute to Kareem / Castles Made of Sand (live) / Crosstown Traffic (live)

John Frusciante explicaría que «la primera vez que vi a los Red Hot Chili Peppers en vivo fue en el Variety Arts Center. Fue realmente asombroso… iban a por un sonido realmente duro. Hillel estaba haciendo todos esos increíbles acoples y efectos. Fue la experiencia más mágica que he tenido en un concierto». No es extraño entonces que a su entrada en los Chili Peppers estudiara e incluso imitara las técnicas de guitarra de Hillel. «Aprendí todo lo que necesitaba saber sobre cómo sonar bien con Flea estudiando la forma de tocar de Hillel, y a partir de ahí fui por mi propio lado.» Frusciante encajó en la formación mucho mejor que DeWayne «Blackbyrd» McKnight, lo que lo convirtió en el nuevo guitarrista de los Chili Peppers. Una vez superado el bache forzoso de tener que despedir a D.H. Peligro por sus propias adicciones, y habiendo encontrado a Chad Smith, la banda estaba lista para grabar su cuarto álbum.

Cuando los cuatro llegaron al estudio, de nuevo con Michael Beinhorn, tenían la mayoría de canciones compuestas, algo que nunca había ocurrido antes. Según Flea, la entrada de Frusciante tuvo mucho que ver, pues tenía un conocimiento de la teoría musical que hasta entonces faltaba en el seno del grupo. Las demos se grabaron en los estudios Hully Gully, en Silver Lake, donde los cuatro tocaron durante horas para conocerse, en improvisaciones que darían lugar a la mayoría de las canciones. Cuando en febrero de 1989 llegaron al estudio de grabación Ocean Way de Hollywood, Beinhorn estaba preparado para sacar el máximo de los renacidos Chili Peppers en busca de su primer éxito de ventas. Pero esta intensidad llegó al límite, creando desavenencias con Frusciante, de quien buscaba un tono grueso cercano al metal a diferencia del anterior sonido fino y funk. Pese a ello, Beinhorn reconocería que Frusciante era el guitarrista perfecto para los Chili Peppers tras la pérdida de Hillel, siendo las progresiones de acordes y la melodía sus principales armas, en detrimento de canciones tan puramente rítmicas donde mandaba el *groove*.

La modelo Dawn Alane no supo que aparecería en portada hasta ver el álbum en las tiendas de discos.

Publicado el 16 de agosto de 1989, *Mother's Milk* empieza con «Good Time Boys» donde, desde los primeros segundos, se hace evidente el cambio en el sonido de la guitarra. El uso de guitarras eléctricas de pastilla de doble bobina, tipo Gibson Les Paul, produce un sonido más grueso, el mismo que perseguía Beinhorn y que tanto contrastaba con el sonido Chili Pepper hasta la fecha. Sin embargo, rápidamente la canción vira hasta una estrofa típicamente funk, tan efectiva como poderosa. El realizador Drew Carolan rodaría para esta canción un vídeo promocional que la banda no reconocería como oficial, y que únicamente se lanzaría en la compilación *Hard'n Heavy Vol. 2*, en 1989. «Good Time Boys» es una excelente carta de presentación de lo que es el disco, con unos coros potentes gracias a la participación de Frusciante. Incluye además fragmentos de bandas amigas en el puente, como Fishbone, Thelonious Monster y X. La siguiente «Higher Ground» sería una de las dos canciones clave del álbum. Original de Stevie Wonder pero interpretada para la ocasión con un arranque de bajo sin igual y un *riff* de guitarra cercano al metal, el clásico del funk se lanzaría como primer adelanto del álbum, disparando la popularidad tanto de los Chili Peppers como de la canción original entre el público del rock alternativo. Incluye aportaciones corales de amigos y personal que participó en la grabación del álbum sin distinción con el fin de generar sentido de unidad. «Subway to Venus» incluye sección de vientos a cargo de Keith Barry y «Magic Johnson» es un homenaje al baloncestista de la NBA con ruido ambiente propio del estadio de los Lakers. El bajo de Flea toma el mando en «Nobody Weird Like Me», donde se reencuentra con la guitarra metal de Frusciante y la potencia y velocidad de Chad a la batería.

La siguiente «Knock Me Down» sería la canción más importante de la época para los Chili Peppers. Escrita en honor a Hillel, a su pérdida, y a la importancia de contar con la ayuda de buenos amigos, serviría para que Anthony ganara confianza escribiendo más allá del sexo y el hedonismo. Por fin los Chili Peppers demostraban que sabían ponerse serios y emotivos, sentimiento enfatizado por los coros de Vicki Calhoun. La canción se grabó a dúo entre Anthony y Frusciante, y en la versión que finalmente se lanzó como single, se situó la voz del guitarrista en primer plano. El álbum continúa con «Taste the Pain», donde se acredita a D.H. Peligro pues fue escrita antes de la entrada de Chad. Fue el tercer y último single que produciría el disco. «Stone Cold Bush», también de la época de Peligro, devuelve a la banda al punk rock y a temáticas alrededor del sexo y la prostitución.

La versión de «Fire» contenida en el álbum, original de Jimi Hendrix, fue grabada todavía con Hillel y Jack Irons, y probablemente sea una de las más inspiradas versiones que se han hecho del genial guitarrista. Se recupera la melodía compuesta por Frusciante en «Pretty Little Ditty», una pequeña canción instrumental que resulta una delicia de escuchar, y una de las pocas que no incluye distintas pistas de guitarra, técnica por la que se inclinó Beinhorn. Aparece la trompeta de Flea además de su bajo, en un diálogo entre su instrumento y la guitarra que recuperarían años después los también angelinos Crazy Town en su *hit* «Butterfly». «Punk Rock Classic» es exactamente lo que su título promete, emulando a bandas como The Germs o Black Flag, mientras ataca directamente a los Guns N' Roses en sus segundos finales. «Sexy Mexican Maid», una descripción literal de la protagonista que presenta el título, fue escrita con contribuciones de D.H. Peligro. La última «Johnny, Kick a Hole In the Sky», cuenta también con la participación de Vicki Calhoun en los coros del estribillo.

Mother's Milk fue el éxito que perseguían Beinhorn y la banda, situándose en el 52 de la Billboard 200. «Knock Me Down» alcanzó el número 6 en la lista Modern Rock, mientras «Higher Ground» llegó al número 11 pese a resultar más popular. La impresión de la prensa sería que los Chili Peppers seguían avanzando, saliendo del paso tras cada ensayo y error, y habiendo encontrado en Frusciante y Chad, el salvoconducto para continuar su trayectoria tras la trágica pérdida de Hillel. Fue el primer disco de los Chili Peppers en alcanzar el medio millón de copias vendidas, un hito teniendo en cuenta las cifras que habían manejado los anteriores álbumes, pero que quedaría en insignificante por la inminente obra magna que se publicaría en 1991.

BLOOD SUGAR SEX MAGIK

24 de septiembre de 1991
Warner Bros.

The Power of Equality / If You Have to Ask / Breaking the Girl / Funky Monks / Suck My Kiss / I Could Have Lied / Mellowship Slinky in B Major / The Righteous & the Wicked / Give It Away / Blood Sugar Sex Magik / Under the Bridge / Naked in the Rain / Apache Rose Peacock / The Greeting Song / My Lovely Man / Sir Psycho Sexy / They're Red Hot

Una vez que los Chili Peppers hubieron sido transferidos a Warner Bros., empezaron con la búsqueda de productor. La primera opción fue Rick Rubin, que los había rechazado en la grabación de *Uplift* pero ahora parecía dispuesto. El siguiente paso sería encontrar el lugar idóneo para la grabación. Rubin sugirió el uso de una mansión de Los Ángeles y con la aprobación del grupo y del sello, un equipo técnico instaló allí un estudio de grabación. El grupo decidiría instalarse en la mansión, supuestamente encantada, a excepción de Chad, generando una convivencia propicia para la creatividad que quedaría registrada en el documental *Funky Monks*. Durante un mes de trabajo, la banda grabó veinticinco canciones, diecisiete de las cuales entraron en el doble álbum dejando fuera cortes como «Soul to Squeeze», que no vería la luz hasta 1993. Otras rarezas y caras B aparecerían en futuros lanzamientos, como «Fela's Cock», «Sikamikanico» o la versión de los Stooges, «Search and Destroy». Las versiones de Jimi Hendrix, «Castles Made of Sand» y «Little Miss Lover» tardarían todavía más tiempo en ver la luz.

En *BloodSugarSexMagik* destaca la evolución de Flea, que trata de bajar de velocidad y dejar espacio al resto de los instrumentos para que tomen protagonismo. Lo describiría como un acercamiento al minimalismo, desarrollando el «menos es más»: «En *BloodSugarSexMagik* estaba tratando de tocar simple porque había estado tocando demasiado antes de eso. Pensé que debía relajarme y tocar la mitad de notas. Cuando tocas menos notas, cada nota vale más, es más emocionante y queda más espacio para todo». Frusciante también se sentía con mayor seguridad y libertad creativa, fuera de la influencia del productor anterior, Michael Bein-

horn y su insistencia en llevarlo al funk metal. Más acoplado a Flea, rebajaría distorsión para aplicar una filosofía similar a la de su compañero. Con todo, los Chili Peppers expandían su sonido y sus horizontes musicales, tomando un nuevo punto de partida para lo que se suponía estaba por venir a lo largo de la década de los noventa.

BloodSugarSexMagik se publicó el 24 de septiembre de 1991, el mismo día que Nirvana lanzaba *Nevermind*. Empezaba la era incuestionable del grunge, y sin embargo, el funk de los Chili Peppers se abriría camino hasta el número 3 de la

La dirección de arte del disco corrió a cargo de Gus Van Sant, pero el diseño de la portada es obra del tatuador habitual del grupo, Henk Schiffmacher.

Billboard 200. Lo hizo, abriendo con «The Power of Equality», un canto idealista sobre la equidad racial, el sexismo y los prejuicios que funciona como maquinaria suiza, donde todas las piezas están perfectamente engrasadas y acopladas. La

205

factura es impecable y cada paro funciona como una instantánea del talento que atesoraban los todavía entonces jóvenes músicos. Flea incorpora efectos para un solo de bajo sobre el de guitarra, en uno de los momentos más inspirados del álbum, que sirve de reflejo de los óptimos resultados que tanto él como Frusciante sacaban de las improvisaciones. La salida de la canción transporta sutilmente sin silencio hasta «If You Have to Ask», un corte funk, oscuro y pausado, que pese a todo incita al baile. Contenido sexual y un excelente solo de guitarra de Frusciante con reverencias y aplausos de sus compañeros capturados de fondo. Los coros merecen mención porque fueron los primeros cercanos al falsete, técnica que Frusciante llegaría a dominar y sería recurso habitual de los Chili Peppers en adelante. «Breaking the Girl» es la primera balada del álbum, una oda a corazón abierto en la que Anthony lamenta no estar estableciendo relaciones de larga duración con mujeres. La canción incluye un pasaje de percusión grabado con cubos de basura metálicos, recogidos por las calles de Los Ángeles. «Breaking the Girl» sería el cuarto single del disco y una de las canciones más laureadas por la crítica.

«Funky Monks» habla sobre los monjes del funk sobre un *riff* de guitarra que sostiene el continuo *groove*, hasta un estribillo donde reaparece el vital papel que adquieren a lo largo del disco los coros de Frusciante. «Suck My Kiss», tercer single del disco, se recrea en el terreno sexual mezclando géneros, punk y funk, pero con énfasis en la intención por encima de los decibelios. El álbum continúa con la balada «I Could Have Lied», que Anthony dedica a la cantante irlandesa Sinéad O'Connor, con quien mantuvo un breve pero intenso romance hasta que ésta desapareciera de su órbita sin mediar palabra. Frusciante utiliza la guitarra acústica con idéntica precisión que con la eléctrica, instrumento que recupera para uno de los solos de guitarra más sentidos del disco. «Mellowship Slinky In B Major» es uno de los cortes con mayor funk y flow del álbum, donde destaca el diálogo que establecen Flea y Frusciante entre sus instrumentos. Percusión y coros enriquecen la canción, además de Flea tocando teclas y Chad la pandereta. Precisamente Flea y Chad dan entrada en «The Righteous & the Wicked» cuando Frusciante hace lo propio, haciendo rugir las cuerdas de su guitarra para convertir la canción en un híbrido funk y metal que desemboca en uno de los pasajes más melódicos del álbum a la altura del estribillo.

«Give It Away» se sitúa a mitad del disco, tal vez la canción más reconocible de los Red Hot Chili Peppers, la que todavía hoy sigue cerrando sus conciertos. Creada a partir de una improvisación en la que Flea arrancó con una pesada línea de bajo a la que se sumó Chad y después Frusciante, cuando a Anthony le vino a la cabeza la imagen de «dar sin esperar recibir nada a cambio», libre de materialismo, fruto de una conversación con Nina Hagen. Empezó a repetir «Give it away, give it away, give it away now» hasta cuatro veces en su estribillo. El uso de efecto «reverse» en el solo de guitarra y Brendan O'Brien al mando del Hammond B-3, aportan psicodelia a una canción que fue elegida como primer single del disco y que no terminó de encajar en las emisoras de radio por encontrarla falta de melodía. Sin embargo, «Give It Away» se convertiría prácticamente en un clásico instantáneo, alcanzando el número 73 en la lista Billboard Hot 100. Le sigue «BloodSugarSexMagik», corte que da nombre al disco, donde Anthony realiza numerosas referencias sexuales en forma de narración sobre una base instrumental que se rompe al llegar al estribillo para ofrecer uno de los momentos con mayor fuerza del álbum. Soberbio el trabajo de Frusciante en el tramo final de la canción, dando rienda suelta a su libertad creativa como solista.

«Under the Bridge» fue el segundo single del disco, algo a lo que los directivos de Warner eran reacios por su poca relación con «Give It Away» en cuanto a estilo. Cuando representantes de Warner se presentaron en un concierto de los Chili Peppers, Anthony perdió la entrada de la canción, lo que hizo que el público se quedara solo cantando la parte introductoria. Entonces, los directivos lo tuvieron claro: cuando el público canta tu canción, ésa es el single. La temática que había detrás de esta canción se encuentra en las horas más bajas de la adicción de Anthony. Su malestar terminó en un cuaderno en forma de poema, que fue desestimado por encajar poco con el estilo del grupo. Descubierto por Rubin, el productor le presionaría para que se lo presentara al resto de los miembros. Frusciante empezó a buscar los acordes para la introducción, y tratándose de una canción triste los encontró en notas más alegres. Cada uno hizo su parte, Gail Frusciante y amigos aportaron voces en la parte coral, y «Under The Bridge» se convirtió en el hit que les abriría las puertas de todas las emisoras de radio y las cadenas de televisión, alcanzando el número 2 de la Billboard Hot 100.

Lejos de haberlo dicho todo, el álbum continúa con «Naked In the Rain», donde predomina la batería de Chad. Fue una de las primeras canciones que la banda compuso para el álbum, y llegaron a interpretarla al cierre de la gira en apoyo a *Mother's Milk*. «Apache Rose Peacock» vuelve a recrearse en el terreno sexual para escándalo de los recatados. «The Greeting Song» existe a expresa petición de Rubin, que sugirió a Anthony escribir una canción sobre coches y chicas, la cual se convirtió en una de las más punk rock del disco pese al menor uso de la distorsión.

Para la tríada final publicada en el álbum, Anthony vuelve a acordarse de su amigo fallecido Hillel Slovak, a quien dedica «My Lovely Man» invitándole a descansar con él. Es uno de los *riffs* más duros del álbum, el mismo que lleva hasta el estribillo funk. Frusciante le rinde su particular homenaje en un virtuoso solo de guitarra para deleite de la memoria. «Sir Psycho Sexy» es el seudónimo que

Anthony se da a sí mismo en esta ocasión, encarnándose en un ente sexual fuera de control, dispuesto a satisfacer a todas las mujeres que así se lo reclamen. El ingeniero Brendan O'Brien vuelve a participar en esta ocasión con el uso del mellotron, en una canción que despertó algo de animadversión entre la prensa por su explícito –y excesivo– carácter sexual. Finalmente, el disco se despide con «They're Red Hot», una versión de Robert Johnson grabada en directo, en el bosque a las afueras de la mansión junto a la autopista.

El éxito de *BloodSugarSexMagik* llegaría de forma paulatina hasta alcanzar los 14 millones de copias vendidas en todo el mundo tres décadas después de su lanzamiento. Pero en 1991 no sería una escucha fácil para todos los oídos. Rick Rubin se llevaría buena parte de los elogios como productor de moda entre el circuito independiente y alternativo. Se destacaría la guitarra menos distorsionada de Frusciante y el bajo más pausado de Flea. Chad seguía dándose a conocer en su camino de convertirse en uno de los mejores bateristas de la historia, mientras Anthony continuaba madurando como letrista y vocalista. El sonido de los Chili Peppers se expandía, en su continua evolución desde los inicios de la banda. El viaje emprendido por Anthony y Flea en 1983 parecía haber culminado por fin: los Chili Peppers estaban preparados para el éxito. Pero no Frusciante, quien abandonaría el grupo en la consecuente gira. Pese a todo, *BloodSugarSexMagik* sería un disco influyente durante la década de los noventa. Un disco de funk-rock sobreviviría a la década del grunge, del brit-pop y a todo lo que estaba por venir para convertirse en un disco fundamental.

ONE HOT MINUTE

12 de septiembre de 1995
Warner Bros.

Warped / Aeroplane / Deep Kick / My Friends / Coffee Shop / Pea / One Big Mob / Walkabout / Tearjerker / One Hot Minute / Falling into Grace / Shallow Be Thy Game / Transcending

Cuando Navarro se unió a los Chili Peppers en septiembre de 1993, la dinámica, la energía y el sonido del grupo estaban destinados a cambiar, sin que esto se percibiera como algo negativo. En realidad, Dave Navarro había sido siempre la primera opción tras la salida de Frusciante, y las improvisaciones para conocerse instrumentalmente dieron buenos resultados muy pronto. Musicalmente, el sonido Chili Pepper se transformaría, caracterizándose por guitarras pesadas y distorsionadas, con uso de la psicodelia y *riffs* provenientes del metal. Navarro no estaba influenciado por el funk, sino por guitarristas clásicos como Jimi Hendrix, Jimmy Page, Eric Clapton o Carlos Santana. Pese a ello, en una entrevista de 1996 con la revista Guitar World reconocería que era divertido tocar funk cuando estaba rodeado

La portada de *One Hot Minute* sería obra del pintor de surrealismo pop, Mark Ryden.

de tres amigos a los que quería. *One Hot Minute* tardaría dos años en escribirse y grabarse, con Navarro sintiéndose por momentos alienado con respecto al resto del grupo. La dinámica de composición difería mucho de la de Jane's Addiction, donde él escribía sus partes y la palabra de Perry Farrell tenía gran peso, mientras que en los Chili Peppers los cuatro funcionaban como una unidad equilibrada.

En junio de 1994 la banda estaba preparada para grabar las primeras demos sobre las que trabajar, pero un dolor de muelas llevaría a Anthony a visitar al dentista, y el uso de Valium en la consulta lo arrastraría a brazos de la heroína tras varios años de sobriedad. Esto último también iba a cambiar el sonido de los Chili Peppers inevitablemente, además del ritmo de producción. El tiempo pasaba y poco trabajo se estaba realizando, con Navarro descontento pues no entendía por qué la composición de canciones se apoyaba tanto en la improvisación. Por su parte, Anthony estaba teniendo serias dificultades para escribir letras, por lo que Chad le atribuyó el popular «bloqueo del escritor», algo que Anthony negaría afirmando que «John Frusciante había sido una auténtica anomalía cuando se trataba de escribir canciones. Hizo que componer música fuera incluso más fácil que con Hillel, pese a que a él lo conocía desde hacía muchos más años. Imaginé que todos los guitarristas serían así, que les mostrabas tus letras, se las cantabas un poco y lo siguiente era que tenías una canción. Pero eso no sucedió con Dave». A menudo, Anthony se dedicaría a recluirse con su novia del momento por distintos lapsos en distintos lugares con el fin de colocarse. Hasta que se enfrentó a sus demonios –otra vez– y con ayuda de Flea logró terminar muchas de las letras y voces para el álbum. Con todo, en *One Hot Minute* Anthony continúa su evolución vocal, mientras las letras, escritas mayormente cuando escondía su recaída, reflejan su remordimiento y su malestar personal, y eran oscuras y melancólicas.

Grabado en The Sound Factory, en Hollywood, *One Hot Minute* se publicó el 12 de septiembre de 1995. Producido por Rick Rubin, se grabaron al menos veinte canciones, de las cuales trece entrarían en el álbum. Arranca con «Warped», donde Anthony, moralmente en bancarrota, declara abiertamente su tendencia a la dependencia, antes de que el corte se adentre a su vez en un *riff* de guitarra pesado, cercano al metal, que trata de transmitir la angustia que sufría el cantante. Mezcla de sonidos rock, metal y funk acompañan esta cruda letra de una canción que produjo un videoclip polémico, en el que el cantante y el guitarrista terminan besándose para desagrado de la discográfica. Warner quiso desestimar el vídeo pero la banda permaneció unida defendiendo que si su público se ofendía por el beso, entonces se estaban enfocando en el público equivocado. «Warped» conduce sin cesar hasta «Aeroplane», uno de los cortes más puramente funk del álbum; es una canción con aire optimista pese a que la letra insiste en referencias crudas con Anthony reconociéndose vacío en lo más profundo de su mirada. Cerca del final, «Aeroplane» introdujo una sección coral de la mano de Clara y sus compañeros del jardín de infancia, algo que los Chili Peppers repetirían años después con Frusciante. El bajo de Flea previo al solo de guitarra de Navarro que invita al final, deja entrever el peso que recuperaría el bajista a lo largo de la composición del disco. «Deep Kick» nos devuelve a la agresividad contenida en el momento oscuro y personal de Anthony, pero también al pasado traumático de Navarro. El texto introductor que narra episodios de oscura juventud fue escrito por Flea, inspirándose en su propia juventud y en la del cantante. «Deep Kick» es también una de las tres canciones que superan los seis minutos de duración en un ataque continuo de funk metal previo a un interludio cantado por el bajista, insistiendo en su juventud compartida con Anthony como «niños malos».

«My Friends» fue vista por la prensa como un intento de mantener a la audiencia generada por «Under the Bridge». Pese a que la temática que encierra la canción es redundante con el *hit* del álbum anterior, su evolución y ejecución no podría diferir más. Principalmente conducida por guitarra acústica, en «My Friends» Anthony relata la depresión de «sus amigos», que no son otros que las distintas caras que encierra el cantante. Fue también el único número 1 que generó el disco, y se publicó como segundo *single* el 19 de septiembre de 1995. En

«Coffee Shop» el álbum vuelve a levantarse, con la guitarra funk metal de Navarro sobre el bajo de Flea, que destaca en un inspirado puente antes de que la canción se pierda sobre sí misma en la parte final. Flea toma el micrófono en «Pea», canción que dedica a los chicos que lo golpeaban en el colegio. «One Big Mob» cuenta con coros de amigos de la banda además de la grabación del hermano bebé de Navarro, llorando. Stephen Perkins, baterista de Jane's Addiction, añade percusión a la canción que, pese a perderse en el tramo experimental central, ofrece algunos de los momentos más inspirados del disco.

La segunda mitad arranca con «Walkabout», donde Anthony sale a dar un paseo por un colorido corte funk que Navarro reconocería que no es de su devoción. Con su aprobación o sin ella, sigue siendo una de las canciones que mejor se defienden por sí mismas, representando el lado más funk de los Chili Peppers. «Tearjerker» es un tributo al fallecido líder de Nirvana, Kurt Cobain, suceso que el cantante describiría como «un duro golpe emocional que todos sentimos. No sé por qué todos en el planeta nos sentíamos tan cerca de él: era querido, se le veía cariñoso e inofensivo de alguna manera extraña. A pesar de sus gritos y su oscuridad, era alguien simplemente adorable». Contiene el violín de Keith Barry y sería una de las tres canciones del álbum que nunca se tocarían en vivo durante la gira con Navarro, junto a «One Hot Minute» y «Falling Into Grace». Precisamente, el disco sigue con «One Hot Minute», canción que da nombre al disco y donde aparece la armónica de John Lurie, de The Lounge Lizards, quien se haría amigo de Anthony y se convertiría en saxofonista ocasional del grupo. La longitud de la canción juega en su contra, quitándole brillo a sus virtudes. «Falling Into Grace» tiene un gran arranque conducido por el bajo de Flea junto a los efectos de Navarro, pero el mayor valor radica en la voz de Anthony. Opta aquí por elaborar contenidos de carácter espiritual que acompañan los cantos de la yogui Gurmukh Kaur Khalsa, además de las segundas voces de la actriz Kristen Vigard.

One Hot Minute se acerca al final con «Shallow Be Thy Game», un ataque al fundamentalismo religioso cuyo título recuerda a «Hallowed Be Thy Name», en alusión directa al clásico de Iron Maiden. Este corte de funk metal se publicó como single únicamente en Australia y ofrece uno de los más potentes solos de guitarra que Navarro interpreta en el álbum, breve pero intenso. El disco se cierra con «Transcending», un corte que Flea escribió en memoria del recientemente fallecido actor y amigo River Phoenix. En las sesiones del álbum se escribieron al menos siete canciones más, de las cuales «Melancholy Mechanics» se publicó como *bonus track* en la edición japonesa, mientras «Stretch You Out» y «Let's Make Evil» vieron la luz como caras B. «Bob», dedicada a Bob Forrest, se publicó digitalmente una década después. Hay canciones que no han trascendido, pero han sido citadas por Chad en distintas entrevistas, como «The Intimidator», «Slow Funk» o «Blender».

A diferencia de *BloodSugarSexMagik*, *One Hot Minute* no despertó pasiones entre la prensa especializada, aunque algunas voces reconocieron la continua evolución del grupo y de su sonido tras el ingreso de Navarro. El disco fue visto como un interesante ejercicio creativo pese al aura oscura que predomina en él. Visto en retrospectiva, los Chili Peppers se encontraban en el décimo año de su trayectoria, publicando un disco que muy poco tenía que ver con los que habían lanzado al inicio de su carrera. Aunque algunas canciones pecaron de ser demasiado largas, con lo que fueron visibles sus inconsistencias, a día de hoy *One Hot Minute* sigue ofreciendo destellos de genialidad, propia de los miembros que componían la banda en 1995. Durante la grabación del disco se registró material documental con el fin de publicar una película similar a *Funky Monks,* pero Warner desestimó finalmente la idea. De un modo u otro, más allá de los Chili Peppers o de Jane's Addiction, para poner en valor todas sus virtudes sobre sus defectos éste debería ser visto y escuchado como un disco único de una banda única en un contexto único. Pues, aunque los tiene, no son ni mucho menos para defenestrarlo. En 1998 el grupo registró todavía una canción con Navarro («Circle of the Noose»), previo a su expulsión y el posterior regreso triunfal de Frusciante. Las canciones de *One Hot Minute* quedarían en el olvido, al menos en directo, lo que convierte este álbum en un punto y aparte en la discografía de los Chili Peppers.

CALIFORNICATION

8 de junio de 1999
Warner Bros.

Around the World / Parallel Universe / Scar Tissue / Otherside / Get on Top / Californication / Easily / Porcelain / Emit Remmus / I Like Dirt / This Velvet Glove / Savior / Purple Stain / Right on Time / Road Trippin'

El regreso de Frusciante iba a suponer para los Chili Peppers una vuelta a los orígenes. Habiendo desestimado la idea inicial de Flea de grabar un disco de música electrónica, la banda se reunió en su garaje con poco más que sus ideas e instrumentos. Tocaron e improvisaron durante semanas con el fin de ayudar a Frusciante a resintonizar con la guitarra y acoplarse a los demás en el contexto de una banda. Fue un período relajado, se habían sacudido la presión de encima, la prensa los daba por muertos; poco se esperaba ya de los Peppers. En palabras de Anthony: «Todo el mundo se estaba divirtiendo. No teníamos nada que perder, nada que ganar. No nos importaba; estábamos haciendo música por el placer de hacer música». Con el paso de los meses, Frusciante fue recuperando su instinto musical y desarrollando una técnica minimalista que le permitiera suplir sus carencias técnicas tras años de drogadicción. Sobre las sensaciones que vivió Anthony al ver de nuevo al guitarrista junto a sus compañeros, explicaría que «cuando John se emociona, es como ocho billones de voltios de electricidad. Estaba derribando cosas, era absolutamente caótico, como un niño pequeño tratando de montar el árbol de Navidad. Y cuando tocó ese primer acorde, fue tan perfecto, esa combinación de sonidos de personas que no había oído tocar juntas durante tanto tiempo».

A principios de 1999, la banda presentó a Warner las canciones «Scar Tissue» y «Otherside» y obtuvo el visto bueno de la discográfica para seguir adelante. Cuando los chicos se sintieron preparados, contactaron con Rubin para entrar a grabar en Cello Studios, Los Ángeles. La grabación se prolongó durante tres semanas, en las que Rubin se sorprendió por la actitud profesional de los miembros del grupo. La banda grabó los instrumentos tocando a la vez en la misma habitación, con el objetivo de encontrar un sonido crudo y seco, pero con pegada. Frus-

ciante explicaría que «empezamos a trabajar en junio de 1998, pero paramos por un motivo u otro. Probablemente pasamos cuatro meses ensayando y escribiendo, entonces entramos en el estudio y lo terminamos todo en tres semanas».

Californication se publicó el 8 de junio de 1999 y arrancaba con «Around the World», un *hit* que se lanzó como segundo *single* cuando el disco ya estaba en la calle. La canción es una declaración de principios: los Chili Peppers han vuelto, y con

Lawrence Azerrad creó la icónica portada de *Californication*.

ellos el funk-rock. Surgió de la mano de Frusciante, trabajando el *riff* de guitarra en su casa y presentándolo al grupo con complicaciones, pues por sí mismo no se comprendía. Una vez que Chad hubo cogido el ritmo y el compás, batería y guitarra estuvieron minutos dándole vueltas hasta que Flea –sobre quien Frusciante explicaría que «es el mejor bajista del mundo, su sentido del tiempo y la forma en que toca es una locura»– dio con su parte. Anthony se inspiró en sus experiencias y viajes como Chili Pepper, además de tomar prestada la frase «Life is beautiful» de la película de Roberto Benigni, *La vida es bella*. Clara, la hija de Flea, también tuvo especial incidencia en el resultado final de la canción, pues pidió al grupo conservar los versos tarareados de Anthony. La siguiente «Parallel Universe» transporta sobre un ritmo continuo de batería con líneas de guitarra y bajo entrecruzándose desde sus propias progresiones. Posee uno de los estribillos más contundentes del disco, alejándose del funk y del pop tan presentes en otros temas, y la melodía de voz sorprende dando las primeras muestras de distancia con el rap.

«Scar Tissue» se publicaría como primer *single* del álbum el 25 de mayo de 1999 y alcanzaría el número 1 de las listas Billboard durante múltiples semanas consecutivas. También ganó el Grammy a Mejor Canción Rock. Frusciante fue el impulsor principal de la canción, con un *riff* de guitarra minimalista en el que se intercalan dos notas alejadas entre sí. La idea original de la canción es muy anterior, pues ya aplicó esta técnica en su debut en solitario en 1994: «"Scar Tissue" es un ejemplo muy simple de esta técnica, pero pienso que es un estilo que suena a mí». Para el solo de guitarra utilizaría un *slide* metálico, algo poco común en él. El videoclip de la canción se rodó bajo la dirección de Stéphane Sednaoui, el mismo que dirigió el de «Give It Away». El vídeo arranca con un magullado Frusciante conduciendo un viejo descapotable, Pontiac Catalina del '67, por el desierto de Mojave. Le acompañan el resto de la banda, igualmente magullados, reflejo del momento en que se encontraban los Chili Peppers. «Scar Tissue» se ha convertido en una habitual entre los primeros temas en sus conciertos, y es la quinta canción más interpretada en vivo por el grupo. La frase «sarcastic Mr. Know-it-all» («sarcástico señor sabelotodo») va dedicada a Dave Navarro, a quien Anthony consideraba el rey del sarcasmo.

Igualmente melódica resulta «Otherside», la que daba continuación al álbum para convertirse en su tercer *single*, tras «Scar Tissue» y «Around the World». Con una línea de guitarra de una nota cada vez, Frusciante gana importancia en los coros con unas segundas voces que se complementan a la perfección con la de Anthony. La canción se acuerda de Hillel y trata los problemas que involucran el consumo de drogas, donde «otherside» («otro lado») hace referencia a las dos caras de una misma moneda: el bien y el mal como un todo inseparable, donde lo bueno es lo que busca la canción y lo malo, lo que rodea al consumo de drogas. El papel de Frusciante en la composición se mantiene como protagonista en «Get on Top», idea que le vino a la cabeza imaginando que pisaba el pedal wah-wah tras escuchar un disco de Public Enemy: «El ritmo se me ocurrió de camino a un ensayo, simplemente tocándolo con el pie». El uso que le da a este pedal de control de tono es una muestra de su inteligencia, pues le provee un sonido totalmente distinto a dos únicas notas. Además, el sutil solo de guitarra contrasta a la perfección con la energía de la que está plagada la canción, lo que hace de ella uno de los mayores ejemplos de funk-rock de los Chili Peppers.

«Californication», el cuarto adelanto del disco, bien pudiera ser la balada más popular de los Chili Peppers por detrás de «Under the Bridge». Fue también, paradójicamente, una de las canciones más complicadas de componer. Anthony sentía que esta letra sobre la cultura occidental, específicamente original de Los Ángeles, reinando en el planeta, con referencias a Hollywood, la cirugía estética, la pornografía, la Guerra de las Galaxias o Star Trek, además de alusiones a Kurt Cobain o David Bowie, se encontraba entre sus mejores trabajos como letrista. Debía aparecer en el álbum, sí o sí. Pero la música no saldría de forma fácil, y se puede escuchar una versión prematura grabada en el estudio El Teatro, en Oxnard, California, que nada tiene que ver con la que aparecería en el disco. La de entonces contenía pasajes reggae y dub, con una melodía vocal que en ocasiones se distancia de lo que finalmente sería. Para suerte de todos, la inspiración se le apareció a Frusciante *in extremis*, a punto para meterla en el disco antes de convertirse en un descarte definitivo. Los pasajes del verso contienen uno de los mejores diálogos entre guitarra y bajo que han ofrecido los Chili Peppers desde *BloodSugar*. El videoclip que promocionó la canción, dirigido por Jonathan Dayton y Valerie Faris, hizo que los jóvenes de la época quisieran jugar a un videojuego ambientado en San Francisco y Los Ángeles, protagonizado por los Chili Peppers. En 2022, el desarrollador de videojuegos español, Miquel Camps Orteza, hizo de esto una realidad de libre acceso vía internet. El vídeo es todavía hoy un éxito en YouTube.

El rock regresa a escena con «Easily», una rápida y distorsionada pieza con melódico estribillo que vuelve a recurrir a reposados solos de guitarra en busca de la reacción a través del contraste. El tramo final de la canción ofrece un pasaje marca de la casa Frusciante, que suena a tantos otros de su discografía en solitario. La siguiente «Porcelain», originalmente conocida como «Porcelain Alice» es una dulce balada inspirada por una joven adicta a la heroína que Anthony conoció, que trataba de desintoxicarse mientras convivía con su pequeña bebé.

Sobre la canción, Anthony explicaría que «imagina una madre aturdida por la heroína, cuya hija es un sol radiante como un ángel. La madre ama a su hija, pero la yuxtaposición de sus energías es profunda». A otra mujer dedica «Emit Remmus», que es «Summer Time» al revés («tiempo de verano»). Se trata de la ex-Spice Girl, Melanie C, con quien tuvo un breve romance de verano. La canción se sustenta por un pasaje de bajo sobre el que Frusciante crea sonoridades de guitarra a base de efectos y acoples, al estilo Hendrix encontrándose con Fugazi, para dar con un estribillo contundente. El funk regresa con «I Like Dirt», un corte cuya estrofa recuerda a «If You Have to Ask», antes de presentarnos la madura «This Velvet Glove», una canción que anticipa el sonido que predominaría en el siguiente *By The Way*. La mezcla entre la guitarra acústica y el pasaje rock aguanta una canción en la que Anthony explora su percepción sobre el amor, a partir de la relación que mantenía con Yohanna Logan.

El tramo final del disco arranca con la épica «Savior», engrandecida por efectos de *delay* en una guitarra que Frusciante reconocería haber compuesto a partir de escuchar a Eric Clapton tocando con Cream. La canción, que bien podría dividirse en dos partes que se repiten, recupera el apoyo coral de Frusciante con una excelente aportación en el estribillo. «Purple Stain» es otra obra plagada de referencias sexuales que ofrece una de las rítmicas más interesantes del álbum. Con un estribillo claramente funk, guitarra y bajo vuelven a entenderse a la perfección a lo largo de la canción hasta un tramo final donde reina la batería de Chad Smith. Pudiera tratarse de una de las gemas escondidas que bien podrían pasar inadvertidas por encontrarse tan al final del disco, o por el simple valor y potencial de los cinco adelantos melódicos que produjo. Le sigue «Right on Time», un acelerado corte funk que desemboca en un estribillo que suena a la música de los ochenta. Los coros de Frusciante se vuelven indispensables en esta canción, que sin ellos perdería fuerza. Cierra el disco la balada acústica «Road Trippin'», otra obra que recuerda a los álbumes de Frusciante en solitario que todavía entonces estaban por venir. Anthony recuerda una escapada junto a John y Flea, en busca de calas perdidas y buenas olas por la costa del Pacífico para practicar el surf, uno de sus deportes favoritos. Fue el quinto *single* publicado del álbum, y para el videoclip se optó por que Chad Smith, ausente en la canción pues no contiene batería, apareciera a lo lejos sobre un barco. La versión digital del disco publicada en iTunes en 2006, contenía tres canciones adicionales: «Fat Dance», «Over Funk» y «Quixoticelixer».

Californication supuso un cambio trascendental para el rumbo de los Chili Peppers. Su sonido tenía poco que ver con el de su predecesor. Frusciante, quien ya de por sí era un guitarrista totalmente distinto a Dave Navarro, abordaba un estilo muy minimalista por el tiempo que había permanecido alejado del instrumento. El funk-rock volvía a estar presente, dando continuidad a *BloodSugar*, pero desde una perspectiva melódica y cercana a todos los oídos que escuchan. El contexto también había cambiado, con el disco lanzándose en micro-píldoras de tres canciones online durante los cuatro días previos a su lanzamiento. Por su parte, Flea contactaba con la masa de seguidores vía e-mail, actualizando información sobre el proceso de composición, grabación y lanzamiento del álbum, además de fechas de conciertos. Los Chili Peppers lograron así acercarse a un público joven, no vinculado a su pasado.

Por su parte, la prensa alabó el álbum, destacando la madurez vocal de Anthony, que se había liberado del hip hop (sin renunciar a él cuando lo requería la canción) para adquirir sensibilidad tan lírica como coral. Canciones como «Scar Tissue», «Californication» u «Otherside» se destacaron como algunas de las piezas musicales más logradas que había compuesto jamás la banda. El regreso de Frusciante también se llevó muchas alabanzas por parte de la prensa, un acontecimiento tan necesario para la supervivencia de la banda como para la de su propia persona. Sin embargo, no llueve a gusto de todos, y medios especializados como la revista *NME* criticaron el disco por su elevado contenido sexual, además de tacharlo de «falsamente empático» y anhelar el regreso de los semidesnudos maestros del funk-rock. En retrospectiva, poco se puede decir sobre esto, sino reconocer que *Californication* es la evolución natural de los integrantes que formaban los Chili Peppers cuando grabaron la obra maestra, *BloodSugarSexMagik*. Los Chili Peppers ya pisaban la tierra en los ochenta y se encontraban revolucionando la música *underground* en una de sus cunas, como Los Ángeles. Durante los noventa, alcanzaron la gloria y se dejaron vencer por ella para sobrevivir en lo más profundo de las tinieblas. De puertas al siglo XXI, estaban en un momento de evolución personal y de conexión con un público totalmente nuevo que les ampliaría las fronteras del éxito. Cuando *Californication* debutó en el número 3 de la Billboard 200, pocos podían intuir que alcanzaría los 16 millones de copias vendidas en todo el planeta, y que hoy ha llegado a ser el disco más vendido de los Red Hot Chili Peppers.

BY THE WAY

9 de julio de 2002
Warner Bros.

By the Way / Universally Speaking / This Is the Place / Dosed / Don't Forget Me / The Zephyr Song / Can't Stop / I Could Die for You / Midnight / Throw Away Your Television / Cabron / Tear / On Mercury / Minor Thing / Warm Tape / Venice Queen

En primavera de 2001, apenas unos meses tras la gira mundial en apoyo al álbum *Californication,* los Chili Peppers se pusieron manos a la obra. Anthony y Frusciante colaboraron durante semanas, dando forma a *riffs*, ritmos y melodías que convertir en canciones. Anthony se expresaría sobre su amigo, diciendo que «volvió a ser él mismo, rebosaba confianza». Y es que Frusciante se encontraba en uno de los momentos más felices de su –segunda– vida. Lleno de confianza por el éxito de *Californication,* tomaría el mando de la composición escribiendo sus habituales progresiones, ahora lejos del estilo tan minimalista del ejercicio anterior. Además, asumiría el control de las melodías y escribiría muchas de las líneas de bajo de Flea. Pese a ello, su idea original sería muy distinta al resultado final del álbum, pues quería grabar un disco con dos caras muy diferenciadas: por un lado, plagado de canciones punk rock, rápidas y cortas, al estilo de los británicos The Damned; por el otro, las melódicas, fáciles de escuchar, de estilo igualmente británico pero inspiradas por bandas como los Beach Boys o los Beatles, las que terminarían por tomar prota-

La mujer en la portada de *By the Way* es Stella Schnabel, pintada por su padre Julian Schnabel. Entonces eran novia y suegro de Frusciante.

gonismo a lo largo de todo el plástico. Fue Rick Rubin, con quien la banda al completo estaba decidida a volver a trabajar por haber sido crucial en el regreso a forma de los Chili Peppers, quien le convenció de que era a esa vía melódica a la que debía dedicar su atención creativa. Al margen quedaba la pretensión de Flea, de regresar al funk más auténtico, pues se sentía alienado por el resto del grupo, aunque sobre todo por el guitarrista. En declaraciones posteriores al lanzamiento del álbum, Flea explicaría que «John había alcanzado un nivel de artista tal, que me hizo sentir como que no tenía nada que ofrecer... como si no supiera una mierda». La influencia de Frusciante alcanzó también a la portada, obra del artista Julian Schnabel, que resulta ser el padre de la novia de por aquel entonces del guitarrista. Tampoco la nota que acompañaría al disco parece muy lejos de su mundo interior: «Saludos desde las dimensiones de los colores y las formas invisibles. La música en este disco ha expandido nuestro espacio sonoro y nos ha hecho más grandes. Gracias por escucharlo y estar exactamente donde estás y ser exactamente quien eres». Independientemente del resultado, la realidad es que *By The Way* tal vez sea el disco más diferenciado de toda la discografía de los Chili Peppers.

By The Way se publicó el 9 de julio de 2002 con la canción homónima y que abría el disco como primer adelanto. «By the Way» arranca con unos acordes melódicos que combinan a la perfección con unas estrofas salvajes, dando como resultado una representación bastante exacta de lo que eran los Chili Peppers entonces. Anthony aborda su visión del amor, un tema recurrente a lo largo del disco, mientras que en el videoclip es secuestrado por un taxista obsesivo y fanático del grupo. La siguiente «Universally Speaking» sería el cuarto adelanto que produjo el álbum; una oda tan optimista como rítmica, con aportaciones corales de Frusciante al estilo Beatles. «This Is the Place» transporta a Anthony a sus tiempos como drogadicto, pese a que estaba sobrio desde diciembre del año 2000. Precisamente, el riesgo de recaída es un tema recurrente en las canciones del cantante en adelante, como lo es el recuerdo del difunto Hillel Slovak. En la canción se acuerda de él, contando cómo no pudo atender a su funeral por estar lidiando con su propia adicción el día que su mejor amigo murió. El disco continúa con «Dosed», originalmente conocida como «The Loop Song», otra pieza en la que los efectos de guitarra toman protagonismo sobre la sección rítmica.

«Don't Forget Me» pudiera ser una de las piezas más conectadas con aquellas dimensiones paralelas a las que hacía referencia la nota de presentación del álbum. Anthony vuelve a hablar sobre amor y narcóticos, además de incentivar esta vertiente espiritual sobre una guitarra atmosférica que se transforma en un potente estribillo, para invocar fuerzas superiores. Es uno de los pocos cortes en los que podemos ver a Flea tocar con púa, para rasgar continuos acordes de bajo sobre los que Frusciante hace de las suyas apoyándose en múltiples ecos y efectos de guitarra. «The Zephyr Song» fue el segundo adelanto del álbum, una canción sobre el poder curativo de la naturaleza, que captura los tonos del atardecer californiano. El siguiente adelanto, y la que da continuación al plástico, es el único corte funk del disco. «Can't Stop» nació de un *riff* de Frusciante sobre el que Flea se adaptó para su parte de bajo, y a la que Anthony aportó la letra *a posteriori*, tratando de reforzar la melodía principal. Sin embargo, el tema de fondo para Anthony sigue siendo el de encontrar sentido a la existencia del ser, sin abandonar en el intento. Para el puente, Frusciante cambia de estilo acercándose al reggae y emplea un pedal Big Muff en el solo de guitarra, que a partir de este disco, se convertiría en un imprescindible entre sus efectos. Mark Romanek fue el director de un videoclip sin sentido real, más allá de la aparición de los miembros del grupo realizando actividades aleatorias y abstractas.

«I Could Die For You» vuelve a ser otra balada alrededor del amor que, como «Midnight», refleja el peso que tuvieron Frusciante y Anthony, al margen de Flea y Chad, en la composición del álbum. Y es que ésta es la tendencia sonora del disco, en el que se diluyen los puntos álgidos para convertirse en un álbum que acompaña. Al margen queda «Throw Away Your Television», una aportación rítmica de Flea que se defiende como uno de los puntos álgidos del disco. Su línea de bajo es de lo más funk del álbum, pese a que Frusciante insiste en experimentar a través de sus efectos de guitarra. Anthony canta en lugar de rapear, pero todo ello suma para dar como resultado uno de los cortes más destacados. «Cabron» nos devuelve al lado más dulce del plástico con una guitarra acústica acelerada, influenciada por sonoridades latinas (aunque Frusciante reconocería aquí la influencia del guitarrista del álbum *Aqualung*, de Jethro Tull, Martin Barre). La siguiente «Tear» nos mantiene en este continuo letargo con exceso de dulzura por parte de Anthony, cuya voz ha culminado su transformación para convertirse en cantante de primera de su propio estilo alternativo. Flea recupera la trompeta para el solo en el tramo previo al final de la canción, y las armonías de Frusciante toman el protagonismo en los estribillos. En «On Mercury», Frusciante toca la melódica para arrancarnos de ese mencionado letargo e invitarnos a bailar a las puertas del segmento final.

«Minor Thing» se conduce por los acordes de guitarra de Frusciante y sus segundas voces, hasta un inesperado cambio donde Anthony rapea sobre una continua línea del mismo instrumento. A la segunda vuelta, le siguen algunos de los solos de guitarra más interesantes del disco, de nuevo sobre un Big Muff, en un momento en que Frusciante no parecía muy interesado por desarrollar su potencial como el *guitar-heroe* en el que eventualmente se convertiría. La penúltima «Warm Tape» se compuso íntegramente sobre piano, algo todavía extraño en los Chili Peppers, para abordar de nuevo las distintas caras del amor según la visión de Anthony y sus experiencias. Finalmente, el disco acaba con «Venice Queen», una épica obra final que destaca entre lo mejor del álbum. Frusciante arpegia para dar entrada a una canción sustentada por sus acordes y atmósferas. Anthony se la dedica a Gloria Scott, una terapeuta que le ayudó en su proceso de rehabilitación. Scott falleció poco después de que el cantante le hubiera comprado una casa en Venice Beach como agradecimiento por su continuo apoyo. El cantante sufrió la pérdida de la profesional desde el aspecto personal; su vivencia se traduce a la perfección en esta obra maestra, acompañada por la segunda voz de Frusciante y sus efectos de guitarra, momentos antes de tomar la guitarra acústica en acelerados acordes, justo en el ecuador de la canción. La melodía se transforma para que Anthony se pueda despedir formalmente de la persona, tratándola de reina y declarando lo mucho que la echa de menos. Con ella, el broche final para esta colección de canciones.

Las sesiones para la grabación de *By the Way* produjeron múltiples caras B, rarezas y descartes que irían publicándose paulatinamente. La más popular de ellas es la versión de «Havana Affair», de los Ramones, que apareció en su álbum tributo *We're a Happy Family: A Tribute to the Ramones*. *By the Way* recibió, por parte de la prensa especializada críticas positivas en su mayoría. Muchos lo describían como la obra de unos Chili Peppers maduros y sofisticados, que habían por fin desarrollado su capacidad melódica, un campo inexplorado a lo largo del grueso de su discografía. Pareciera que el grupo merecía por primera vez el estatus de «artistas», incluyendo en algunos medios la etiqueta de «experimentales». Pero todos se pusieron de acuerdo en resaltar la madurez lírica y vocal de Anthony. Lo que era indudable era que Warner había hecho un gran trabajo de promoción, previo al lanzamiento del álbum. Apostaron de nuevo por el público digital y mantuvieron el formato físico a un precio comedido, algo que sin duda ha ayudado a que *By the Way* haya alcanzado la increíble cifra de 12 millones de copias vendidas en todo el planeta.

STADIUM ARCADIUM

5 de mayo de 2006
Warner Bros.

Dani California / Snow (Hey Oh) / Charlie / Stadium Arcadium / Hump de Bump / She's Only 18 / Slow Cheetah / Torture Me / Strip My Mind / Especially in Michigan / Warlocks / C'mon Girl / Wet Sand / Hey

Desecration Smile / Tell Me Baby / Hard to Concentrate / 21st Century / She Looks to Me / Readymade / If / Make You Feel Better / Animal Bar / So Much I / Storm in a Teacup / We Believe / Turn It Again / Death of a Martian

El trabajo para el noveno álbum de los Chili Peppers empezó en septiembre de 2004, regresando a la mansión de la época de *BloodSugar* con Rubin. A diferencia de las tensiones generadas durante los procesos de creación de *By the Way*, la composición de *Stadium Arcadium* encontró a los miembros embarcados en relaciones sentimentales que propiciaron un clima favorable. Anthony lo recuerda afirmando que «el amor, los embarazos, el matrimonio, las peleas en la relación… todo son influencias reales y profundas en este disco. Y es genial, porque esta vez no era sólo yo escribiendo sobre el hecho de que estaba enamorado. Éramos todos en la banda, rebosantes de energía basada en el amor». Además, Flea y Frusciante colaboraron codo con codo en la composición. La banda se había recuperado de la tortuosa década de los noventa por encima de sus propias expectativas. La presión ya no pesaba, tampoco nadie esperaba ya que demostraran nada. Habían saltado de una generación a otra, como de liana en liana, ampliando su público masivamente para extenderse a lo largo y ancho del planeta. Durante la grabación se registraron treinta y ocho canciones que el grupo pretendía publicar en tres discos separados en el tiempo, algo que desestimaron porque, para cuando se publicara el tercer álbum, aquellas canciones ya se sentirían como viejas para el grupo. Finalmente, redujeron la selección a las mejores veintiocho y optaron por un único álbum doble. Nueve de las diez canciones restantes han visto la luz como caras B.

«Dani California» es la responsable de aguantar el peso del doble álbum, arrancando en el primer disco, dedicado a Júpiter, y dando el pistoletazo de salida a los cinco sencillos que producía. Se situó rápidamente en las primeras posiciones de las tablas y permaneció allí durante semanas. Anthony utiliza la figura de «Dani», una mujer que representa la unión de todas las mujeres con las que ha tenido una relación. De quien ya apareció en «By the Way», Anthony explica ahora sus orígenes como niña nacida en Misisipí en el seno de una familia pobre, que tiene el sueño de llegar a California. La canción recupera todo lo

La portada de *Stadium Arcadium* se encargó a Storm Thorgerson, artista habitual de Pink Floyd. Pero sus tres propuestas fueron descartadas en favor de ésta, inspirada en las letras de Superman.

que en algún momento han sido los Chili Peppers, que es un *groove* funk con un estribillo potente y rockero, para sumarlo a la versión evolucionada de Frusciante como guitarrista, quien aporta un solo de guitarra espectacular, inspirado en el Jimi Hendrix de «Purple Haze». El videoclip que acompañó la promoción de «Dani California», en que los Chili Peppers encarnan a distintas figuras del rock, fue dirigido por Tony Kaye, mismo director del film *American History X*. La siguiente «Snow (Hey Oh)» fue el tercer adelanto del álbum, con Anthony acompañando otro melódico y rápido *riff* de Frusciante. La canción desprende optimismo y trata los nuevos comienzas, así como las segundas oportunidades, sobre un lienzo en blanco –de nieve–, libre de reproches. «Charlie» devuelve al grupo a los orígenes del funk durante el estribillo. Se convirtió en la primera canción cuyo videoclip fue íntegramente realizado por seguidores de la banda. Cuando Anthony vio el resultado, cuentan que lloró y tuvo que convertirlo en videoclip oficial.

«Stadium Arcadium» es la primera balada del disco, que acompaña de la mano dulcemente con las segundas voces de Frusciante hasta un puente espacial. La siguiente «Hump de Bump», uno de sus cortes más festivos. Fue el quinto adelanto del disco, con videoclip dirigido por el humorista Chris Rock, y la primera canción del álbum en recuperar un *riff* funk-rock al más puro estilo de los inicios del grupo. Tanto es así que su título original era «Ghost Dance 2000», en referencia a la canción «American Ghost Dance» de *Freaky Styley*. El puente tribal y percusivo al estilo de «Breaking the Girl», la trompeta de Flea en el tramo final y el aire a improvisación funk que impregna toda la canción, la convierten en una de las más interesantes a la par que reconocibles del grupo. «She's Only 18» tiene una línea de bajo que recuerda a «Pawn Shop» de Sublime, con una línea de guitarra funk bañada en efecto wah-wah que transmite Funkadelic por los cuatro costados, si no fuera por su estribillo rock. Continúa «Slow Cheetah», la tenue balada acompañada por guitarra acústica que transporta hasta la fuerza de «Torture Me», que arranca con bajo de Flea al estilo de «Throw Away Your Television» para entrar guitarra y batería al completo, aportando fuerza y distorsión junto a la voz de Anthony. El estribillo baja revoluciones, que se rebajan todavía más en el puente, justo antes de recuperarse en otro destacado solo de guitarra que podría ser inspirado por Eddie Van Halen. La aportación de Frusciante sigue siendo lo más destacado en «Strip My Mind» gracias a unas segundas voces que veríamos también reflejadas más adelante en su disco en solitario, *The Empyrean*. «Especially in Michigan» penetra en la mente de quien la escucha con una guitarra punzante, con solo de guitarra cortesía del invitado Omar Rodríguez-López, guitarrista de The Mars Volta y ex-At the Drive-In. «Warlocks» nos resitúa en la esfera funk, mientras que «C'mon Girl» destaca por una ochentera línea de bajo con influencias disco. Cerca del final de esta primera colección de canciones, encontramos «Wet Sand», una balada con múltiples pistas de guitarra influenciadas por Hendrix, hasta un profundo y sentido solo final. En la última «Hey», los limpios acordes y la melodía de voz nos llevan de la mano hasta otro limpio solo de guitarra, prueba del estado de gracia en el que se encontraba Frusciante.

La segunda mitad del disco, dedicada a Marte, empieza con «Desecration Smile», una acústica canción que sirvió de cuarto *single*. Para dirigir el videoclip recuperaron a Gus Van Sant, que quiso destacar el trabajo del grupo en las segundas voces. «Tell Me Baby» fue el segundo adelanto del álbum, con otro *groove* funk-rock que desemboca en un pegadizo estribillo para recuperar el lado más melódico del grupo. En el videoclip de la canción, uno de los favoritos de Flea, los directores Jonathan Dayton y Valerie Faris hacían dos audiciones a personas anónimas que querían triunfar con la música; en la segunda audición, entraban miembros de los Chili Peppers sin previo aviso para capturar su reacción. La delicada «Hard to Concentrate» evidencia la madurez de Anthony, que en menos de veinte años pasó de querer montar una fiesta en el órgano sexual femenino, a desear ser feliz con una pareja y formar una familia con ella. La canción es una propuesta de matrimonio, no para él mismo, sino para Flea y su pareja de entonces. «21st Century» la conduce una incipiente línea de bajo que se encuentra con los acordes funk de la guitarra y sus seductores solos. «She Looks to Me» continúa en la línea romántica del álbum, que se rompe con «Readymade», la canción más cercana al heavy. Un contundente *riff* de guitarra al estilo Led Zeppelin acompaña al bajo que sirve de introducción, en un pesado corte inspirado en el sonido de Black Sabbath. De inmediato, y como si no hubiera sido más que un lapsus, «If» nos devuelve la versión más sentida de los Chili Peppers del siglo XXI.

«Make You Feel Better» la sostiene la batería de Chad, mientras Anthony canta sobre los acordes rasgados de Frusciante. Sus segundas voces le devuelven el favor hasta el estribillo y el tramo final en este canto al amor. En «Animal Bar» regresa el bajo evocador de Flea y la guitarra simulando el sonido de violines. La siguiente «So Much I» es un arrebato contundente y rápido de la banda al completo para derrochar energía por igual tanto a quien la interpreta como a quien la escucha. Es además otra oportunidad para disfrutar de un espectacular solo de guitarra. «Storm In a Teacup» mantiene el listón enérgico con reminiscencias al hip hop de Public Enemy, acompañado de guitarras contundentes en el estribillo. «We Believe» arranca sutil y delicada para crecer en el tiempo, y «Turn It Again» ofrece un interesante *riff* funk que desemboca en un distorsionado estribillo que es, en sí mismo y a la vez, parte melódica de la canción y solo de guitarra. El tramo final de la canción es otro ejemplo del estado de gracia en que se encontraba Frusciante, habiendo perdido el miedo a grabar y solapar pistas de su instrumento. La colección de canciones que supone *Stadium Arcadium* se cierra con «Death of a Martian», un tranquilo corte que sirve de despedida para este viaje espacial.

Cuando *Stadium Arcadium* se publicó el 5 de mayo de 2006, debutó en el número 1 de la Billboard 200, convirtiéndose en el primer álbum de los Chili Peppers en situarse en esta posición privilegiada de inicio. La prensa alabó el álbum por ofrecer todo lo que los Chili Peppers habían dejado entrever de lo que eran capaces a lo largo de su historia. Sirvió de regreso al rock alternativo y al funk-rock, todo ello sin abandonar su facilidad recién adquirida por construir estribillos melódicos, pegadizos y radiofónicos. El álbum les valió siete nominaciones a los Premios Grammy en 2007, de los cuales ganaron cinco, y hasta ahora ha vendido más de 10 millones de copias en todo el planeta. La consiguiente gira se prolongó hasta finales de 2007, con una banda en plena forma que estaba viviendo su segunda juventud y repasando una interminable lista de éxitos. Aquella experiencia, tanto registrada en el estudio como en directo sobre los escenarios, hizo que Frusciante fuera proclamado como el mejor guitarrista de los últimos treinta años. A la pregunta de si había tocado techo, o de si su repertorio de increíbles solos de guitarra se prolongaría en siguientes álbumes, respondió dejando el grupo en 2009… se avecinaba un difícil regreso discográfico para los Chili Peppers.

I'M WITH YOU

26 de agosto de 2011
Warner Bros.

Monarchy of Roses / Factory of Faith / Brendan's Death Song / Ethiopia / Annie Wants a Baby / Look Around / The Adventures of Rain Dance Maggie / Did I Let You Know / Goodbye Hooray / Happiness Loves Company / Police Station / Even You Brutus? / Meet Me at the Corner / Dance, Dance, Dance

E l décimo disco de los Chili Peppers se tomó su tiempo en aparecer. El grupo había anunciado un parón de un año que terminó por convertirse en dos, tras el cual John Frusciante anunció que dejaba la banda. La entrada de su amigo y colaborador habitual, Josh Klinghoffer, fue lenta, a un paso a cada vez, coincidiendo su primer ensayo con el fallecimiento del escritor y amigo del grupo, Brendan Mullen. La grabación del disco no arrancó hasta septiembre de 2010, prolongándose hasta marzo del año siguiente, en los estudios Shangri La junto a Rick Rubin. Aun así, la composición habría empezado en octubre de 2009 y reuniría entre sesenta y setenta canciones, de las cuales se grabaron suficientes para otro álbum doble, idea que se desestimó. Se consideró que sería demasiado, después de todo, el público llevaría cinco años sin un disco de los Chili Peppers y muchos echarían de menos al guitarrista prodigio en que se había convertido Frusciante antes de desaparecer de la escena pública. La química dentro de la banda había cambiado, se había transformado. Klinghoffer tenía otra forma de tocar, alejada del *riff* y el solo de guitarra, más sutil

La portada es obra del artista británico Damien Hirst. De ella, Anthony diría que «está claramente abierta a la interpretación».

y propensa a la creación de texturas y atmósferas de forma casi poética. Chad lo definiría directamente como «otra banda, mismo nombre».

I'm With You se publicó el 26 de agosto de 2011, arrancando con «Monarchy of Roses», la que sería el segundo adelanto del disco. «Monarchy» es una amalgama de sonoridades nuevas para los Chili Peppers, con guitarras indefinidas sobre una reconocible línea de bajo. El inicio con acoples de guitarra, una trompeta y el ritmo de batería, rompe cuando entra el bajo para generar momentos de tensión enfrentados a pasajes melódicos sobre un ritmo bailable. El resultado, una oscura mezcla de funk experimental con estribillo pop, fue bien recibido y resulta un representativo ejemplo de cómo habían cambiado los Chili Peppers en estudio. El ritmo se mantiene en la siguiente «Factory of Faith», acercándolos a las pistas de baile sin miedo a rebajar los decibelios de distorsión. «Brendan's Death Song» es la balada dedicada al biógrafo de la banda, primera canción compuesta del álbum, además del cuarto y definitivo single del disco. Arranca con guitarra y bajo acústicos para desembocar en una marcha de la muerte optimista pese a todo, con aires de celebración. Ésta, representada con un videoclip a cargo de Marc Klasfeld, quien también dirigió el de «Monarchy», crece con instrumentos eléctricos hasta un oscuro puente que desemboca en el doble estribillo final donde Chad rompe con la batería toda sombra de tristeza.

«Ethiopia» homenajea el viaje que realizaron a dicho país Flea y Klinghoffer. A su vez, la guitarra de Josh en la estrofa parece imitar lo que pudiera haber hecho Frusciante, también con sus segundas voces en el estribillo. Pudiera ser uno de los mejores ejemplos de cómo la sombra del anterior guitarrista pesaba sobre el estilo de Klinghoffer en la época. «Annie Wants a Baby» fue de las primeros cortes que se compusieron y contenía un interesante pasaje central entre otros pocos memorables momentos. «Look Around» nos regresa al funk bailable, otra vez con guitarras inspiradas en el anterior guitarrista. Fue el tercer adelanto del disco y en ella destaca la base rítmica, acentuada por el acompañamiento de aplausos. Anthony rapea como en los viejos tiempos y acompaña en el puente previo al tramo final, cuando Klinghoffer aporta efectivos coros. El videoclip dirigido por Robert Hayles sería uno de los más divertidos de rodar, según Flea. El primer *single* del álbum fue la siguiente «The Adventures of Rain Dance Maggie». La línea de bajo la compuso Flea en su cocina, y Anthony recuerda que «cuando la escuché por primera vez, sabía que me encantaba. Me lo llevé a casa y fue tan divertido escucharlo que lo dejé sonando, abrí la puerta del jardín y bailé con un árbol a mi lado durante rato. No tenía ni idea de que se convertiría en una canción, sólo pensé que era una gran pista de baile. [...] Luego la gente lo escuchó y todos dijeron que era lo mejor que teníamos en ese momento». Esta improvisación funk alrededor del ritmo de Flea realmente es uno de los pasajes más entretenidos e interesantes del álbum. Con un estribillo melódico que no desmerece, el resto de la canción es lo que la mantiene en alto, como ejemplo de puro funk-rock. Klinghoffer desarrolla su aportación en distintas pistas de guitarra desde la experimentación, lo que da como resultado un sencillo a primeras difícil de escoger, pero que crece a cada escucha.

«Did I Let You Know?» recupera influencias africanas y las mezcla con el característico sonido Chili Pepper, al que acerca a todos los públicos. El solo de trompeta sobre la base de percusión aporta color a esta colección de canciones. El disco continúa con «Goodbye Hooray», un acercamiento a la vertiente más rock y directa del grupo en contraste con su delicado puente. «Happiness Loves Company» contrasta con todo lo que hayan hecho antes los Chili Peppers, sosteniendo la canción sobre piano, el instrumento que Flea se había dedicado a descubrir durante los últimos años. En la siguiente «Police Station», Anthony repasa algunas de sus viejas amistades y relaciones de juventud, que con similares aficiones a las suyas en la época, sufrieron peor suerte con el devenir de los años. «Even You Brutus?» sería la última canción compuesta para el álbum, tomando forma definitiva durante la grabación del disco, tiempo después de que la banda hubiera decidido no componer más canciones. «Meet Me At the Corner» recupera al Anthony más introspectivo y dulce, mientras Klinghoffer explora la guitarra jazz con breves solos que aportan color a la canción. El disco termina con «Dance, Dance, Dance», una gema escondida que desprende optimismo y alegría, transmitiendo nada más que lo que su nombre indica: ganas de bailar.

En la línea de lo hecho con los anteriores, Warner desplegó un intenso trabajo de promoción del álbum antes de su lanzamiento en la era digital. Lo acompañó incluso con una proyección en cines del disco interpretado en directo. Los Red Hot Chili Peppers llevaban más de diez años siendo un fenómeno de masas y sumando público joven entre sus seguidores. Tras su lanzamiento, logró situarse en lo más alto de las listas pero el ritmo de ventas no tardó en bajar. Pese a ello, *I'm With You* alcanzaría los 4 millones de copias vendidas en todo el mundo, con críticas de la prensa especializada dispares, que nada tenían que ver con el anterior doble álbum. Recuperando a Chad, este disco sonaba a un grupo distinto aun bajo el mismo nombre. La aportación y evolución de Klinghoffer como miembro fijo del grupo estaba en el punto de mira, y éste se veía como un álbum de adaptación de una banda destinada a reafirmarse en el siguiente, *The Getaway*. Pero antes, al lanzamiento del disco le seguiría una colección de caras B que bien podría haber sido considerada otro disco independiente de estudio.

THE GETAWAY

17 de junio de 2016
Warner Bros.

The Getaway / Dark Necessities / We Turn Red / The Longest Wave /
Goodbye Angels / Sick Love / Go Robot / Feasting on the Flowers / Detroit
/ This Ticonderoga / Encore / The Hunter / Dreams of a Samurai

Cinco años se tomaron los Chili Peppers para su regreso discográfico. Para la ocasión decidieron contar con Danger Mouse en la producción. Klinghoffer había sufrido tensiones por diferencias creativas con Rick Rubin durante el anterior *I'm With You* y se sentía excluido por el resto de la banda al ser alguien nuevo en medio de relaciones tan largas. Brian Burton –nombre real de Danger Mouse– invitó al grupo a partir de cero con su colaboración, desestimando las canciones que habían compuesto previamente, antes de que Flea se rompiera el brazo. La oportunidad para Klinghoffer estaba servida, éste tenía que ser el disco en el que

se liberaría de la presión por ser el sustituto de Frusciante, así como de su influencia, para encontrar un sonido propio que redefiniera al grupo.

The Getaway se publicó el 17 de junio de 2016, empezando con la homónima «The Getaway». Ésta es la canción favorita del álbum de Anthony y fue la escogida por el grupo para publicarse como primer adelanto, algo que nunca ocurrió, convencidos por Danger Mouse. Contiene segundas voces de Anna Waronker, can-

Aunque parece un fotomontaje, la portada es una pintura obra de Kevin Peterson.

tante del grupo de los noventa de Los Ángeles, That Dog. La siguiente «Dark Necessities» sería la elegida por el productor, quien terminó por convencer a los demás y la publicó como primer sencillo. Suena a los Chili Peppers tomando un camino totalmente nuevo, fresco y excitante. Anthony escribiría la letra durante una estancia en Hawái, para hablar sobre la belleza del lado oscuro de las personas, y cómo la creatividad muchas veces emerge de éste, «de batallas difíciles internas, en nuestras cabezas». «We Turn Red» sería a su vez la favorita de Chad Smith, cuyo uso del charles aporta una sonoridad diferente a la canción, hasta un estribillo con arpegio de guitarra. Klinghoffer aumenta su paleta de colores en esta improvisación funk, sin abandonar la influencia de Frusciante; el sonido que demandan muchos de los seguidores del grupo.

«The Longest Wave» suena melódica, transportando a una sonoridad pop cercana a la psicodelia de la segunda mitad de los años sesenta. A estas alturas nadie puede negar que los Chili Peppers se adentran en terrenos inexplorados para el grupo, sin dejar de sonar a ellos mismos; su mayor virtud. La acelerada «Goodbye Angels» crece a medida que avanza, haciéndose fuerte en el estribillo, pero luciendo con todo su esplendor y potencial en el tramo final. Fue el cuarto y definitivo sencillo del disco. Por su parte, «Sick Love» fue el tercer adelanto, una balada que cuenta con la colaboración de Elton John, inspirada precisamente por su «Bennie and the Jets». «Go Robot» fue el segundo adelanto y otra de las favoritas de Chad. Este divertido corte de baile funk con apuntes disco de los ochenta, fue también la canción propuesta por Warner como primer sencillo, previo a la elección de «Dark Necessities». El videoclip dirigido por Tota Lee, sería inspirado por la película protagonizada por John Travolta, *Fiebre del sábado noche*.

«Feasting on the Flowers» devuelve al grupo a la psicodelia y las dimensiones alternativas, pero flaquea en la inclusión del piano, mientras que «Detroit» lo regresa al punk rock con un repetitivo *riff* de guitarra. Esta actitud se mantiene en «This Ticonderoga», un corte tan punk como funk, que pierde carácter en el puente conducido por el piano. «Encore» empezó como una improvisación instrumental, llegándose a interpretar en directo durante la pasada gira, antes de convertirse en su versión definitiva. A diferencia de las anteriores, a ésta sí se acoplan las teclas a la perfección. La penúltima «The Hunter» tiene a Klinghoffer tocando el bajo mientras Flea toca la trompeta en esta pieza que Anthony dedica a su padre. El disco termina con «Dreams of a Samurai», un corte que empieza con el piano sobre un coro, que recuerda al inicio del clásico de los Dire Straits, «Money for Nothing». En adelante, la canción se transforma con efectos de guitarra sobre la base rítmica, mientras Anthony se personifica como un samurái «perdido en el campo de tiro».

The Getaway es un punto y aparte en la discografía de los Chili Peppers, un disco experimental en el que el sonido del grupo aumenta, se expande, como hiciera en su momento con *One Hot Minute* o *By the Way*. De éstos, el primero se vio como un fracaso y el segundo como un éxito. *The Getaway* parece sumarse al grupo del primero por el escaso millón de copias vendidas. Sin embargo ofrece momentos inspirados e interesantes de una banda que pese a acumular ya treinta años a sus espaldas sigue sonando a sí misma por más veces que se reinvente. Es el mérito del tándem formado por Anthony y Flea, por la tan característica voz del cantante y la reconocible forma de tocar del bajista, pese a que aquí pudiera encontrarse más motivado en su práctica del piano. Por su parte, Klinghoffer había crecido, pero antes de que pudiera seguir demostrando al gran público el innegable talento que atesora, sería invitado a dejar su sitio para el retorno del hijo pródigo. Con Frusciante de vuelta, la expectativa por el siguiente álbum de los Chili Peppers se encontraba desatada.

UNLIMITED LOVE

1 de abril de 2022
Warner Bros.

Black Summer / Here Ever After / Aquatic Mouth Dance / Not the One / Poster Child / The Great Apes / It's Only Natural / She's a Lover / These Are the Ways / Whatchu Thinkin' / Bastards of Light / White Braids & Pillow Chair / One Way Traffic / Veronica / Let 'Em Cry / The Heavy Wing / Tangelo

El 15 de diciembre de 2019 los Chili Peppers anunciaron la entrada de Frusciante. Su primera aparición en directo con el resto de la banda se produjo el 9 de febrero de 2020. Apenas un mes y medio después los ensayos se pararon en seco por la Covid-19, y sólo se reanundaron entrado 2021 en los estudios Shangri La, propiedad de Rick Rubin, con quien la banda había decidido volver a trabajar tras el ejercicio con Danger Mouse. Los revitaminados Chili Peppers tenían alrededor de cien canciones nuevas, de las cuales grabaron al menos la mitad. Su intención era publicar una serie de siete discos de vinilo donde tuvieran cabida estas cincuenta canciones, pero Warner lo desestimó. Sello y banda acordaron publicar las mejores treinta y cuatro canciones en dos dobles elepés con un lapso de seis meses. El primero de ellos, *Unlimited Love,* se publicaría el

1 de abril de 2022. Antes, el primer secillo, «Black Summer», veía la luz el 4 de febrero, subiendo directo al número 1 en multitud de listas.

Precisamente, es el *hit* «Black Summer» el que abre este álbum doble que supone un regreso a la forma más exitosa de los Chili Peppers. Esta guitarra tan influenciada por Jimi Hendrix, que se acopla a la perfección con las líneas de bajo de Flea, sería inmediatamente reconocible desde los primeros segundos de la canción. La voz de Anthony vestida con acento irlandés transmitía una sensación de regreso desde tierras lejanas, similar a la que conmovió con «Scar Tissue». Los acordes imposibles habían vuelto, y junto a ellos, los coros de una voz tan reconocible como echada de menos, capaz de engrandecer cualquier estribillo. Tras el primero de éstos, aparece el primer solo de guitarra grueso, plagado de *fuzz*, que confirma el retorno de uno de los guitarristas más grandes del siglo XXI. Si con *Californication* los Chili Peppers parecían retomarlo donde lo dejaron con *BloodSugar,* el estreno de *Unlimited Love* nos devolvía al punto final de *Stadium Arcadium.* Todo lo que cualquier seguidor de aquella época podía

haber echado en falta, había regresado; enriquecido con un conmovedor –y premiado– videoclip dirigido por Deborah Chow. Más de lo mismo para la siguiente «Here Ever After», una canción cuyas líneas de bajo y guitarra nos mantienen en esa fórmula creada para el éxito de *Stadium Arcadium.* «Aquatic Mouth Dance» ofrece un *groove* funk como pocos se encuentran en esta primera parte del álbum. Las trompetas de Flea enriquecen una canción donde el bajo es el lienzo y las guitarras son la

La tienda Amoeba Music de Los Ángeles dispuso de una exclusiva portada alternativa.

pintura. En contra, «Not the One», una balada compuesta por Flea al piano, tiene más en común con los últimos discos junto a Klinghoffer, donde Frusciante hace sonar su guitarra al estilo de un violín para complementar las teclas.

Un mes antes del lanzamiento del álbum, la banda publicó «Poster Child», un corte funk que recuerda a «Walkabout» de *One Hot Minute.* Le acompañaba un videoclip animado, no oficial, dirigido por el tándem creativo francés, Julien

& Thami. La canción, fácil de escuchar para cualquier seguidor funk, transporta al lado más comercial de influencias como Funkadelic. «The Great Apes» es otro corte conducido por acordes de guitarra, balada con estribillo cercano al grunge, con épico solo de guitarra marca de la casa. En «It's Only Natural» vuelve a resultarnos familiar el recuerdo de *Stadium Arcadium;* otra balada de medio tempo donde Frusciante aporta color a la base rítmica. De nuevo, el sentido solo de guitarra con efecto de *delay* destaca sobre el resto de la canción. «She's a Lover» recupera el funk con sensaciones disco en el estribillo, deslumbrando con otro distorsionado solo de guitarra, momentos antes de «These Are The Ways», la que fuera segundo adelanto oficial del disco con videoclip dirigido por Malia James. La canción queda dividida en partes diferenciadas: una sofisticada introducción que sirve a la par de primera estrofa transporta por una apabullante transición de Chad a la batería hasta un estribillo grunge, que a la par también se divide en dos partes. La primera, más melódica, conduce a una segunda parte donde regresan los *riffs* de guitarra más pesados de Frusciante. El tramo final de la canción es pura reminiscencia grunge de los noventa.

En «Whatchu Thinkin'» destaca el *groove* de Flea, que complementa con la elástica melodía de Anthony. «Bastards of Light» ofrece el sonido de sintetizadores que aportan tensión previa al alivio del melódico estribillo. Los coros de Frusciante elevan y enriquecen, así como el uso de segundas guitarras acústicas previas al agresivo puente. Un corte diferencial que demuestra que los Chili Peppers siguen abiertos a la experimentación, sin imponer límites estilísticos a su creatividad. «White Braids & Pillow Chair» nos devuelve a la vertiente más dulce y sofisticada de los californianos, donde Anthony retrata la cita de una pareja. «One Way Traffic» recuerda a Hendrix únicamente en el título, pues musicalmente es un corte animoso y festivo, con coros vocales que invitan a cantar con ellos hasta el solo de bajo en el tramo final. La balada «Veronica» destaca por la capacidad de Anthony de meterse en la piel de personajes reales a partir de sus experiencias, que derivan en ficticios seres que terminamos por conocer al menos tanto como a nuestros vecinos. En «Let 'Em Cry» la melodía vocal recuerda a la de «Ethiopia» con menor velocidad, mientras que en «The Heavy Wing» encontramos una sutil estrofa conducida por Anthony, que construye los cimientos de un épico estribillo protagonizado por la voz de Frusciante. El disco cierra con la dulce «Tangelo», una balada voluntariosa que no destaca como en su época hizo «Road Trippin'». La edición japonesa incluiría «Never Flip».

Cuando *Unlimited Love* pisó los estantes de las tiendas de discos, su colección de canciones se percibió como un regreso a la forma; una sensación de que los Chili Peppers volvían a ser ellos mismos, al menos en su versión más exitosa a la par que comercial. Se habló sobre cómo ocurría algo mágico cuando se reunían sus cuatro integrantes, y la ausencia de Frusciante durante los últimos diez años había dejado de algún modo las energías descompensadas. Realmente, el sonido del álbum resultaba familiar, sin llegar a deslumbrar pese a contener una colección de notables canciones con algo de relleno. Da la impresión de que en ocasiones el baremo sobre qué canciones deben llegar o no al álbum no está del todo claro. Pero lo importante no era tanto la calidad de la música –siendo incuestionable el talento de sus músicos–, sino cómo podían volver a funcionar estas cuatro piezas juntas. Y parecía evidente en este sentido que seguían siendo una fábrica sin igual de canciones. No olvidemos que los Chili Peppers llevaban casi cuarenta años funcionando como banda, pero su batería parecía lejos de agotarse. A nivel de cifras comerciales, el álbum debutó en el número 1 en dieciséis países distintos, regresando al número 1 en la norteamericana Billboard 200, algo que no ocurría desde *Stadium Arcadium*. Fue el disco de rock más vendido de 2022, y la gira mundial que se inició en junio del mismo año, la más esperada. La sorpresa llegaría cuando pronto anunciaron la publicación de otro álbum doble.

RETURN OF THE DREAM CANTEEN

14 de octubre de 2022
Warner Bros.

Tippa My Tongue / Peace and Love / Reach Out / Eddie / Fake as Fu@k / Bella / Roulette / My Cigarette / Afterlife / Shoot Me a Smile / Handful / The Drummer / Bag of Grins / La La La La La La La / Copperbelly / Carry Me Home / In the Snow

El 23 de julio de 2022, los Chili Peppers se encontraban actuando en Denver cuando, a media actuación, Flea y Anthony anunciaron la publicación de otro álbum doble para octubre del mismo año. Se trataba de otra colección de canciones independiente de las mismas sesiones en Shangri La, con Rubin. El título, *Return of the Dream Canteen*, representaba para Anthony un período de prosperidad creativa que regresaba, mientras que la portada correría a cargo de la misma pareja creativa que se había ocupado del videoclip de «Poster Child», Julien Calemard y Thami Nabil. El 19 de agosto se publicaría el primer adelanto del álbum, «Tippa My Tongue», mientras que el segundo adelanto oficial, «The Drummer», se lanzaría el mismo día que el disco, el 14 de octubre de 2022. Antes habría visto la luz «Eddie», dedicada al difunto guitarrista Eddie Van Halen.

Es «Tippa My Tongue» la responsable de abrir esta segunda colección de canciones publicada en 2022, una pieza funk con influencias de los P-Funk de George Clinton así como del siempre presente Hendrix. A la promoción de la canción la acompañaba el psicodélico videoclip dirigido por Malia James. La línea vocal «na na na» la convertiría en un corte radiofónico con escasos momentos comerciales más allá, en favor de pasajes de psicodelia. «Peace and Love» tiene una base rítmica inspirada en Isaac Hayes, donde Chad integra elementos de baterías electrónicas sugeridas por Frusciante. Es precisamente la guitarra la que aporta un colorido aire funk a la canción sobre el siempre inspirado bajo de Flea. La siguiente «Reach Out» encuentra al Frusciante más grunge, con duros *riffs* de guitarra en el estribillo. «Eddie» es un sentido tributo al guitarrista de Van Halen, ori-

Psicodelia en estado puro para esta portada diseñada por Julien & Thami.

ginalmente creado por Flea tras su fallecimiento en 2020, y en ella Frusciante ofrece algunos de los pasajes más inspirados del álbum, incluido el épico solo de guitarra que le demuestra en estado de gracia.

La siguiente «Fake As Fu@k» recupera la influencia del funk psicodélico de Parliament, mientras «Bella» recuerda por momentos a *BloodSugarSexMagik*. Anthony pone énfasis en su narrativa al estilo de «Sir Psycho Sexy» mientras el bajo y la guitarra suenan a «Mellowship Slinky in B Major», todo ello hasta un estribillo melódico al estilo contemporáneo. La guitarra acústica toma el mando de «Roulette», como los inesperados sintetizadores lo hacen de «My Cigarette», donde Anthony y su capacidad para contar historias disfrutan de protagonismo. Suena a digital y algo repetitiva, sin renunciar a convertirse en una interesante reinterpretación del funk de los Chili Peppers pese a quedar como idea inacabada. Por contra, «Afterlife» es un inmediato y acelerado regreso a su naturaleza, solo de guitarra final incluido. «Shoot Me a Smile» se encontraría entre las canciones más discretas, mientras «Handful» destaca en un puente donde la batería cambia su ritmo inicial acompañando un solo de guitarra de varias pistas.

«The Drummer», el segundo adelanto del disco, ofreció un videoclip dirigido por Phillip R. Lopez, donde los Chili Peppers actúan rodeados por bailarines en un club del *underground*. La siguiente «Bag of Grins» se antoja compleja, destacando en sus partes de guitarra sobre todo en el tramo final. La rara balada de medio tempo «La La La La La La La La» la sucede. Existe riesgo –y probabilidad– de que para «Copperbelly», el oyente se haya desconectado de la experiencia, pues esta segunda colección de canciones resulta algo excesiva, lo que hace pensar que las mejores piezas de este *Return of the Dream Canteen* podrían haber contribuido a hacer de *Unlimited Love* un excelente álbum, sustituyendo los debidos descartes. Por suerte, «Carry Me Home» rescata del letargo con un *groove* inicial cercano al blues. Asimismo, el tramo central de la canción insiste en este género con el solo de guitarra, donde el blues aporta un color diferencial al conjunto. El sueño termina con «In the Snow», que pese a sus extensos casi seis minutos de duración, contiene el suficiente interés gracias al pasaje final de Anthony, sobre el continuo ritmo programado y la guitarra procesada. La versión japonesa del álbum incluiría la inédita «The Shape I'm Takin'».

Return of the Dream Canteen fue recibido con sorpresa por los medios especializados y por el gran público. Los Chili Peppers parecían haber alcanzado un estado de gracia de incansable creatividad gracias al regreso de John Frusciante, quien además volvía a deslumbrar en sus momentos como solista, con épicos solos de guitarra. Sin embargo, también destacaron esta sensación de algo de «relleno» en ambos lanzamientos de 2022, transmitiendo cierta autocomplacencia a la hora de cribar sus creaciones. Con todo, se acertaba al coincidir con que este segundo lanzamiento del año se sentía más experimental que el anterior, probablemente dirigido a recuperar parte de su público más veterano. Como *Unlimited Love*, *Return of the Dream Canteen* alcanzó el número 1 en las listas de ventas, convirtiendo a los Red Hot Chili Peppers en el primer grupo en situar dos álbumes en la cima de las tablas, desde que System of a Down hubiera hecho lo propio en 2005 con *Mezmerize* e *Hypnotize*.

DISCOS EN DIRECTO

LIVE IN HYDE PARK

3 de agosto de 2004
Warner Bros.

Intro Jam / Can't Stop / Around the World / Scar Tissue / By the Way / Fortune Faded / I Feel Love / Otherside / Easily / Universally Speaking / Get on Top / Brandy / Don't Forget Me / Rolling Sly Stone

Throw Away Your Television / Leverage of Space / Purple Stain / The Zephyr Song / Californication / Right on Time / Parallel Universe / Drum Homage Medley / Under the Bridge / Black Cross / Flea's Trumpet Treated by John / Give It Away

A finales de la gira tras la publicación del recopilatorio *Greatest Hits*, y dos años después del lanzamiento de *By the Way*, los Chili Peppers realizaron tres conciertos en Hyde Park, Londres. Fueron los días 19, 20 y 25 de junio de 2004 ante ochenta mil personas. James Brown abriría en aquellas tres noches, de las cuales lo mejor quedó capturado y publicado en forma de este doble CD, lanzado al mercado únicamente para el público europeo. El repertorio se apoya en los álbumes de éxito *Californication* y *By the Way*, arrancado con aquello que los hace fuertes: una improvisación funk que deriva a una explosión de energía en la que Frusciante se permite tomar el protagonismo con sendos solos de guitarra.

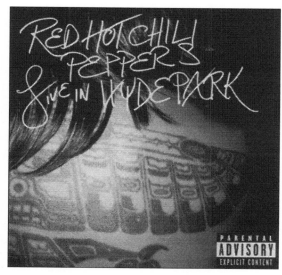

El tatuaje en la espalda de Anthony, de estilo maya, fue diseñado por él mismo, inspirado en los indios norteamericanos Haida.

237

Aprisa, recorren sus éxitos más recientes, destacando las interpretaciones de «Scar Tissue», «By the Way» o «Californication». Se percibe la mejoría de Anthony, que cada vez se siente más cómodo en la interpretación de baladas como «Under the Bridge», y sale indemne de descuidos, como la letra olvidada en «Purple Stain». La versión de «I Feel Love» de Donna Summer destapa buena parte del potencial vocal de Frusciante, pero los mejores momentos se alcanzan en las improvisaciones entre Flea y el guitarrista, previas a las canciones, las que sirven para ligar unas con otras. Se hacen largos los más de tres minutos de trompeta procesada por los efectos de John, y los trece minutos de «Give It Away» resultan excesivos. Es precisamente la falta de clásicos del álbum *BloodSugarSexMagik* lo que empaña la calidad total de este doble directo. Y, sin embargo, es una indispensable pieza de colección para todo fanático del grupo.

CARDIFF, GALES: 6/23/04

17 de marzo de 2015

Intro Jam / Can't Stop / Around the World / I Feel Love / Scar Tissue / By the Way / Fortune Faded / Otherside / Emit Remmus / The Zephyr Song / Get on Top / Brandy (You're a Fine Girl) / Throw Away Your Television / I Like Dirt / Mini-Epic (Kill for Your Country) / Californication / Right on Time / Parallel Universe / John Treats Flea's Horn / Under the Bridge / Black Cross / Give It Away

aradójicamente, este directo que vio la luz en 2015 en formato descargable a través de la página web oficial del grupo, fue capturado en 2004, entre los días de los tres *shows* que la banda ofreció en Hyde Park. Es entonces Frusciante quien toca la guitarra en este álbum publicado en la «era» Klinghoffer. Pero mientras en *Live in Hyde Park* se incluye lo mejor de aquellas tres citas, esta grabación es un único e íntegro *show*. La cita sería el 23 de junio en el Millennium Stadium de Cardiff, y esta grabación fue la única ocasión en la que se publicó la inédita «Mini-Epic», procedente de las sesiones previas a *Greatest Hits*.

RECOPILATORIOS

WHAT HITS?!

29 de septiembre de 1992
EMI

Higher Ground / Fight Like a Brave / Behind the Sun / Me and My Friends / Backwoods / True Men Don't Kill Coyotes / Fire / Get Up and Jump / Knock Me Down / Under the Bridge / Show Me Your Soul / If You Want Me to Stay / Hollywood (Africa) / Jungle Man / The Brothers Cup / Taste the Pain / Catholic School Girls Rule / Johnny, Kick a Hole in the Sky

uando los Chili Peppers firmaron con Warner Bros., EMI se reservó los derechos sobre una canción de su siguiente álbum con el nuevo sello. Un año después tras el lanzamiento y éxito de *BloodSugarSexMagik,* EMI aprovechó el tirón del disco para empaquetar una retrospectiva semiperfecta del paso de la banda por su sello, incluyendo el rompedor *hit* «Under the Bridge» (EMI correspondería cediendo los derechos sobre «Higher Ground» para una posterior compilación de Warner). *What Hits?!* fue de este modo un excelente canal de entrada al material anterior para todos los recién llegados a la banda, y sirvió a EMI para dar un empujón a la venta de sus discos en su catálogo.

El título del álbum es en sí mismo una irónica burla, haciendo referencia al escaso éxito que tuvo el grupo en la época de EMI. Sin embargo, menos intencionado e igualmente irónico sería que EMI utilizara «Behind the Sun» como adelanto para

Aunque EMI ya habían perdido al grupo, este recopilatorio mantuvo vivas las ventas de discos en un flaco momento para la banda.

promocionar la compilación, la gema escondida de 1987 en *The Uplift Mofo Party Plan*, que se quedó a las puertas de las ondas radiofónicas en aquel entonces. A la publicación del CD le acompañaría un DVD con la compilación de los videoclips de las canciones y otras tantas capturadas en directo. Incluye además «Show Me Your Soul», la canción que los Chili Peppers contribuyeron a la banda sonora original de *Pretty Woman*.

OUT IN L.A.

1 de noviembre de 1994
EMI/Capitol

Higher Ground / Hollywood (Africa) / If You Want Me to Stay / Behind the Sun / Castles Made of Sand / Special Secret Song Inside / F.U. / Get Up and Jump / Out in L.A. / Green Heaven / Police Helicopter / Nevermind / Sex Rap / Blues for Meister / You Always Sing the Same / Stranded / Flea Fly / What It Is / Deck the Halls

Tres años después del lanzamiento de *BloodSugarSexMagik* con Warner, EMI seguía aprovechando su tirón en un período en el que sin saberlo les estaban haciendo un favor, manteniéndolos vivos en una época de escasa creatividad, todavía un año antes de la publicación de *One Hot Minute*. Esta segunda compilación sería una colección de rarezas y caras B de la época del grupo con EMI, además de cuatro remezclas y versiones en directo de Thelonious Monk y Hendrix. Incluye también las demos originales del grupo, uno de los elementos más trascendentales de este álbum, pues capturan la energía que tenía la banda en vivo en sus inicios, la misma que Andy Gill no logró trasladar a su álbum debut. Así pues, a las cuerdas de guitarra encontramos desde Hillel Slovak hasta John Frusciante, pasando por Jack Sherman e incluso DeWayne McKnight, que aparece en «Blues for Meister», con Flea a las voces. Las baterías se las reparten entre Jack Irons, Cliff Martínez y Chad Smith.

«Flea Fly» y «Stranded» responden a la época en la que la banda se daba a conocer bajo el nombre de Tony Flow and the Miraculously Majestic Masters Of

EMI por fin hizo justicia a la demo original del grupo con este lanzamiento.

Mayhem. Muchas de estas canciones serían producidas por el baterista de Fear, Spit Stix. Huelga decir que la edición del CD contiene muchos datos incorrectos, referentes a las fechas de grabación y a la duración de las canciones. Pese al tiempo transcurrido, EMI nunca corrigió estas erratas. Una compilación a la par de *What Hits?!* que puede resultar intranscendente para el seguidor de la época de éxito de los Chili Peppers, pero que bien contiene parte de la esencia original del grupo.

UNDER THE COVERS: ESSENTIAL RED HOT CHILI PEPPERS

31 de marzo de 1998
EMI/Capitol

They're Red Hot / Fire / Subterranean Homesick Blues / Higher Ground / If You Want Me to Stay / Why Don't You Love Me / Tiny Dancer / Castles Made of Sand / Dr. Funkenstein / Hollywood (Africa) / Search and Destroy / Higher Ground / Hollywood (Africa)

En marzo de 1998, EMI seguía exprimiendo la gallina de los huevos de oro, en otro lapso de indefinición del grupo. Habían pasado tres años desde *One Hot Minute* y la banda parecía tener problemas para trabajar en su álbum sucesor, algo que se confirmaría al mes siguiente con la salida de Dave Navarro. El regreso de Frusciante se percibía todavía lejos y EMI aprovechó la celebración de su centenario como sello para lanzar una compilación de serie limitada con todas las versiones registradas, en vivo o en estudio, en algún momento anterior por la banda.

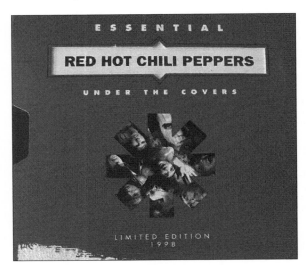

Todas las versiones registradas por la banda en una compilación de serie limitada. ¡Billetes, venid a mí!

Aquí aparecen clásicos originales de Robert Johnson («They're Red Hot»), Hank Williams («Why Don't You Love Me») o Bob Dylan («Subterranean Homesick Blues»), que se complementan a la perfección con adaptaciones de clásicos funk de Stevie Wonder («Higher Ground»), Sly and the Family Stone («If You Want Me to Stay»), Parliament («Dr. Funkenstein») o The Meters («Hollywood (Africa)»). La lista se completa con las reinterpretaciones de Jimi Hendrix («Fire», «Castles Made of Sand»), el tributo al genio del pop, Elton John («Tiny Dancer»), y el homenaje a los reyes del punk, Iggy Pop and the Stooges («Search and Destroy»). La compilación muestra la enorme habilidad de los Chili Peppers para llevar a su terreno canciones y estilos de otros compositores, independientemente del género. Una colección apta tanto para coleccionistas entusiastas como para casuales por su enorme capacidad de entretenimiento.

GREATEST HITS

18 de noviembre de 2003
Warner Bros.

Under the Bridge / Give It Away / Californication / Scar Tissue / Soul to Squeeze / Otherside / Suck My Kiss / By the Way / Parallel Universe / Breaking the Girl / My Friends / Higher Ground / Universally Speaking / Road Trippin' / Fortune Faded / Save the Population

El recopilatorio publicado por Warner Bros el 18 de noviembre de 2003, tras el éxito de *Californication* y *By the Way*, es prueba irrefutable de que los Chili Peppers son grandes intérpretes, pero también enormes compositores. Es además una inmejorable puerta de entrada para el aficionado casual que no busca más que las canciones inmediatamente reconocibles. Apoyando su repertorio de canciones en los dos álbumes mencionados además de *BloodSugarSexMagik*, incluye una única canción de *One Hot Minute* («My Friends») y otra de la época de EMI («Higher Ground»), percibida por el sello en contrapartida a la cesión de «Under the Bridge» para *What Hits?!*.

Años después del lanzamiento de este recopilatorio, Chad explicó que los Chili Peppers habían grabado otras dieciséis canciones en algún momento tras el lanzamiento de *By the Way*, que se suponía iban a ser otro álbum de estudio del grupo. Sin embargo, Frusciante se habría opuesto a esto, alegando que su forma de tocar la guitarra estaba en constante evolución y ya no se sentía identificado con su trabajo en aquellas sesiones. Así, ese material se desestimó y en contrapartida, se programó el lanzamiento de esta compilación, incluyendo dos de aquellas canciones inéditas («Fortune Faded» y «Save the Population»). Posteriormente

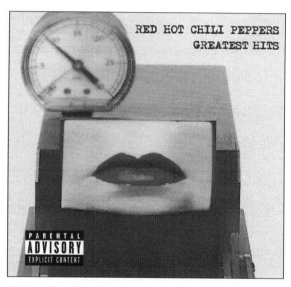

«Fortune Faded» y «Save Population», la gran baza de esta compilación.

se habrían lanzado otras dos («Bicycle Song» y «Runaway»), publicadas en iTunes en 2006. Otras canciones de aquella época se habrían interpretado en directo («Rolling Sly Stone» y «Leverage Of Space» en *Live in Hyde Park*). Todavía en esta línea, en 2014 Chad insistía en la idea de que algún día la banda publicaría una caja con todo el material inédito.

Mientras *What Hits?!* de EMI ofrece lo mejor de los Chili Peppers originales, los de los pequeños clubes del *underground* de Los Ángeles, aquí se encuentran los cortes melódicos que reventaron las ondas de radio en todo el planeta, además de las dos canciones inéditas y la olvidada «Soul to Squeeze». A algunas ediciones las acompañaría un DVD con la colección de videoclips, modificando ligeramente la lista de canciones, y que más tarde se vendería también por separado. Con todo, *Greatest Hits* sitúa a los Chili Peppers como una de las bandas más brillantes de su generación.

I'M BESIDE YOU

29 de noviembre de 2013
Warner Bros.

Strange Man / Long Progression / Magpies on Fire / Victorian Machinery / Never Is a Long Time / Love of Your Life / The Sunset Sleeps / Hometown Gypsy / Pink as Floyd / Your Eyes Girl / In Love Dying / Catch My Death / How It Ends / Brave From Afar / This Is the Kitt / Hanalei / Open Close

Originalmente, esta compilación se publicó a partir de abril de 2013 en forma de nueve sencillos con un total de diecisiete canciones, todas ellas caras B de las sesiones de *I'm With You*. Sin embargo, con ocasión del Record Store Day de 2013, Warner decidió compilarlos todos en forma de un único doble vinilo de serie limitada, bajo el nombre *I'm Beside You*. La edición se agotaría rápidamente y se convertiría en pieza de coleccionista. Pese a tratarse de descartes para la publicación del álbum definitivo, muchos de los cortes de esta compilación disfrutan de notables aportaciones instrumentales. Cierto es que carecen en parte de la fórmula creada para el éxito y la atención radiofónica, pero es precisamente aquí donde esta publicación encuentra valor, pues contiene interesantes propuestas de lo que era una banda conociéndose a sí misma tras la adquisición de un nuevo integrante.

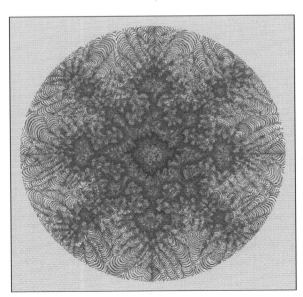

Un doble vinilo de serie limitada publicado con motivo del Record Store Day... ¡billetes, venid a mí otra vez!

Chad anticiparía este lanzamiento en julio de 2012, afirmando que se trataba de un grupo de canciones que «queríamos que se publicaran porque simplemente nos gustan mucho. No queríamos que se perdieran, así que vamos a publicarlas principalmente para nuestros fans. Habrían esperado al *box set*, digamos hasta 2020, si es que aún existen los sellos discográficos entonces. Pero vamos a lanzarlas antes y estoy orgulloso de que así sea, porque son una parte importante de la banda y de lo que estamos haciendo en este momento». Una de éstas, «In Love Dying», ocuparía las dos caras del sencillo por sus ocho minutos de duración. En otra entrevista posterior, Klinghoffer añadiría que grabaron cuarenta y ocho canciones en aquellas sesiones, lo que dejaría otras diecisiete sin haber visto la luz: «Teníamos tanto material en aquel momento, que parte de ello simplemente no obtuvo la suficiente atención. Hay algunas canciones que probablemente se quedarán en nuestros iPods».

BOX SETS

LIVE RARE REMIX BOX

24 de febrero de 1994
Warner Bros.

Give It Away (In Progress) / Nobody Weird Like Me (Live) / Suck My Kiss (Live) / I Could Have Lied (Live) / Soul to Squeeze / Fela's Cock / Sikamikanico / Search and Destroy / Give It Away (12" Mix) / Give It Away (Rasta Mix) / If You Have to Ask (The Disco Krisco Mix) / If You Have to Ask (Scott & Garth Mix) / If You Have to Ask (The Friday Night Fever Blister Mix)

Una vez finalizada la grabación para *BloodSugarSexMagik,* los Chili Peppers y su productor Rick Rubin se encontraron con que tenían demasiado material para un único disco. Se enfrentaron entonces a la ardua tarea de cribar las canciones que llegarían a la meta, relegando el resto a caras B que incluirían en los sencillos. Aquí es donde aparece el sentido de este *box set*, que recoge aquellos descartes, hoy convertidos en rarezas, para publicarlos en un único formato de triple CD de corta duración, además de incluir canciones en directo.

¿Dieciocho canciones en un triple CD? Una escucha poco sostenible.

Aquí apareció la gema «Soul to Squeeze», que recientemente se había convertido en un *hit* gracias a la película *Coneheads*. Lamentablemente, la edición en triple CD lo convierte en una aparatosa escucha, habiendo podido encajar todo el material en un único soporte físico que escuchar de una sentada (huelga decir que las remezclas tampoco tienen mucho interés). Sin embargo, y en contexto, la banda se encontraba en punto muerto y esta publicación –en este formato– serviría para que Warner Bros mantuviera la llama encendida y pudiera justificar un precio por encima de la media. Además, con esta edición, lo hizo formar parte de una colección especial del sello que también incluía el *box set* de R.E.M., *The Automatic Box*.

THE PLASMA SHAFT

27 de junio de 1994
Warner Bros.

Give It Away (In Progress) / If You Have to Ask (Radio Mix) / Nobody Weird Like Me (Live) / Sikamikanico / Breaking the Girl (Radio Edit) / Fela's Cock / If You Have to Ask (Friday Night Fever Blister Mix) / Soul to Squeeze

The Plasma Shaft, el disco que acompañaría a *BloodSugarSexMagik* en Japón y Australia.

Más comprensible que *Live Rare Remix Box* sería este *The Plasma Shaft*, publicado únicamente en Japón y Australia. Se trataba de un segundo disco que acompaña al álbum *BloodSugarSexMagik,* con ocho canciones adicionales que suponían una versión reducida del contenido de aquella caja triple CD, y que ya habían visto la luz como caras B en los sencillos.

E.P.

THE ABBEY ROAD E.P.

Mayo de 1988
EMI

Fire / Backwoods / Catholic School Girls Rule / Hollywood (Africa) / True Men Don't Kill Coyotes

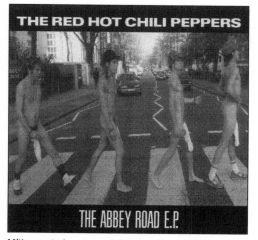

Mítica portada que es el debut en la materia del fotógrafo Chris Clunn.

Publicado en el Reino Unido en mayo de 1988, este E.P. estaba destinado a dar a conocer al público inglés esta banda formada por cuatro locos de Los Ángeles. Tan jóvenes y valientes, como atrevidos y descarados, estaban dispuestos a imitar a los intocables Beatles en la portada de su álbum *Abbey Road*... pero a diferencia de los de Liverpool, los Chili Peppers cruzarían el paso de cebra únicamente ataviados por calcetines, y no en sus pies precisamente. Una imagen que dice tanto del grupo como su propia música. Era una forma de dar a conocer una –muy reducida– parte de su catálogo anterior, a causa de la inminente gira del grupo por el país. Las canciones del E.P. habían visto la luz en los tres primeros álbumes, mientras «Fire» entraría en el posterior *Mother's Milk,* en honor a Hendrix pero también al difunto Hillel Slovak, que es quien la interpreta en la grabación. Que todas estas canciones aparecieran en la posterior compilación, *What Hits?!,* convierte este E.P. en pieza de coleccionista únicamente por su portada.

Anecdóticamente, la fotografía de la portada tuvo que repetirse en dos días distintos. Se trataba del primer encargo discográfico del fotógrafo británico Chris Clunn, quien explicaría lo sucedido a la revista *Kerrang:* «Era la primera fotografía de portada que tomaba y estaba un poco nervioso. Tenía dos cámaras, una que disparaba en blanco y negro y otra a color. Podía terminar un carrete en cuarenta segundos, por lo que tenía que ser todo muy rápido. Fue al llegar a casa cuando me di cuenta de que no había puesto los carretes dentro de las cámaras. Así que les dije a los de EMI que de camino a casa los carretes se me habían caído del bolsillo y que un camión les había pasado por encima. Como prueba, compré dos carretes y yo mismo pasé por encima de ellos con mi scooter. Entonces recibí una llamada alrededor de las cinco y media de la mañana pidiéndome que repitiera la sesión… por suerte, tanto la banda como EMI compraron mi historia».

ROCK & ROLL HALL OF FAME COVERS E.P.

1 de mayo de 2012
Warner Bros.

A Teenager in Love / Havana Affair / Search and Destroy / Everybody Knows This Is Nowhere (live) / I Get Around (live) / Suffragette City (live)

Publicada únicamente a través de iTunes, esta breve compilación celebraría el ingreso de los Chili Peppers en el Rock & Roll Hall of Fame. Incluye seis versiones, originales de grupos que han influido en ellos en algún momento de su historia, una especie de homenaje a tantas bandas sin las cuales los Chili Peppers no habrían llegado a entrar en el salón de la fama del rock.

Por orden, aparecen cortes originales de Dion and the Bermonts, los Ramones, Stooges, Neil Young, los Beach Boys y David Bowie, mientras que a las cuerdas están representados los tres últimos guitarristas del grupo, con Frusciante tocando el instrumento en cuatro de las canciones, Klinghoffer en el tributo a Neil Young y Navarro en la original de David Bowie.

FILMOGRAFÍA BÁSICA

RED HOT SKATE ROCK

1988
Vision Street Wear

Nevermind / Out in L.A. / Me and My Friends / Blackeyed Blonde / Fight Like a Brave / Catholic School Girls Rule / What Is Soul? / Whole Lotta Love / Back in Black / Mommy Where's Daddy / Love Trilogy / Fire

E sta grabación en vivo de apenas treinta minutos es la única publicación oficial dentro de la filmografía de la banda en mostrar a la formación original, con Hillel Slovak a la guitarra y Jack Irons a la batería. Fue registrada el 20 de sep-

tiembre de 1987 en el Vision Skate Escape de Los Ángeles, durante la gira en promoción de *The Uplift Mofo Party Plan*. Además, las imágenes en vivo se intercalan con la de patinadores de la época, nombres propios como Steve Caballero, Chris Miller, Mike McGill, o el del popular Tony Hawk. Originalmente publicado en VHS, Vision Street Wear lo reeditó en DVD en 2002 con el nombre de *Classic Sk8 Volume 2*. Esta reedición se agotó rápidamente y figura desde entonces como descatalogada, lo que convierte este documento en exclusiva pieza de coleccionista, por suerte disponible a través de plataformas de *streaming* como YouTube.

Skate y RHCP en 1987... puro regreso a los orígenes.

PSYCHEDELIC SEXFUNK LIVE FROM HEAVEN

1990
EMI Records

Stone Cold Bush / Flea's Star Spangled Banner / Good Time Boys / Sexy Mexican Maid / Magic Johnson / Pretty Little Ditty / Knock Me Down / Boyz-n-the-Hood / Special Secret Song Inside / Subway To Venus / Nevermind

1989, la mejor época para disfrutar del directo de los Chili Peppers hasta entrado el nuevo milenio.

Los Red Hot Chili Peppers se encontraban viviendo su primera resurrección tras la pérdida de dos de sus miembros originales y la entrada de Frusciante y Chad Smith. Éste sería su primer ascenso al éxito, después de la publicación de *Mother's Milk*, que les permitió actuar y llenar espacios como el Long Beach Arena de Los Ángeles el 30 de diciembre de 1989. El vídeo ofrece imágenes de la actuación, así como de los ensayos previos, y en él destaca un jovencísimo John Frusciante que deslumbraba por su actitud y por su forma de tocar, ambas fomentadas en una imitación de la figura del anterior guitarrista, Hillel Slovak. Este vídeo nunca se ha publicado en DVD, por lo que desde su descatalogación únicamente es accesible a través de internet.

FUNKY MONKS

25 de septiembre de 1991
Warner Bros.

En adición al lanzamiento de *BloodSugarSexMagik*, los Red Hot Chili Peppers publicaron *Funky Monks*, un documental sobre la creación y grabación del álbum. El proyecto fue dirigido por Gus Van Sant y Gavin Bowden, quienes registraron la convivencia del grupo en la mansión supuestamente encantada, convertida para la ocasión en estudio de grabación de la mano de Rick Rubin. Durante sus apenas sesenta minutos de duración y en riguroso blanco y negro, podemos apreciar a Anthony proclamando que la mansión fue el lugar donde los Beatles tomaron LSD por primera vez, o donde Hendrix tuvo sexo con David Frost. Incluye numerosas entrevistas y conversaciones con los miembros del grupo, además de con el productor y con su mánager, Lindy Goetz. Ofrece también imágenes de los cuatro tocando juntos, improvisando y experimentando con sus instrumentos, en los momentos previos a la publicación de su obra magna. En este documento des-

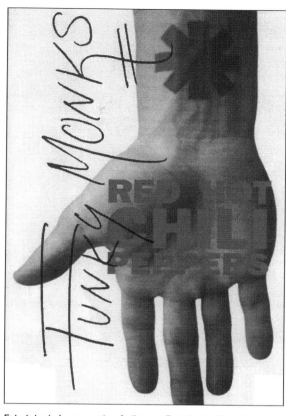

Este tatuaje lo comparten Anthony y Frusciante. El cantante, en su muñeca derecha, y el guitarrista en la izquierda.

cubrimos también las historias que hay detrás de canciones como «Under the Bridge», «Breaking the Girl» o «Suck My Kiss», lo que convierte al documental en una visión obligada, no sólo para fanáticos de la banda sino también para cualquier aficionado a la música alternativa.

WHAT HITS?!

29 de septiembre de 1992
EMI

Behind the Sun / Under the Bridge / Show Me Your Soul / Taste the Pain / Higher Ground / Knock Me Down / Fight Like a Brave / Jungle Man / True Men Don't Kill Coyotes / Catholic School Girls Rule / Fire (live) / Stone Cold Bush (live) / Special Secret Song Inside (live) / Subway to Venus (live)

E sta compilación de videoclips publicada originalmente en VHS, sustituiría a la anterior *Positive Mental Octopus,* publicada en 1990. *What Hits?!* incluiría los ocho videos de aquél, ampliando la colección a la totalidad de videos creados por la banda con EMI, además de «Under the Bridge» y de otras cuatro grabaciones en directo. El de «Behind the Sun» sería un videoclip creado para la ocasión, sin la participación de la banda, el mismo que elevó el estatus de la canción al de *single* para obtener repercusión en canales como MTV. Posteriormente, esta compilación se publicaría en DVD, y aunque gran parte del material que aquí se encuentra ha envejecido mal, sigue siendo indispensable pieza de archivo para los fanáticos del grupo.

OFF THE MAP

2001
Warner Bros.

Opening / Around the World / Give It Away / Usually Just a T-Shirt #3 / Scar Tissue / Suck My Kiss / If You Have to Ask / Subterranean Homesick Blues / Otherside / Blackeyed Blonde / Pea / Blood Sugar Sex Magik / Easily / What Is Soul? / Jam / Fire / Californication / Right On Time / Under the Bridge / Me and My Friends

Dos años después del lanzamiento de *Californication,* Warner lanzaba este directo en VHS y DVD, compuesto a partir de imágenes y sonido de distintos conciertos del año 2000, durante la gira a su paso por Norteamérica. La única inclusión de «Pea» como canción de *One Hot Minute,* es muestra irrefutable de la negativa de Frusciante a interpretar canciones de dicho álbum. Por contra, es el único documento de la segunda época de Frusciante –la de mayor éxito del grupo– que incluye canciones de *Freaky Styley* y *The Uplift Mofo Party Plan,* cortes de aquellas piezas en las que

no había participado como compositor pero sí estaba dispuesto a interpretar por ser entonces seguidor de la banda. El DVD incluye cortes adicionales de «Skinny Sweaty Man», «I Could Have Lied», «Parallel Universe», «Sir Psycho Sexy» y el *cover* de los Stooges, «Search and Destroy».

Además de las imágenes y la música, que harían la delicia de cualquier aficionado o seguidor del grupo, hay material de enorme valor en este documento. Este tramo de la gira se hizo junto a los Foo Fighters. Ambas bandas compartían gran amistad, sobre todo Chad Smith con Dave Grohl y Taylor Hawkins. Es durante la interpretación de «Me and My Friends» cuando se puede ver cómo al baterista le cae una lluvia de espaguetis y lo que parecen bolas de tenis de mesa,

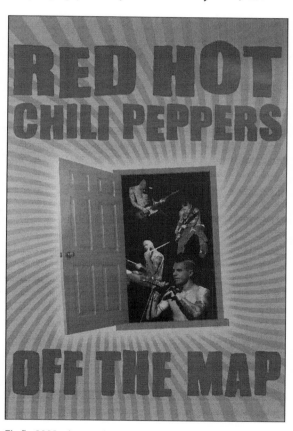

El año 2000, el segundo mejor momento para disfrutar en vivo de la esencia de los RHCP, previo a su salto a palacios de deportes y grandes estadios.

todo ello sin que deje de tocar y frente a la risa incontrolable de Anthony. Eran precisamente miembros de los Foo Fighters los que se lo estaban arrojando todo desde la parte alta del escenario, y a quienes Anthony se refiere nada más terminar la canción.

LIVE AT SLANE CASTLE

17 de noviembre de 2003
Warner Bros.

Intro Jam / By the Way / Scar Tissue / Around the World / Maybe / Universally Speaking / Parallel Universe / The Zephyr Song / Throw Away Your Television / Havana Affair / Otherside / Purple Stain / Don't Forget Me / Right On Time / Can't Stop / Venice Queen / Give It Away / Californication / Under the Bridge / The Power of Equality

S i *Off the Map* recoge lo mejor de los Chili Peppers en una gira por salas, *Live at Slane Castle* es la otra cara de la moneda: una enorme actuación al aire libre,

Si cualquier aficionado a la música debiera de ver un único DVD de los RHCP, sería éste.

ante ochenta mil espectadores. La actuación es del 23 de agosto de 2003, durante la gira de apoyo al álbum *By the Way* a su paso por Irlanda. Los Chili Peppers actuaban junto al Slane Castle en una velada en la que abrían para U2. Antes, habrían actuado los Foo Fighters (quienes también registraron su actuación para su propio DVD en directo), Queens of The Stone Age, PJ Harvey, Feeder y Morcheeba. Se trataba de una de las actuaciones más grandes jamás ofrecidas por los californianos, cuyas entradas se habrían agotado pocas horas después de ponerse a la venta.

La actuación arranca con una improvisación marca de la casa, previa a la entrada al escenario de Anthony. De inmediato se aprecia un Frusciante en estado de gracia, a quien únicamente los nervios y una cuerda podrían amargarle la noche. Y es que «Maybe», canción original del grupo de los años cincuenta, The Chantels, que Frusciante interpreta en solitario, fue tratada posteriormente para eliminar un error del guitarrista. Además, «Soul to Squeeze» fue eliminada del DVD por la rotura de una cuerda de guitarra durante su interpretación. Por contra, «Parallel Universe» gana enteros, gracias a la introducción de «Latest Disgrace» de Fugazi, pero también por un increíble solo de guitarra en el tramo final, donde Frusciante recorre el enorme escenario sin fallar una sola nota. También se homenajea al «London Calling» de The Clash en la introducción a «Right on Time». Mención especial merece la actuación de Chad Smith en «Purple Stain», o la improvisación entre Flea y Frusciante previa a «Californication».

GREATEST HITS

18 de noviembre de 2003
Warner Bros.

Higher Ground / Suck My Kiss / Give It Away / Under the Bridge / Soul to Squeeze / Aeroplane / My Friends / Around the World / Scar Tissue / Otherside / Californication / Road Trippin' / By the Way / The Zephyr Song / Can't Stop / Universally Speaking

E sta compilación de videoclips se editó junto al CD de música pero también por separado, formando el tándem ideal junto a la recopilación en el mismo formato de vídeo por parte de EMI, *What Hits?!* A diferencia del CD, este DVD contiene el videoclip de «Aeroplane», del álbum *One Hot Minute,* además de «Around the World», que tampoco entró en el CD. Inversamente, quedó fuera «Breaking the Girl», cuyo videoclip fue dirigido por Stéphane Sednaoui y ofrece una constante experimentación de color entre actitudes extravagantes de los miembros del grupo, entre los cuales se encontraba Arik Marshall. Es en este videoclip donde aparece también brevemente el actor y amigo del grupo River Phoenix. El otro vídeo que quedaría fuera de esta compilación, también con Marshall en sus filas, sería el de «If You Have to Ask».

BIBLIOGRAFÍA

LIBROS

- APTER, J. *Fornication*. Omnibus, 2004.
- BALZARY, M. *Acid for the children*. Headline, 2019.
- BARTLETT, B. «Atracción Universal», en *Guitarrista*, número 62, 2003.
- BERCOVITZ, V. «Red Hot Chili Peppers», en *Rock Picante*, Suplemento 40 Principales, 2006.
- GAAR, G. *Red Hot Chili Peppers*. Cúpula, 2015.
- KIEDIS, A y SLOMAN, L. *Scar Tissue*. Hyperion, 2004.
- MOLENDA, M. «John Frusciante deja su huella en Stadium Arcadium», en *Guitarra Total* número 103, 2006.
- MULLEN, B. *An oral/visual history by The Red Hot Chili Peppers*. Harper Collins, 2010.
- MUSHEGAIN, D. *Fandemonium*. Running Press, 2014.
- RAMSHAW, M. «Red Hot Chili Peppers», en *Guitarra Total*, número 18, 1999.
- WOOLLISCROFT, T. *Me and my friends*. Trinity Mirror, 2008.

PÁGINAS WEB RECOMENDADAS

- https://redhotchilipeppers.com
- https://www.rhcplivearchive.com
- https://www.rhcpsessions.com
- https://www.bentownsendmusic.net/rhcp-podcast
- https://www.rhcpsessions.com

CANALES DE YOUTUBE RECOMENDADOS

- https://youtube.com/@RedHotChiliPeppers
- https://youtube.com/@RHCPtv1
- https://youtube.com/@RHCPStuff
- https://youtube.com/@RHCPArchive
- https://youtube.com/@BrokenRecordPodcast

CANCIONES FUNKDAMENTALES:

Si quieres escuchar algunas de las canciones más destacadas del grupo que aparecen en este libro puedes acudir a este link que te conducirán a ellas:

https://open.spotify.com/playlist/4F62uTzsc0JOZ7XZm2HFnS?si=acfb7453ff064315

En la misma colección:

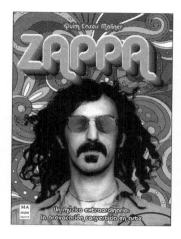

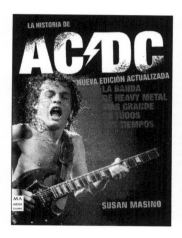

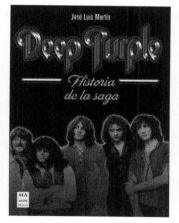

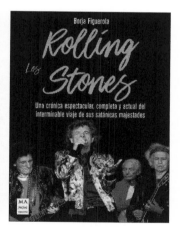

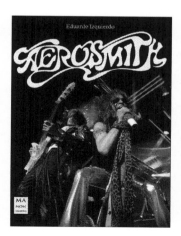

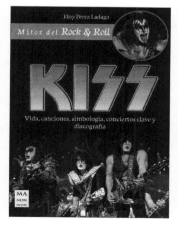

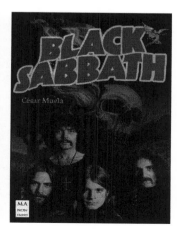

Por el mismo autor:
Red Hot Chili Peppers - La novela gráfica

La novela gráfica del rock:

Descubre a través de este código QR
todos los libros de Ma Non Troppo - Música

Puedes seguirnos en:

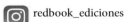 redbook_ediciones

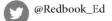 @Redbook_Ed

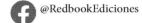 @RedbookEdiciones